I0212951

SAMMLUNG TUSCULUM

Artemis & Winkler

M. TULLIUS CICERO

PARTITIONES ORATORIAE

Rhetorik in Frage und Antwort

Lateinisch und deutsch

Herausgegeben, übersetzt und erläutert von
Karl und Gertrud Bayer

ARTEMIS & WINKLER

Die Deutsche Bibliothek – CIP-Einheitsaufnahme

Cicero, Marcus Tullius:
Partitiones oratoriae :
lateinisch und deutsch =
Rhetorik in Frage und Antwort
M. Tullius Cicero.
Hrsg., übers. und erl. von Karl und Gertrud Bayer. –
München ; Zürich : Artemis und Winkler, 1994
(Sammlung Tusculum)
ISBN 3-7608-1678-9
NE: Bayer, Karl [Hrsg.]

Artemis & Winkler Verlag

Satz: Gerber Satz, München
Druck und Bindung: Pustet, Regensburg
Printed in Germany

INHALT

ANHANG

PARTITIONES ORATORIAE

Cicero. Studeo, mi pater, ex te audire ea, quae I
1 mihi tu de ratione dicendi Graece tradidisti, si modo tibi est otium et si vis.

Cicero Pater. An est, mi Cicero, quod ego malim quam te quam doctissimum esse? otium autem primum est summum, quoniam aliquando Roma exeundi potestas data est; deinde ista tua studia vel maximis occupationibus meis anteferrem libenter.

F. Visne igitur, ut tu me Graece soles ordine 2
interrogare, sic ego te vicissim iisdem de rebus Latine interrogem?

P. Sane, si placet. sic enim et ego te meminisse intellegam, quae accepisti, et tu ordine audies, quae requires.

F. Quot in partis tribuenda est omnis doctrina 3
dicendi?

P. Tris.

F. Cedo, quas?

P. Primum in ipsam vim oratoris, deinde in orationem, tum in quaestionem.

F. In quo est ipsa vis?

P. In rebus et in verbis. sed et res et verba invenienda sunt et conlocanda. proprie autem in rebus invenire, in verbis eloqui dicitur. conlocare autem,

RHETORIK IN FRAGE UND ANTWORT

Cicero Sohn. Ich möchte, mein lieber Vater, das auf lateinisch von dir hören, was du mir über die Redekunst auf griechisch mitgeteilt hast, vorausgesetzt, du hast Zeit und Lust dazu.

Cicero Vater. Gibt es etwa, mein Sohn, etwas anderes, das ich lieber wollte, als daß du möglichst gut unterrichtet bist? Zunächst einmal habe ich Zeit in Fülle, da ich endlich einmal Gelegenheit erhalten habe, Rom zu verlassen; zudem würde ich diesen deinen Interessen gerne sogar vor meinen wichtigsten Beschäftigungen den Vorrang einräumen.

S. Bist du also damit einverstanden, daß ich, so wie du mich auf griechisch der Reihe nach auszufragen pflegst, nun umgekehrt dich über die gleichen Gegenstände auf lateinisch befrage?

V. Sicherlich, wenn es dir so gefällt. Auf diese Weise nämlich werde ich sehen, was du behalten hast von dem, was du gehört hast, und du wirst in der rechten Reihenfolge das hören, wonach du fragst.

S. In wie viele Teile muß man die gesamte Redelehre einteilen?

V. In drei.

S. In welche, bitte?

V. Zuerst in die spezielle Fähigkeit des Redners, dann in die Rede als solche und schließlich in die Untersuchung von Problemen.

S. Und worin besteht diese spezielle Fähigkeit des Redners?

V. Im richtigen Umgang mit den Sachverhalten und Formulierungen. Doch muß man Sachverhalte wie Formulierungen erst einmal auffinden und richtig anordnen. Fachgemäß ausgedrückt, nennt man das bei den Sachverhalten ‚Auffindung des Stoffes' *(inventio)*, bei den Formulierungen

etsi est commune, tamen ad inveniendum refertur. vox, motus, vultus atque omnis actio eloquendi comes est; earum rerum omnium custos memoria.

F. Quid? orationis quot sunt partes? 4

P. Quattuor. earum duae valent ad rem docendam, narratio et confirmatio; ad impellendos animos duae, principium et peroratio.

F. Quid? quaestio quasnam habet partis?

P. Infinitam, quam consultationem appello, et definitam, quam causam nomino.

F. Quoniam igitur invenire primum est orato- II
ris, quid quaeret? 5

P. Ut inveniat, quemadmodum fidem faciat iis, quibus velit persuadere, et quemadmodum motum eorum animis adferat.

F. Quibus rebus fides fit?

P. Argumentis, quae ducuntur ex locis aut in re ipsa insitis aut adsumptis.

F. Quos vocas locos?

P. In quibus latent argumenta.

F. Quid est argumentum?

P. Probabile inventum ad faciendam fidem.

F. Quomodo igitur duo genera ista dividis? 6

P. Quae sine arte putantur, ea remota appello, ut testimonia; insita, quae inhaerent in ipsa re.

‚sprachliche Gestaltung' *(elocutio)*. Die ‚Anordnung' *(conlocatio)* ist zwar beiden Bereichen gemeinsam, doch rechnet man sie zur Auffindung des Stoffes. Stimme, Bewegung, Mienenspiel und die gesamte Art des Vortrags gehören zur sprachlichen Gestaltung. Für all dies ist das Gedächtnis der Speicher.

S. Weiter! Wie viele Teile hat eine Rede?

V. Vier. Zwei davon sind von Bedeutung für die Darstellung des Sachverhaltes, nämlich Sachvortrag und Beweisführung, die beiden anderen für das Wecken von Emotionen, nämlich Einleitung und Schlußwort.

S. Weiter! Welche Einteilung gibt es denn bei der Untersuchung von Problemen?

V. Einen Teil, der nicht eingegrenzt ist und den ich ‚Erörterung' *(consultatio)* nenne, und einen anderen, eingegrenzten Teil, den ich ‚Behandlung eines konkreten Falles' *(causa)* nenne.

S. Da also das Auffinden des Stoffes die erste Aufgabe des Redners ist, (frage ich:) Wonach wird er denn suchen?

V. Er wird nach Wegen suchen, sich vertrauenswürdig zu machen bei denen, die er überzeugen will, und auch danach, ihre Emotionen zu wecken.

S. Wodurch macht er sich vertrauenswürdig?

V. Durch Beweismittel, die sich aus den Topoi *(loci)* herleiten lassen, die in der Sache selbst liegen oder von außen beigezogen sind.

S. Was bezeichnest du als Topoi?

V. Gesichtspunkte, in denen Beweismittel stecken.

S. Was ist ein Beweismittel?

V. Ein einleuchtender Gedanke, geeignet, Vertrauenswürdigkeit zu erwecken.

S. Auf welche Weise also unterscheidest du deine beiden Arten von Topoi?

V. Diejenigen, die man für ‚kunstlos' hält, nenne ich fernerliegende, wie z. B. Zeugnisse; als ‚in der Sache liegend' aber bezeichne ich diejenigen, die am Gegenstande selbst haften.

F. Testimoniorum quae genera sunt?

P. Divinum et humanum; divinum est ut oracula, auspicia, ut vaticinationes et responsa sacerdotum, haruspicum, coniectorum; humanum, quod spectatur ex auctoritate, ex voluntate, ex oratione aut libera aut expressa, in quo insunt scripta, pacta, promissa, iurata, quaesita.

F. Quae sunt, quae dicis insita? 7

P. Quae infixa sunt rebus ipsis, ut definitio, ut contrarium, ut ea, quae sunt aut ipsi aut contrario eius aut similia aut dissimilia aut consentanea aut dissentanea; ut ea, quae sunt quasi coniuncta aut quae quasi pugnantia inter se; ut earum rerum, de quibus agitur, causae; ut causarum eventus, ut distributiones, ut genera partium generumve partes; ut primordia rerum et quasi praecurrentia, ut rerum contentiones, quid maius, quid par, quid minus sit, in quibus aut naturae rerum aut facultates comparantur.

F. Omnibusne igitur ex istis locis argumenta III
sumemus? 8

P. Immo vero scrutabimur et quaeremus ex omnibus, sed adhibebimus iudicium, ut levia semper eiciamus, nonnumquam etiam communia praetermittamus et non necessaria.

F. Quoniam de fide respondisti, volo audire de motu.

P. Tu loco quidem quaeris, sed plenius, quod vis, explicabitur, cum ad orationis ipsius quaestionumque rationem venero.

S. Welche Arten von Zeugnissen gibt es?

V. Göttliche und menschliche. Zu den göttlichen gehören z. B. Orakelsprüche, Vogelzeichen, Prophezeiungen, Auskünfte von Priesterkollegien, Eingeweidebeschauern und Traumdeutern. Zu den menschlichen gehört all das, was man erkennt aus der Autorität, aus dem Willen, aus einer Aussage, sei sie freiwillig oder erzwungen; dazu gehören auch Schriftstücke, Verträge, Versprechungen, Eide, Aussagen unter der Folter.

S. Was versteht man unter dem, was du als ‚in der Sache liegend' bezeichnest?

V. All das, was in den Dingen selbst verhaftet ist, wie die Definition, wie das Gegenteil, wie das, was entweder dem Gegenstand selbst oder seinem Gegenteil ähnlich oder unähnlich ist, mit ihm übereinstimmt oder nicht übereinstimmt, wie das, was gleichsam miteinander verbunden ist oder miteinander im Widerstreit liegt, wie die Ursachen der Dinge, um die es geht, wie die Folgen dieser Ursachen, wie die Einteilungen, wie die Arten der Teile oder die Teile der Arten, wie die Ursprünge der Dinge und gleichsam ihre Vorgeschichte, wie die Vergleiche zwischen Dingen, was nämlich größer, was gleich groß, was kleiner sei, worin entweder die Beschaffenheiten der Dinge verglichen werden oder die Möglichkeiten ihrer Verwendung.

S. Aus allen diesen Topoi also werden wir Beweismittel nehmen können?

V. Ja, wir werden sogar danach forschen und aus allen welche zu gewinnen suchen, dabei aber kritisch vorgehen, um das Geringgewichtige stets abzulehnen, manchmal auch auf Gemeinplätze und nicht Notwendiges zu verzichten.

S. Da du nun über die Methode, Vertrauenswürdigkeit zu erzielen, Auskunft gegeben hast, möchte ich auch über die Möglichkeit, Emotionen zu wecken, etwas hören.

V. Du fragst zwar an der richtigen Stelle danach, doch soll das, was du wissen willst, dann ausführlicher behandelt werden, wenn ich zur Methode der konkreten Rede und zur Untersuchung von Problemen komme.

F. Quid sequitur igitur? 9

P. Cum inveneris, conlocare; cuius in infinita quaestione ordo idem fere, quem exposui locorum; in definita autem adhibenda sunt illa etiam, quae ad motus animorum pertinent.

F. Quomodo igitur ista explicas?

P. Habeo communia praecepta fidem faciendi et commovendi. quoniam fides est firma opinio, motus autem animi incitatio aut ad voluptatem aut ad molestiam aut ad cupiditatem aut ad metum – tot sunt enim genera, partes plures generum singulorum –, omnem conlocationem ad finem accommodo quaestionis. nam est in proposito finis fides, in causa fides et motus. quare cum de causa dixero, in quo inest propositum, de utroque dixero.

F. Quid habes igitur de causa dicere? 10

P. Auditorum eam genere distingui. nam aut auscultator modo est, qui audit, aut disceptator, id est rei sententiaeque moderator; ita aut ut delectetur, qui audit, aut ut statuat aliquid. statuit autem aut de praeteritis, ut iudex, aut de futuris, ut senator. sic tria haec genera iudicii, deliberationis, exornationis; quae, quia in laudationes maxime conferatur, proprium iam habet ex eo nomen.

S. Was ist also der nächste Punkt?

V. Wenn du mit dem Auffinden des Stoffes fertig bist, die Anordnung. In der auf keinen bestimmten Fall begrenzten Untersuchung *(infinita quaestio)* ist die Reihenfolge regelmäßig dieselbe wie die bei den Topoi vorgestellte; bei der auf einen Einzelfall bezogenen Untersuchung *(definita ⟨quaestio⟩)* muß man auch die Mittel anwenden, die sich auf die Weckung von Emotionen beziehen.

S. Wie bringst du diese Mittel zur Entfaltung?

V. Ich gebe dieselben Anweisungen für die Weckung von Emotionen wie für die Gewinnung von Vertrauenswürdigkeit. Da Vertrauen eine feste Meinung ist, Emotionen aber entweder Lust oder Unlust, Begehrlichkeit oder Furcht hervorrufen – so viele Arten von Affekten gibt es nämlich; zu den einzelnen Arten aber gehören noch mehrere Unterabteilungen –, richte ich die gesamte Anordnung auf den Zweck der Untersuchung *(quaestio)* hin aus. Denn bei der Erörterung *(propositum)* ist der Zweck Gewinnung von Vertrauenswürdigkeit, bei der Behandlung eines konkreten Falles *(causa)* dazu noch die Weckung von Emotionen. Wenn ich über einen konkreten Fall spreche, in dem ein generelles Problem eingeschlossen ist, werde ich dieses also mit behandeln.

S. Was hast du also über die auf einen konkreten Fall begrenzte Rede zu sagen?

V. Sie wird auf die Art der Zuhörer Rücksicht nehmen müssen. Denn entweder ist der Zuhörer einfach nur einer, der zuhört, oder es ist einer, der Entscheidungen fällt, d. h. einer, der den Sachverhalt und den Sinn der Rede beurteilt; daraus folgt, daß der eine als Hörer unterhalten werden will, der andere aber zu einem Urteil gelangen muß. Er kommt aber zu einem Urteil entweder über die Vergangenheit, wie der Richter, oder über die Zukunft, wie der Senator. So gibt es folgende drei Arten von Reden: die gerichtliche, die beratende und die Prunkrede, die, da sie vor allem für Lobpreisungen verwendet wird, schon ihren eigenen Namen danach hat.

F. Quas res sibi proponit in istis tribus generi- IV
bus orator? 11

P. Delectationem in exornatione, in iudicio aut saevitiam aut clementiam iudicis, in suasione aut spem aut reformidationem deliberantis.

F. Cur igitur hoc loco exponis genera causarum?

P. Ut rationem conlocandi ad finem cuiusque accommodem.

F. Quonam tandem modo? 12

P. Quia, quibus in orationibus delectatio finis est, varii sunt ordines conlocandi. nam aut temporum servantur gradus aut generum distributiones; aut a minoribus ad maiora ascendimus aut a maioribus ad minora delabimur; aut haec inaequabili varietate distinguimus, cum parva magnis, simplicia coniunctis, obscura dilucidis, laeta tristibus, incredibilia probabilibus inteximus, quae in exornationem cadunt omnia.

F. Quid? in deliberatione quid spectas? 13

P. Principia vel non longa vel saepe nulla. sunt enim ad audiendum, qui deliberant, sua causa parati. nec multum sane saepe narrandum. est enim narratio praeteritarum rerum aut praesentium, suasio autem futurarum. quare ad fidem et ad motum adhibenda est omnis oratio.

F. Quid? in iudiciis quae est conlocatio? 14

P. Non eadem accusatoris et rei, quod accusator rerum ordinem persequitur et singula argumenta quasi hastas in manu conlocat, vehementer

S. Was setzt sich der Redner bei diesen drei Arten als Ziel?

V. Genuß bei der Prunkrede, bei der Gerichtsrede entweder Strenge oder Milde beim Richter, bei der beratenden Rede entweder Hoffnung oder Verzicht bei dem, der überlegt.

S. Warum entwickelst du also an dieser Stelle die Arten der auf einen Einzelfall begrenzten Reden?

V. Um die Art der Anordnung dem jeweiligen Zweck einer jeden anzupassen.

S. Wie machst du das denn?

V. Bei den Reden, deren Zweck Genuß ist, gibt es verschiedene Möglichkeiten der Anordnung. Denn man beachtet die zeitliche Abfolge oder die Einteilung in Sachgebiete oder wir steigen vom Kleineren zum Größeren auf oder gleiten vom Größeren zum Kleineren hinunter oder wir unterteilen diese Gesichtspunkte in immer wieder neuem Wechsel, indem wir Kleines mit Großem, Einfaches mit Kompliziertem, Dunkles mit Lichtem, Frohes mit Traurigem, Unglaubliches mit Plausiblem verflechten; und das alles fällt unter die Prunkrede.

S. Worauf achtest du bei der beratenden Rede?

V. Die Einleitungen sollen nicht lang sein oder können oft auch ganz entfallen. Es sind nämlich diejenigen, die sich beraten lassen, zum Zuhören ohnehin bereit. Der Sachvortrag braucht sicher oft nur wenig Raum einzunehmen. Er befaßt sich nämlich mit Vergangenem oder Gegenwärtigem, die beratende Rede aber mit Zukünftigem. Deshalb muß man die gesamte Rede auf Gewinnung von Vertrauenswürdigkeit und Weckung von Emotionen abstellen.

S. Weiter! Wie steht es bei den Gerichtsreden mit der Anordnung *(conlocatio)*?

V. Die ist beim Ankläger anders als beim Angeklagten, weil der Ankläger der Reihenfolge der Tatsachen nach vorgeht und die einzelnen Beweismittel wie Speere in die Hand nimmt, erregt vorträgt, scharfsinnig Schlüsse zieht, als

proponit, concludit acriter, confirmat tabulis, decretis, testimoniis, accuratiusque in singulis commoratur, iis orationis praeceptis, quae ad incitandos animos valent, et in reliqua oratione paulum digrediens de cursu dicendi utitur et vehementius in perorando. est enim propositum, ut iratum efficiat iudicem.

F. Quid faciendum est contra reo? V
P. Omnia longe secus. principia sumenda ad 15
benevolentiam conciliandam; narrationes aut amputandae, quae laedunt, aut relinquendae, si totae sunt molestae; firmamenta ad fidem posita aut per se diluenda aut obscuranda aut digressionibus obruenda; perorationes autem ad misericordiam conferendae.

P. Semperne igitur ordinem conlocandi, quem volumus, tenere possumus?

P. Non sane; nam auditoris aures moderantur oratori prudenti et provido: eae quod respuunt, inmutandum est.

F. Expone deinceps, quae ipsius orationis ver- 16
borumque praecepta sint!

P. Unum genus est eloquendi sua sponte fusum; alterum versum atque mutatum. prima vis est in simplicibus verbis, in coniunctis secunda. simplicia invenienda sunt, coniunctio conlocanda est. et simplicia verba partim nativa sunt, partim reperta: nativa ea, quae significata sunt sensu; reperta, quae ex iis facta sunt et novata aut similitudine aut imitatione aut inflexione aut adiunctione verborum.

Beweismittel Rechnungsbücher, Beschlüsse, Zeugnisse vorlegt und ziemlich eingehend bei jedem davon verweilt; er hält sich an diejenigen Regeln der Rhetorik, die zum Aufputschen der Zuhörer taugen, und zwar sowohl in der ganzen übrigen Rede, wobei er ein wenig von der strengen Gedankenfolge abweichen kann, als auch besonders nachdrücklich im Schlußwort. Es ist nämlich sein Ziel, den Richter (gegen den Angeklagten) aufzubringen.

S. Was muß hingegen der Angeklagte tun?

V. Er muß alles ganz anders machen. Die Einleitungen muß er dazu verwenden, das Wohlwollen (der Richter) zu gewinnen; bei den Sachvorträgen muß er entweder das, was Anstoß erregt, kürzen oder diese Berichte völlig aussparen, wenn sie insgesamt belastend wären. Die zur Stützung (der Anklage) vorgelegten Beweismittel muß er entweder als solche entkräften oder sie in den Hintergrund treten lassen oder durch Abschweifungen vergessen machen. Seine Schlußworte aber muß er auf die Erregung von Mitleid abstellen.

S. Können wir also immer die Anordnung durchhalten, die wir gerne möchten?

V. Freilich nicht; denn für einen klugen und vorausschauenden Redner sind die Ohren der Zuhörer maßgebend: Das, was sie nicht hören wollen, muß er umbauen.

S. Stelle nun der Reihe nach dar, wie die Vorschriften für die stilistische Gestaltung der Rede und deren Wortmaterial aussehen!

V. Die eine Art des Vortrags ist die sich nach den üblichen Regeln entfaltende Rede, die andere Art sucht immer wieder neue, veränderte Ansätze. In erster Linie liegt die Wirksamkeit beim Einzelwort, erst danach bei den Wortfolgen. Die Einzelwörter muß man finden, die Wortfolgen richtig anordnen. Die Einzelwörter sind teils Stammwörter, teils Ableitungen. Stammwörter sind diejenigen, die in ihrer Bedeutung vorgegeben sind, Ableitungen diejenigen, die aus ihnen gebildet und neu geformt sind durch Analogie, Nachahmung oder Abwandlung der Wortart oder durch Zusammensetzung von Wörtern.

Atque etiam est haec distinctio in verbis: altera 17
natura, tractatione altera. natura, ut sint alia sonantiora, grandiora, leviora et quodammodo nitidiora, alia contra; tractatione autem, cum aut
propria sumuntur rerum vocabula aut addita ad
nomen aut nova aut prisca aut ab oratore modificata et inflexa quodammodo; qualia sunt ea, quae
transferuntur aut inmutantur, aut ea, quibus tamquam abutimur, aut ea, quae obscuramus, quae
incredibiliter tollimus quaeque admirabilius, quam
sermonis consuetudo patitur, ornamus.

F. Habeo de simplicibus verbis; nunc de con- VI
iunctione quaero. 18
P. Numeri quidam sunt in coniunctione servandi consecutioque verborum. numeros aures ipsae metiuntur, ne aut non compleas verbis, quod
proposueris, aut redundes. consecutio autem, ne
generibus, numeris, temporibus, personis, casibus
perturbetur oratio. nam ut in simplicibus verbis,
quod non est Latinum, sic in coniunctis, quod non
est consequens, vituperandum est.

Communia autem simplicium coniunctorumque 19
haec sunt quinque quasi lumina: dilucidum, breve,
probabile, inlustre, suave.

Dilucidum fiet usitatis verbis propriis dispositis,
circumscriptione conclusa aut intermissione aut
concisione verborum; obscurum autem aut longitudine aut contractione orationis aut ambiguitate
aut inflexione atque inmutatione verborum.

Es gibt aber bei den Wörtern auch noch die folgende Unterscheidung nach ihrer Natur und ihrer Verwendung: nach ihrer Natur, sofern die einen klingender, großartiger, glatter und in gewisser Weise glänzender sind, die andern umgekehrt; nach ihrer Verwendung, wenn entweder die eigentlichen Bezeichnungen für die Dinge verwendet werden oder Attribute, neu gebildete oder von alters her gebrauchte, oder vom Redner weiterentwickelte und auf gewisse Weise verfremdete; von dieser Art sind diejenigen, welche als Metapher oder Metonymie gebraucht werden, oder solche, die wir gewissermaßen im uneigentlichen Sinn verwenden, solche, deren Sinn wir verschleiern wollen, solche, die wir auf unerhörte Weise herausheben und in auffälligerer Weise ausschmücken, als es die gewöhnliche Rede verträgt.

S. Ich weiß jetzt Bescheid über die Einzelwörter; nun frage ich dich nach den Wortfolgen.

V. Gewisse Rhythmen muß man bei der Wortfolge beachten und auch die Kongruenz der Wörter. Die Rhythmen aber mißt das Gehör als solches, damit du ja nicht mit deinen Worten hinter deinem Ziel zurückbleibst oder darüber hinausschießt. Die Beachtung der Kongruenz aber dient dazu, daß deine Rede nicht durch Fehler bei Genus, Numerus, Tempus, Person und Casus gestört wird; denn wie bei den Einzelwörtern zu tadeln ist, was unlateinisch ist, so ist bei der Wortfolge zu beanstanden, was die Kongruenz stört.

Dem Einzelwort aber und der Wortfolge sind die folgenden fünf Aspekte, sozusagen ‚Glanzlichter', gemeinsam: Die Ausdrucksweise soll durchsichtig, kurz, einleuchtend, anschaulich und eingängig sein.

Durchsichtigkeit wird entstehen durch gebräuchliche Wörter, die im eigentlichen Sinn verwendet werden und am richtigen Platz stehen, durch eine geschlossene Periode, eingelegte Pausen oder Zerlegung in kleinere Satzglieder. Unklarheit aber wird entstehen entweder durch überzogene Länge, durch zu starke Verkürzung der Rede oder durch Mehrdeutigkeit oder unübliche Abwandlung und uneigentlichen Gebrauch.

Brevitas autem conficitur simplicibus verbis, semel unaquaque re dicenda, nulli rei, nisi ut dilucide dicas, serviendo.

Probabile autem genus est orationis, si non nimis est comptum atque expolitum, si est auctoritas ac pondus in verbis, si sententiae vel graves vel aptae opinionibus hominum ac moribus.

Inlustris est autem oratio, si et verba gravitate de- 20
lecta ponuntur et translata et supralata et ad nomen adiuncta et duplicata et idem significantia atque ab ipsa actione atque imitatione rerum non abhorrentia. est enim haec pars orationis, quae rem constituat paene ad oculos; is enim maxime sensus adtingitur, sed et ceteri tamen et maxime mens ipsa moveri potest. sed quae dicta sunt de oratione dilucida, cadunt in hanc inlustrem omnia. est enim plus aliquanto inlustre quam illud dilucidum. altero fiet, ut intellegamus, altero, ut videre videamur.

Suave autem genus erit dicendi primum elegantia 21
et iucunditate verborum sonantium et levium; deinde coniunctione, quae neque asperos habeat concursus neque diiunctos atque hiantis et sit circumscripta non longo anfractu, sed ad spiritum vocis apto habeatque similitudinem aequalitatemque verborum, cum ex contrariis sumpta verbis verba paribus paria respondeant relataque ad idem verbum et geminata ac duplicata vel etiam saepius iterata ponantur constructioque verborum tum coniunctionibus copuletur, tum dissolutionibus quasi relaxetur.

Kürze aber wird erzielt durch einfache Wörter, indem man jede Sache nur einmal anspricht, wobei man auf nichts anderes achtet als darauf, sich durchsichtig auszudrücken. Einleuchtend aber ist die Art der Rede dann, wenn sie nicht im Übermaß herausgeputzt und ausgefeilt ist, wenn in den Worten Geltung und Gewicht liegen, wenn die Gedanken bedeutend sind oder angepaßt an die Ansichten und Wertvorstellungen der Menschen.

Anschaulich aber ist die Rede, wenn man nach ihrem Gewicht ausgewählte Wörter verwendet, übertragene und übertreibende Wörter, Attribute, Verdoppelungen und Synonyme und überhaupt Wörter, die nicht im Widerspruch zum Gesamttenor und zur erforderlichen Anpassung an die Sachverhalte stehen. Diese Art der Rede ist es nämlich, die ein Problem beinahe plastisch vor Augen stellt. Dieses Sinnesorgan wird nämlich dabei vor allem angesprochen, doch auch die übrigen können beeindruckt werden, und vor allem der Verstand selbst. Was aber über die ‚durchsichtige Rede' ausgeführt wurde, das trifft alles auch für diesen Fall der anschaulichen Rede zu. Es ist nämlich die Anschaulichkeit nur ein wenig mehr als jene Durchsichtigkeit: Durch die eine wird erreicht, daß wir verstehen, durch die andere, daß wir glauben, die Sache vor uns zu sehen.

Die eingängige Ausdrucksweise aber wird zunächst in der Eleganz und dem Reiz klingender und glatter Wörter bestehen, sodann in einer Wortfolge, die weder rauhe Konsonantenhäufungen enthält noch Wörter ohne glatten Übergang und vielleicht sogar einen Hiat bildend aneinanderreiht. Die Perioden sollten nicht überlang sein, sondern angepaßt an die Atemführung. Die Anordnung der Wörter in der Periode sollte parallel oder symmetrisch sein, wobei in Antithese verwendete Wörter sich paarweise entsprechen sollten. Beziehungen auf dasselbe Wort und Wortwiederholungen sollten in verschiedener Form und auch öfter als zweimal aufeinanderfolgend eingebaut werden. Der Satzbau sollte einmal durch Konjunktionen eng verbunden, dann aber wieder durch Weglassen der Konjunktionen gleichsam aufgelockert werden.

Fiet etiam suavis oratio, cum aliquid aut inusita- 22
tum aut inauditum aut novum dicas. delectat etiam, quidquid est admirabile, maximeque movet ea, quae motum aliquem animis ciet, oratio, quaeque significat oratoris ipsius amabilis mores; qui exprimuntur aut signando iudicio ipsius et animo humano ac liberali aut inflexione sermonis, si aut augendi alterius aut minuendi sui causa alia dici ab oratore, alia existimari videntur idque comitate fieri magis quam vanitate. sed sunt multa suavitatis praecepta, quae orationem aut magis obscuram aut minus probabilem faciunt. itaque hoc etiam loco nobis est ipsis, quid causa postulet, iudicandum.

F. Reliquum est igitur, ut dicas de conversa VII
oratione atque mutata. 23

P. Est quidem id genus totum in commutatione verborum, quae simplicibus in verbis ita tractatur, ut aut ex verbo dilatetur aut in verbum contrahatur oratio; ex verbo, cum aut proprium aut idem significans aut factum verbum in plura verba diducitur; ex contractione, cum aut definitio ad unum verbum revocatur aut adsumpta verba removentur aut circuitus diriguntur aut coniunctione fit unum verbum ex duobus.

In coniunctis autem verbis triplex adhiberi com- 24
mutatio potest non verborum, sed tantummodo ordinis, ut, cum semel dictum sit directe, sicut na-

Eine eingängige Ausdrucksweise wird sich auch dann ergeben, wenn man etwas Ungewöhnliches, Unerhörtes oder Neues sagt. Auch alles, was Staunen erregt, weckt Interesse, und am meisten Wirkung erzielt diejenige Rede, die irgendeine Bewegung im Innern des Menschen hervorruft und die den Charakter des Redners selbst als liebenswürdig erscheinen läßt; dieser Wesenszug wird sichtbar entweder dadurch, daß der Redner klar zum Ausdruck bringt, wie sicher er in seinem Urteilsvermögen ist, über welche Bildung und welche Großzügigkeit er verfügt, oder durch einen rednerischen Trick, wenn er nämlich, um den Gegner vorteilhafter, sich selbst aber bescheidener darzustellen, den Eindruck entstehen läßt, seine eigene Ansicht sei ganz anders als seine Worte als Redner, und er verhalte sich so mehr aus Höflichkeit als aus Selbstgefälligkeit. Doch gibt es noch viele Empfehlungen, die die Ausdrucksweise eingängig machen sollen, sie jedoch entweder weniger klar oder weniger einleuchtend machen. Daher müssen wir auch in diesem Punkt selbst beurteilen, was der Fall erfordert.

S. Es bleibt uns nun noch, daß du etwas über die ‚umgedrehte' und ‚veränderte' Ausdrucksweise ausführst.

V. Sie besteht sicherlich ganz in der Veränderung des Wortmaterials; dabei wird bei Einzelwörtern so verfahren, daß der Gedanke entweder aus einem Wort breit entwickelt oder in ein Wort zusammengezogen wird. Man entwickelt den Gedanken aus einem Wort, wenn der Bedeutungsgehalt des eigentlichen Wortes, seines Synonyms oder eines neugebildeten Wortes in mehreren Wörtern entfaltet wird. Man zieht den Gedanken zusammen, wenn eine Definition auf ein einziges Wort beschränkt wird, Füllwörter weggelassen oder Perioden verkürzt werden oder wenn durch Verwendung eines Kompositums aus zwei Wörtern eines gemacht wird.

Bei Wortfolgen aber kann eine dreifache Veränderung vorgenommen werden, und zwar nicht der Wörter, sondern nur der Reihenfolge. Dabei wird der Ausdruck einmal ganz schlicht so ausgesprochen, wie es im normalen Sprachge-

tura ipsa tulerit, invertatur ordo et idem quasi sursum versum retroque dicatur, deinde idem intercise atque permixte. eloquendi autem exercitatio maxime in hoc toto convertendi genere versatur.

F. Actio igitur sequitur, ut opinor. 25

P. Est ita: quae quidem oratori et cum rerum et cum verborum momentis commutanda maxime est. facit enim et dilucidam orationem et inlustrem et probabilem et suavem non verbis, sed varietate vocis, motu corporis, habitu vultus, quae plurimum valebunt, si cum orationis genere consentient et eius vim ac varietatem subsequentur.

F. Num quidnam tibi de oratore ipso restat 26
aliud?

P. Nihil sane praeter memoriam, quae est gemina litteraturae quodammodo et in dissimili genere persimilis. nam ut illa constat ex notis litterarum et ex eo, in quo imprimuntur illae notae, sic confectio memoriae tamquam cera locis utitur et in his imagines ut litteras conlocat.

F. Quoniam igitur vis oratoris omnis exposita VIII
est, quid habes de orationis praeceptis dicere? 27

P. Quattuor eius partis esse, quarum prima et postrema ad motum animi valet – is enim est initiis et perorationibus concitandus –, secunda, narratio, et tertia, confirmatio, fidem facit orationi. sed amplificatio, quamquam habet proprium locum, saepe etiam primum, postremum quidem fere semper, tamen reliquo in cursu orationis adhibenda est

brauch der Fall ist. Dann aber wird die Reihenfolge umgedreht und der Satz gleichsam hin- und hergewendet. Zuletzt kann man eigentlich zusammengehörige Wörter trennen und sie untereinander versetzen. Die stilistische Gestaltung aber beschränkt sich in der Praxis hauptsächlich darauf, diesen ganzen Bereich, nämlich das Jonglieren mit Wörtern, zu beherrschen.

S. Nun folgt also der Vortrag (*actio*), wie ich vermute.

V. Ja, so ist es: Er muß vom Redner besonders der Bedeutung des Inhalts wie auch des Wortmaterials angepaßt werden. Der Redner macht nämlich seine Rede durchsichtig, anschaulich, einleuchtend und eingängig nicht durch Wörter, sondern durch die Modulation seiner Stimme, durch seine Gestik und durch seine Mimik: diese Mittel werden dann die größte Wirkung erzielen, wenn sie mit der Art der Rede übereinstimmen und deren Gewicht und Vielgestaltigkeit entsprechen.

S. Hast du denn noch etwas über die Fähigkeit des Redners nachzutragen?

V. Eigentlich nichts, abgesehen von der Einprägung (*memoria*), die irgendwie eine Zwillingsschwester der schriftlichen Festlegung und trotz aller Unähnlichkeit ihr letztlich sehr ähnlich ist. Denn wie jene aus den Schriftzeichen besteht und aus dem Material, auf das sie aufgezeichnet werden, so bedient sich das Durchführen des Einprägens anstelle des Wachstäfelchens der Vergegenwärtigung von Örtlichkeiten und bringt darin Bilder wie Buchstaben an.

S. Da nun also völlig dargestellt ist, welche Fähigkeit der Redner haben muß, frage ich: Was hast du über die Vorschriften für die Rede (*de orationis praeceptis*) zu sagen?

V. Sie hat vier Teile. Der erste und der letzte davon ist wichtig zur Weckung von Emotionen – diese müssen durch die Einleitung und das Schlußwort der Rede hervorgerufen werden –, der zweite Teil, nämlich der Sachvortrag, und der dritte, die Beweisführung, verschaffen der Rede Glaubwürdigkeit. Obwohl die Steigerung (*amplificatio*) ihren eigenen Platz hat, oft schon am Beginn, sicher fast immer am Schluß

maximeque, cum aliquid aut confirmatum est aut reprehensum. itaque ad fidem quoque plurimum valet; est enim amplificatio vehemens quaedam argumentatio; ut haec docendi causa, sic illa commovendi.

F. Perge igitur ordine quattuor mihi istas partis 28
explicare!

P. Faciam et a principiis primum ordiar, quae quidem ducuntur aut ex personis aut ex rebus ipsis. sumuntur autem trium rerum gratia: ut amice, ut intellegenter, ut attente audiamur.

Quorum primus locus est in personis nostris disceptatorum adversariorum; e quibus initia benevolentiae conciliandae comparantur aut meritis nostris aut dignitate aut aliquo genere virtutis et maxime liberalitatis, officii, iustitiae, fidei; contrariisque rebus in adversarios conferendis et cum iis, qui disceptant, aliqua coniunctionis aut causa aut spe significanda; et si in nos aliquod odium offensiove conlata sit, ea tollenda minuendave aut diluendo aut extenuando aut compensando aut deprecando.

Intellegenter autem ut audiamur et item attente, ab 29
ipsis rebus ordiendum est. sed facillime discit auditor et, quid agatur, intellegit, si complectare in principio genus naturamque causae, si definias, si dividas, si neque prudentiam eius impedias confusione partium nec memoriam multitudine; quae-

der Rede, muß man sie doch auch in den übrigen Verlauf der Rede einbeziehen, vor allem dann, wenn irgend etwas nachgewiesen oder widerlegt worden ist. Daher hat sie auch große Bedeutung für die Gewinnung von Vertrauenswürdigkeit; denn sie ist eine Art leidenschaftlicher Beweisführung: wie jene der Information dient, so diese der Weckung von Emotionen.

S. Fahre also fort und erläutere mir der Reihe nach diese deine vier Teile!

V. Das will ich tun und zunächst bei den Einleitungen *(principia)* beginnen. Man läßt sie von Personen oder unmittelbar von Fakten ausgehen. Man braucht sie, um dreierlei zu erzielen: freundliche Stimmung, Verständnis und Aufmerksamkeit der Zuhörer.

Den ersten Ansatzpunkt dafür finden wir bei den Personen, die auftreten: bei uns, bei den Richtern und bei den Prozeßgegnern. Die Erwähnung dieser Personen bietet die erste Möglichkeit, Wohlwollen zu gewinnen: Wir führen unsere eigenen Verdienste an, unser Ansehen oder irgendeine Art von spezieller guter Eigenschaft, und zwar besonders Großzügigkeit, Pflichtbewußtsein, Gerechtigkeitssinn und Vertrauenswürdigkeit. Unsere Gegner statten wir mit den genau entgegengesetzten Eigenschaften aus; wir geben zu verstehen, daß wir eine Übereinstimmung mit den Richtern sehen oder erhoffen; und wenn wir irgendwie in Verruf oder Mißkredit gekommen sind, müssen wir das beheben oder abmildern, indem wir den Fehler als nicht existent oder als unwichtig hinstellen, ihn mit Vorzügen aufwiegen oder ihn entschuldigen.

Damit man uns aber verständnisbereit und auch aufmerksam zuhört, muß man bei den Fakten selbst ansetzen. Am leichtesten aber lernt der Hörer und begreift, worum es geht, wenn man bei der Einleitung Art und Wesen des Falles umreißt, wenn man definiert, gliedert, wenn man die Aufnahmefähigkeit des Hörers nicht durch mangelnde Ordnung in den Gliederungsteilen behindert noch sein Gedächtnis durch Überfülle überfordert. Und was demnächst über

que mox de narratione dilucida dicentur, eadem
etiam huc poterunt recte transferri.
Ut attente autem audiamur, trium rerum aliqua 30
consequemur; nam aut magna quaedam propone-
mus aut necessaria aut coniuncta cum ipsis, apud
quos res agetur. sit autem hoc etiam in praeceptis,
ut, si quando tempus ipsum aut res aut locus aut
interventus alicuius aut interpellatio aut ab adversario dictum aliquod et maxime in perorando dederit occasionem nobis, ut dicamus aliquid ad
tempus apte, ne relinquamus; et, quae suo loco de
amplificatione dicemus, multa ex iis poterunt ad
principiorum praecepta transferri.

F. Quid, in narratione quae tandem observanda IX
sunt? 31

P. Quoniam narratio est rerum explicatio et
quaedam quasi sedes et fundamentum constituendae fidei, ea sunt in ea servanda maxime, quae
etiam in reliquis fere dicendi partibus; quae partim
sunt necessaria, partim adsumpta ad ornandum.
nam ut dilucide probabiliterque narremus, necessarium est, sed adsumimus etiam suavitatem.

Ergo ad dilucide narrandum eadem illa superiora 32
explanandi et inlustrandi praecepta repetemus, in
quibus sit brevitas ea, quae saepissime in narratione laudatur, de qua supra dictum est.

Probabilis autem erit, si personis, si temporibus, si
locis ea, quae narrabuntur, consentient; si cuiusque facti et eventi causa ponetur; si testata dici

einen durchsichtigen Sachvortrag auszuführen sein wird, das kann ganz sicher auch hierher übernommen werden.
Daß wir aber aufmerksame Zuhörer finden, werden wir durch einen von drei Gesichtspunkten erreichen: Wir müssen Wichtiges vorlegen oder Notwendiges oder Dinge, die die Personen, vor denen der Fall verhandelt wird, direkt betreffen. Doch auch dies gehöre zu den Regeln: Wenn einmal der Zeitpunkt als solcher, ein Faktum, die Örtlichkeit, der Auftritt irgendeiner Person, ein Zwischenruf oder eine Äußerung des Prozeßgegners, und zwar hauptsächlich beim Schlußwort, uns Gelegenheit dazu gibt, etwas zu sagen, was zur Situation paßt, dann dürfen wir uns das ja nicht entgehen lassen! Auch vieles von dem, was wir an geeigneter Stelle noch über die Steigerung des Vortrags sagen werden, wird man auf die Regeln für die Einleitung übertragen können.

S. Weiter! Was muß schließlich beim Sachvortrag *(narratio)* beachtet werden?

V. Da es sich beim Sachvortrag um die Darstellung der Fakten handelt und dieser gleichsam Sitz und Fundament der Vertrauenswürdigkeit ist, die wir brauchen, müssen bei ihm vor allem die Regeln beachtet werden, die fast immer auch bei den übrigen Teilen der Rede gelten. Diese betreffen teils Notwendigkeiten, teils Zutaten zur Ausschmückung. Denn daß wir durchsichtig und einleuchtend berichten, ist notwendig; die Eingängigkeit aber nehmen wir als willkommene Zutat.
Folglich werden wir, um unseren Bericht durchsichtig gestalten zu können, zurückgreifen auf jene früher ausgeführten Regeln der deutlichen Darstellung und der Veranschaulichung; dabei bediene man sich der Art von Kürze, die beim Sachvortrag immer wieder Beifall findet, worüber oben schon gesprochen wurde.
Einleuchtend aber wird der Sachvortrag, wenn das, was berichtet wird, zu den Personen, den Zeitumständen und Örtlichkeiten paßt, wenn zu jeder Handlung oder jedem Ergebnis einer Handlung eine Ursache angegeben wird, wenn der Eindruck entsteht, daß nur Bezeugtes vorgebracht

videbuntur; si cum hominum opinione, auctoritate, si cum lege, cum more, cum religione coniuncta; si probitas narrantis significabitur, si antiquitas, si memoria, si orationis veritas et vitae fides.

Suavis autem narratio est, quae habet admirationes, exspectationes, exitus inopinatos, interpositos motus animorum, conloquia personarum, dolores, iracundias, metus, laetitias, cupiditates.
Sed iam ad reliqua pergamus!

F. Nempe ea sequuntur, quae ad faciendam 33
fidem pertinent.

P. Ita est: quae quidem in confirmationem et in reprehensionem dividuntur. nam in confirmando nostra probare volumus, in reprehendendo redarguere contraria. quoniam igitur omne, quod in controversiam venit, id

aut sit necne sit
aut quid sit
aut quale sit,

quaeritur, in primo coniectura valet, in altero definitio, in tertio ratio.

F. Teneo istam distributionem. nunc coniecturae locos quaero.

P. In veri similibus et in propriis rerum notis X
posita tota est. sed appellemus docendi gratia veri 34
simile, quod plerumque ita fiat, ut

adulescentiam procliviorem esse ad libidinem,

proprie autem notatum argumentum, quod num-

wird, wenn all das mit der Ansicht des Volkes und der von Autoritäten, mit dem Gesetz, mit der Moral, mit der Religion in Einklang steht, wenn die Redlichkeit des Berichterstatters, seine Sittenstrenge, sein gutes Gedächtnis, die Wahrheit seiner Rede und seine Verläßlichkeit in der Lebensführung deutlich zu erkennen gegeben werden. Eingängig aber ist ein Sachvortrag dann, wenn er Anlässe zu Bewunderung und Erwartung, überraschende Ergebnisse, zwischendurch eingefügte Absätze, die Emotionen wecken, Unterredungen von Personen und Äußerungen von Schmerz, Zorn, Furcht, Heiterkeit und Leidenschaft enthält. Nun aber wollen wir uns mit dem beschäftigen, was noch aussteht!

S. Nun folgen wohl die Ausführungen, die sich auf die Schaffung von Vertrauenswürdigkeit beziehen.

V. Richtig! Diese Ausführungen werden eingeteilt in solche, die der eigenen Beweisführung dienen, und in solche, die die gegnerischen Beweismittel zurückweisen sollen. Denn bei der Beweisführung wollen wir unsere Ausführungen als beweiskräftig darstellen, bei der Zurückweisung die gegnerischen widerlegen. Es gibt nun in jedem Streitfall, der ansteht, drei mögliche Fragestellungen:

Existiert es oder existiert es nicht? *(sit necne sit?)*
Was ist es? *(quid sit?)*
Wie beschaffen ist es? *(quale sit?)*.

Also ist im ersten Fall die Mutmaßung von Bedeutung, im zweiten die klare Definition, im dritten die Bewertung.

S. Ich verstehe diese Einteilung. Nun frage ich nach den Topoi der Mutmaßung *(coniectura)*.

V. Sie beruht gänzlich auf der Wahrscheinlichkeit und den charakteristischen Merkmalen der Fakten. Doch mit Rücksicht auf diese Unterrichtssituation wollen wir die Wahrscheinlichkeit als das bezeichnen, was in der Regel geschieht, wie z. B.

daß Jugendliche ziemlich anfällig sind für Ausschweifungen;

das charakteristische Merkmal aber als ein Beweismittel, das

quam aliter sit certumque declaret, ut

fumus ignem.

veri similia reperientur ex partibus et quasi membris narrationis. ea sunt in personis, in locis, in temporibus, in factis, in eventis, in rerum ipsarum negotiorumque naturis.

In personis naturae primum spectantur valetudi- 35
nis, figurae, virium, aetatis, marium, feminarum; atque haec quidem in corpore; animi autem, aut quemadmodum adfecti sint virtutibus vitiis, artibus inertiis, aut quemadmodum commoti cupiditate metu, voluptate molestia. atque haec quidem in natura spectantur; in fortuna genus, amicitiae, liberi, propinqui, adfines, opes, honores, potestates, divitiae, libertas et ea, quae sunt his contraria.

In locis autem et illa naturalia, maritima an remoti 36
a mari, plani an montuosi, leves an asperi, salubres an pestilentes, opaci an aprici, et illa fortuita, culti an inculti, celebres an deserti, coaedificati an vasti, obscuri an rerum gestarum vestigiis nobilitati, consecrati an profani.

In temporibus autem praesentia, praeterita, futura XI
cernuntur; in his ipsis vetusta, recentia, instantia 37
paulo post aut aliquando futura. insunt etiam in

immer zum gleichen Ergebnis führt und eine sichere Tatsache anzeigt, wie z. B.

Rauch auf Feuer

schließen läßt. Beweismittel der Wahrscheinlichkeit lassen sich aus den Teilen und gewissermaßen aus den Gliedern des Sachvortrags beziehen. Sie liegen in den Personen, den Örtlichkeiten, den Zeitumständen, den Handlungen und den Ergebnissen der Handlungen, in der Natur der Dinge an sich und in der Natur des Geschäftslebens.

Bei den Personen *(in personis)* betrachtet man das, was ihr Wesen ausmacht: zuerst ihre gesundheitliche Verfassung, Gestalt, Kraft, Alter, männliche oder weibliche Geschlechtsbeschaffenheit; das alles betrifft den Körper. Dann kommt die Betrachtung ihrer geistig-seelischen Verfassung, wie sie nämlich beschaffen sind hinsichtlich ihrer Tugenden und Laster, ihrer Fähigkeiten und Unfähigkeiten, oder wie sie sich verhalten unter dem Einfluß von Emotionen, von Begehrlichkeit und Furcht, von Lust und Unlust. Das alles zieht man beim Wesen der Personen in Betracht. Bei den äußeren Umständen betrachtet man Abstammung, Freundschaften, Kinder, Blutsverwandte und Verschwägerte, politische Einflußmöglichkeiten, Ämter, Machtbefugnisse, Reichtum, Freiheit und das Gegenteil davon.

Bei den Örtlichkeiten *(in locis)* geht es um die bekannten natürlichen Gegebenheiten: Handelt es sich um einen Platz am Meer oder im Binnenland, in der Ebene oder im Bergland, um glattes oder steiniges, um gesundes oder krankheitserregendes, um schattiges oder der Sonne ausgesetztes Gelände, und um jene mehr zufälligen Kennzeichen, wie bebaut oder unbestellt, stark besiedelt oder einsam, mit Gebäuden oder ohne solche, unbekannt oder durch die Spuren großer Ereignisse berühmt geworden, sakral oder profan.

Bei den Zeitumständen *(in temporibus)* aber unterscheidet man Gegenwart, Vergangenheit und Zukunft, darunter im einzelnen das, was in alter Zeit oder erst in jüngster Vergangenheit passiert ist, was in Kürze oder irgendwann später

temporibus illa, quae temporis quasi naturam notant, ut hiemps, ut aestas, aut anni tempora, ut mensis, ut dies, ut nox, hora, tempestas, quae sunt naturalia; fortuita autem sacrificia, festi dies, nuptiae.

Iam facta et eventus aut consilii sunt aut impru- 38
dentiae, quae est aut in casu aut in quadam animi permotione; casu, cum aliter cecidit, ac putatum est; permotione, cum aut oblivio aut error aut aliqua metus aut cupiditatis causa permovit. sit etiam in imprudentia necessitas ponenda.

Rerum autem bonarum et malarum tria genera sunt: nam aut in animis aut in corporibus aut extra esse possunt.
Hac igitur materie ad argumentum subiecta perlustrandae animo partes erunt omnes et ad id, quod agetur, ex singulis coniectura capienda.

Est etiam genus argumentorum aliud, quod ex 39
facti vestigiis sumitur, ut telum, cruor, clamor, crepitus, titubatio, permutatio coloris, oratio inconstans, tremor, aliorum quidquid sensu percipi possit; etiam si praeparatum aliquid, si communicatum cum aliquo, si postea visum, auditum, indicatum.

Veri similia autem partim singula movent e suo 40
pondere, partim, etiam si videntur esse exigua per se, multum tamen, cum sunt coacervata, proficiunt.

Atque in his veri similibus insunt nonnumquam etiam certae rerum et propriae notae. maximam autem fidem facit ad similitudinem veri primum

geschehen wird. Zu den Zeitumständen gehören ferner jene Aspekte, die gleichsam die Beschaffenheit der Zeit kennzeichnen, wie Winter und Sommer, die Einteilung des Jahres, wie Monat, Tag und Nacht, Stunde, Wetter, alles natürliche Aspekte. Als mehr zufällig ergeben sich Opfertage, Festtage oder Hochzeitsfeiern.

Weiterhin zu den Handlungen *(facta)* und Ergebnissen der Handlungen *(eventus)*: Sie sind entweder geplant oder geschehen ohne Absicht; in diesem Fall liegt der Anstoß entweder beim Zufall oder beim Affekt. Beim Zufall, wenn etwas anders ausgegangen ist als vermutet, beim Affekt, wenn eine Gedächtnisstörung, ein Irrtum oder irgendein Anlaß für Furcht oder Begehrlichkeit das Motiv war. Beim Fehlen einer Absicht wird man auch die Zwangslage mit aufführen müssen.

Von den guten und schlechten Dingen aber gibt es drei Arten: Sie können ihren Sitz entweder in der Seele oder im Körper oder außerhalb von beiden haben.

Nachdem man also die genannten Stoffgebiete (bei der Suche) nach einem Beweismittel herangezogen hat, muß man alle Teile der Reihe nach prüfen und aus jedem einzelnen Teil den richtigen Schluß für den konkreten Fall ziehen.

Es gibt noch eine weitere Art von Beweismitteln, die man aus den Tatspuren gewinnt, wie eine Waffe, Blut, Geschrei, Lärm, Schwanken, Wechsel der Gesichtsfarbe, unsichere Redeweise, Zittern, sowie von anderen Phänomenen alles das, was man sinnlich wahrnehmen kann; auch ob etwas vorbereitet, mit jemandem vereinbart wurde, ob später etwas davon gesehen, gehört oder angezeigt wurde.

Topoi der Wahrscheinlichkeit *(veri similia)* wirken überzeugend, teils aufgrund des Gewichtes eines jeden einzelnen, teils sind sie, auch wenn sie für sich genommen geringfügig zu sein scheinen, von großem Nutzen, wenn man sie gehäuft vorbringen kann.

Und in diesen Topoi der Wahrscheinlichkeit finden sich manchmal auch sichere und spezielle Hinweise auf Fakten. Die größte Glaubwürdigkeit aber in Hinsicht auf die Ähn-

exemplum, deinde introducta rei similitudo; fabula etiam nonnumquam, etsi sit incredibilis, tamen homines commovet.

F. Quid, definitionis quae ratio est et quae via? XII

P. Non dubium est id quidem, quin definitio 41 genere declaretur et proprietate quadam aut etiam communium frequentia, ex quibus, proprium quid sit, eluceat. sed quoniam de propriis oritur plerumque magna dissensio, definiendum saepe est ex contrariis, saepe etiam ex dissimilibus, saepe ex paribus. quamobrem descriptiones quoque sunt in hoc genere saepe aptae et enumeratio consequentium, in primisque commovet explicatio vocabuli ac nominis.

F. Sunt exposita iam fere ea, quae de facto 42
quaeque de facti appellatione quaeruntur. nempe igitur ea restant, quae, cum et factum constat et nomen, qualia sint, vocatur in dubium?

P. Est ita, ut dicis.

F. Quae sunt igitur in eo genere partes?

P. Aut iure factum depellendi aut ulciscendi doloris gratia aut pietatis aut pudicitiae aut religionis aut patriae nomine aut denique necessitate, inscitia, casu.

Nam quae motu animi et perturbatione facta sine 43
ratione sunt, ea defensiones contra crimen in legi-

lichkeit mit der Wahrheit erweckt zunächst ein schlagendes Beispiel, und dann die Beiziehung eines ähnlich gelagerten Falles. Auch eine erfundene Geschichte, selbst wenn sie von vornherein nicht glaubhaft sein will, kann die Menschen trotzdem beeindrucken.

S. Weiter! Wie ist nun das Verfahren bei der Begriffsbestimmung *(definitio)* und wie der Weg?

V. Es ist zumindest kein Zweifel daran, daß die Begriffsbestimmung durch die Art *(genus)* und durch eine spezielle Eigenschaft *(proprietas)* vorgenommen wird oder auch durch eine Häufung von Gemeinsamkeiten, woraus dann erhellt, was das Eigentümliche *(proprium)* ist. Weil aber bezüglich des Eigentümlichen meist eine gewaltige Meinungsverschiedenheit entsteht, muß die Begriffsbestimmung oft von den Gegensätzen her gewonnen werden, oft auch von Unähnlichem oder von Gleichem. Daher sind auch Beschreibungen *(descriptiones)* bei dieser Art oft zweckdienlich und eine Aufzählung der sich ergebenden Folgen *(consequentia)*; vor allem aber macht die Erklärung eines Wortes und einer Bezeichnung Eindruck.

S. Nun sind schon fast alle Fragen erörtert, die sich bezüglich der Tat und der Benennung einer Tat stellen. Es steht aber doch noch das aus, dessen Bewertung dann, wenn die Tat und die Bezeichnung dafür feststehen, noch in Zweifel gezogen wird?

V. Es ist so, wie du sagst.

S. Was sind also die Teile bei dieser Art von Beweisführung?

V. Man führt entweder aus, die Tat sei zu Recht geschehen, und zwar um eine Kränkung abzuwehren oder zu rächen, oder im Namen der Kindesliebe, der Keuschheit, der Religion oder des Vaterlandes oder sie sei am Ende unter Zwang, aus Unwissenheit oder Zufall begangen worden.

Was nämlich infolge einer seelischen Erregung und geistigen Verwirrung ohne Absicht getan wurde, dafür gibt es in ordentlichen Prozessen keine Abwehrmöglichkeit gegen eine Beschuldigung. Jedoch kann es sie in Fällen geben, bei

timis iudiciis non habent, in liberis disceptationibus habere possunt.
Hoc in genere, in quo, quale sit, quaeritur, ex controversia, iure necne actum sit, quaeri solet; quorum disputatio ex locorum descriptione sumenda est.

F. Agesis, quoniam in confirmationem et repre- 44
hensionem diviseras orationis fidem et dictum de altero est, expone nunc de reprehendendo!

P. Aut totum est negandum, quod in argumentatione adversarius sumpserit, si fictum aut falsum esse possis docere, aut redarguenda ea, quae pro veri similibus sumpta sunt:

primum dubia sumpta esse pro certis;
deinde etiam in perspicue falsis eadem posse dici;
tum ex iis, quae sumpserit, non effici, quod velit.

Accidere autem oportet singula; sic universa frangentur. commemoranda sunt etiam exempla, quibus in simili disputatione creditum non est; conquerenda condicio communis periculi, si ingeniis hominum criminosorum sit exposita vita innocentium.

F. Quoniam unde inveniuntur, quae ad fidem XIII
pertinent, habeo, quemadmodum in dicendo sin- 45
gula tractentur, exspecto.

P. Argumentationem quaerere videris, quae est argumenti explicatio.

F. Plane ipsum istuc requiro.

denen die richterliche Entscheidung im freien Ermessen liegt.
Bei dieser Art von Beweisführung, bei der nach der Bewertung der Tat *(quale sit)* gefragt wird, pflegt man dem Streitfall entsprechend zu fragen, ob mit Recht gehandelt wurde oder nicht. Wie man diese Aspekte erörtert, muß man aus der Darstellung der Topoi übernehmen.

S. Nun aber weiter! Da du die Glaubwürdigkeit der Rede aufgeteilt hast auf die eigene Beweisführung und die Widerlegung der gegnerischen Beweise und da du über den einen Teil davon gesprochen hast, so führe nun die Regeln für die Widerlegung aus!

V. Entweder muß man insgesamt ableugnen, was der Gegner bei seiner Beweisführung verwendet hat, wenn man darlegen kann, daß es erfunden oder falsch ist, oder man muß das zurückweisen, was als wahrscheinlich angenommen wurde:

Zuerst einmal sei Zweifelhaftes als erwiesen hingestellt worden;
sodann könne man dieselben Behauptungen auch bei offensichtlich falschen Voraussetzungen aufstellen;
ferner lasse sich aus dem, was der Gegner vorgebracht habe, nicht das herleiten, was er wolle.

Man muß aber jeden einzelnen Punkt für sich entkräften; dann wird man auch das Ganze zum Einsturz bringen. Zu erwähnen sind auch Beispiele, denen in einer ähnlichen Erörterung kein Glaube geschenkt wurde. Man muß die Möglichkeit einer Gemeingefahr beklagen, die gegeben ist, wenn Verleumdern das Leben Unbescholtener preisgegeben ist.

S. Da ich nun weiß, wo man das findet, was zur Glaubwürdigkeit einer Rede beiträgt, erwarte ich jetzt Auskunft darüber, wie in der Rede die einzelnen Punkte zu behandeln sind.

V. Du scheinst mir nach der Beweisführung *(argumentatio)* zu fragen, d. h. nach der Methode, ein Beweismittel zu entwickeln.

S. Genau das wünsche ich mir.

P. Est ergo, ut supra dictum est, explicatio ar- 46
gumenti argumentatio; sed ea conficitur, cum sumpseris aut non dubia aut probabilia, ex quibus id efficias, quod aut dubium aut minus probabile per se videtur. argumentandi autem duo genera sunt, quorum alterum ad fidem derecto spectat, alterum se inflectit ad motum. derecto igitur, cum proposuit aliquid, quod probaret, sumpsitque ea, quibus niteretur, atque his confirmatis ad propositum sese rettulit atque conclusit. illa autem altera argumentatio quasi retro et contra prius sumit, quae vult, eaque confirmat, deinde id, quod proponendum fuit, permotis animis iacit ad extremum.

Est etiam illa varietas in argumentando et non 47
iniucunda distinctio, cum interrogamus nosmet ipsos aut percontamur aut imperamus aut optamus, quae sunt cum aliis compluribus sententiarum ornamenta. vitare autem similitudinem poterimus non semper a proposito ordientes; et si non omnia disputando confirmabimus breviterque interdum, quae erunt satis aperta, ponemus; quodque ex iis efficietur, si id apertum, non habebimus necesse semper concludere.

F. Quid? illa, quae ‚sine arte‘ appellantur, quae XIV
iam dudum adsumpta dixisti, ecquonam modo ar- 48
tis indigent?

P. Illa vero indigent, nec eo dicuntur ‚sine arte‘, quod ita sint, sed quod ea non parit oratoris ars,

V. Es ist also, wie oben gesagt, die Beweisführung die Entwicklung eines Beweismittels. Diese aber führt man durch, indem man Unzweifelhaftes oder Einleuchtendes aufgreift und daraus das ableitet, was von sich aus entweder zweifelhaft oder weniger einleuchtend wirkt. Es gibt aber zwei Arten der Beweisführung, von denen die eine direkt auf die Erweckung von Glaubwürdigkeit abzielt, die andere den Umweg über die Emotion nimmt. Den direkten Weg ist die Beweisführung dann gegangen, wenn sie etwas an den Anfang gestellt hat, was sie als richtig nachweisen wollte, wenn sie die Beweismittel, auf die sie sich stützen wollte, verwendet hat, und dann, wenn sie diese Gedanken bewiesen hat, zum Ausgangspunkt zurückgekehrt ist und ihre Schlußfolgerungen gezogen hat. Jene andere Art der Beweisführung aber packt die Sache ganz anders und gleichsam von hinten her an: Sie wählt erst das aus, was ihr paßt, und beweist es; und dann, wenn die Stimmung aufgeheizt ist, wirft sie zuletzt den Gedanken ein, der eigentlich an den Anfang hätte gesetzt werden müssen.

Es gibt auch noch jene weitere Variante bei der Beweisführung, eine nicht unelegante Abwechslung, wenn wir uns selbst Fragen stellen, Erkundigungen formulieren, uns selbst etwas befehlen oder für uns etwas wünschen; all das ist mit vielem anderen schmückendes Beiwerk der Sätze. Einförmigkeit aber können wir vermeiden, wenn wir nicht immer mit einer Zielangabe beginnen, wenn wir nicht alles durch Erörterung zu beweisen suchen und wenn wir bisweilen ohnehin klare Sachverhalte nur kurz feststellen. Und wenn die daraus sich ergebenden Folgen offensichtlich sind, haben wir es nicht nötig, immerzu Schlußfolgerungen zu ziehen.

S. Zum nächsten! Jene Beweismittel, die man ‚kunstlos' nennt, die, wie du schon vorher sagtest, von außen dazugenommen sind, bedürfen sie auf irgendeine Weise der Kunst?

V. Sie bedürfen ihrer in der Tat, und man nennt sie nicht deshalb ‚kunstlos', weil sie es wirklich sind, sondern weil nicht die Kunst des Redners sie hervorbringt; es ist vielmehr so, daß er von außen an ihn herangetragene Beweismittel

sed foris ad se delata tamen arte tractat, et maxime in testibus.

Nam et de toto genere testium, quam id sit infir- 49
mum, saepe dicendum est et argumenta rerum esse propria, testimonia autem voluntatum; utendumque exemplis, si quis testibus creditum non sit; et de singulis testibus, si natura vani, si leves, si cum ignominia, si spe, si metu, si iracundia, si misericordia impulsi, si praemio, si gratia adducti; comparandique cum superiore auctoritate testium, quibus tamen creditum non sit.

Saepe etiam quaestionibus resistendum est, quod 50
et dolorem fugientes multi in tormentis ementiti persaepe sint morique maluerint falsum fatendo quam verum dicendo dolere; multi etiam suam vitam neglexerint, ut eos, qui iis cariores quam ipsi sibi essent, liberarent; alii autem aut natura corporis aut consuetudine dolendi aut metu supplicii ac mortis vim tormentorum pertulerint; alii ementiti sint in eos, quos oderant. atque haec exemplis firmanda sunt.

Neque est obscurum, quin, quoniam in utramque 51
partem sunt exempla et item ad coniecturam faciendam loci, in contrariis contraria sumenda sint. atque etiam incurrit alia quaedam in testibus et in quaestionibus ratio. saepe enim ea, quae dicta sunt, si aut ambigue aut inconstanter aut incredibiliter dicta sunt aut etiam aliter ab alio dicta, subtiliter reprehenduntur.

eben doch mit seiner Kunst verarbeitet, und das gilt ganz besonders bei Zeugenaussagen.

Denn über das ganze Volk von Zeugen, wie unzuverlässig es ist, muß man oft reden, und auch, daß Beweismittel nur zu Fakten gehören, Zeugenaussagen aber vom Willen der Zeugen abhängen. Man muß Beispiele heranziehen, wenn irgendwelchen Zeugen nicht geglaubt wurde. Und man muß auch über die einzelnen Zeugen sprechen, ob sie von Natur Windbeutel sind, leichtsinnig, mit Makeln behaftet, ob sie sich etwas erhoffen, etwas befürchten, ob sie jähzornig oder mitleidig, ob sie bestochen oder zu Gefälligkeiten verpflichtet sind. Und man muß sie vergleichen mit der höheren Vertrauenswürdigkeit von Zeugen, denen man gleichwohl nicht geglaubt hat.

Oft muß man auch Befragungen unter der Folter Widerstand entgegensetzen, und zwar aus verschiedenen Gründen: Viele hätten aus Angst vor Schmerz unter der Folter oft etwas zusammengelogen und lieber aufgrund einer Falschaussage sterben wollen als Schmerz erleiden, weil sie die Wahrheit sagen; viele hätten auch ihr Leben darangegeben, um diejenigen, die ihnen teurer waren als sie sich selbst, freizubekommen; andere aber hätten aufgrund ihrer Körperkonstitution, aus Gewöhnung an Schmerz oder aus Furcht vor der Todesstrafe die Grausamkeit der Folterung durchgestanden; wieder andere hätten sich Lügen ausgedacht gegen diejenigen, die sie haßten. Und das muß durch Beispiele belegt werden.

Auch ist es völlig klar, daß bei entgegengesetzten Fällen entgegengesetzte Beispiele anzuwenden sind. Denn Beispiele gibt es für beide Möglichkeiten und ebenso Topoi, um eine Mutmaßung aufzubauen. Auch ist bei der Befragung von gewöhnlichen Zeugen eine ganz andere Methode erforderlich als bei der Zeugenbefragung unter der Folter. Oft nämlich lassen sich Aussagen, wenn sie entweder doppeldeutig, inkonsequent oder unglaubwürdig sind oder wenn zwei Zeugen einander widersprechen, mit Scharfsinn widerlegen.

F. Extrema tibi restat pars orationis, quae posi- XV
ta in perorando est, de qua sane velim audire. 52

P. Facilior est explicatio perorationis. nam est divisa in duas partis, amplificationem et enumerationem. augendi autem et hic est proprius locus in perorando, et in cursu ipso orationis declinationes ad amplificandum dantur confirmata re aliqua aut reprehensa.

Est igitur amplificatio gravior quaedam adfirma- 53
tio, quae motu animorum conciliet in dicendo fidem. ea et verborum genere conficitur et rerum. verba ponenda sunt, quae vim habeant inlustrandi nec ab usu sint abhorrentia, gravia, plena, sonantia, iuncta, facta, cognominata, non vulgaria, supralata inprimisque tralata. haec in singulis verbis; sed in continentibus soluta, quae dicuntur sine coniunctione, ut plura videantur.

Augent etiam relata verba, iterata, duplicata et ea, 54
quae ascendunt gradatim ab humilioribus ad superiora, omninoque semper est quasi naturalis et non explanata oratio, sed gravibus referta verbis ad augendum accommodatior.

Haec igitur in verbis, quibus actio congruens et apta ad animos permovendos accommodata est. sed et in verbis et in actione causa erit ponderanda et pro re agendum. nam haec quia videntur perab-

S. Nun steht also nur noch der letzte Teil der Rede aus, den das Schlußwort *(peroratio)* bildet, und darüber möchte ich jetzt etwas hören.

V. Die Darstellung des Schlußwortes ist recht einfach; denn sie gliedert sich nur in zwei Teile: die Steigerung des Ausdrucks *(amplificatio)* und die Zusammenfassung *(enumeratio)*. Hier im Schlußwort ist der ganz spezielle Ort für die Steigerung, aber auch im eigentlichen Verlauf der Rede werden sich Abschweifungen anbieten, die eine Steigerung des Ausdrucks erlauben, wenn irgendein Sachverhalt bewiesen oder widerlegt ist.

Die Steigerung des Ausdrucks ist also gewissermaßen die verstärkte Form einer Beteuerung, die durch Weckung von Emotionen beim Sprechen Vertrauenswürdigkeit gewinnen hilft. Man erreicht dies durch den Stil und die Art der Inhalte. Man muß Wörter verwenden, welche die Kraft der Veranschaulichung haben und nicht im Gegensatz stehen zur üblichen Redeweise, aber bedeutungsschwer, voll, klingend sind, dazu Wortverbindungen, Neubildungen, Synonyme, nicht alltägliche, sondern übertreibende Wörter, vor allem auch Metaphern. Dies zu den Einzelwörtern. Im Satzzusammenhang aber muß man die Wörter einzeln für sich setzen, d. h. asyndetisch, damit der Eindruck von Fülle entsteht.

Eine steigernde Wirkung haben auch Anaphern, also die Wiederholung eines Einzelwortes oder einer Wortgruppe und die schrittweise Steigerung vom Niedrigeren zum Höheren, und überhaupt ist ein Stil, der gleichsam natürlich, nicht gekünstelt, aber reich an bedeutenden Wörtern ist, für die Steigerung des Ausdrucks gut geeignet.

Dies also über die sprachliche Form; zu ihr paßt eine Art des Vortrags *(actio)*, die mit der sprachlichen Form übereinstimmt und geeignet ist, die Zuhörer mitzureißen. Doch bei der sprachlichen Gestaltung ebenso wie beim Vortrag wird der Sache Gewicht zu geben und auf den Zweck der Sache zu achten sein. Weil es nämlich völlig unsinnig zu sein scheint, wenn all dies gewichtiger ist, als der Fall es verträgt,

surda, cum graviora sunt, quam causa fert, diligenter, quid quamque deceat, iudicandum est.

Rerum autem amplificatio sumitur iisdem ex locis XVI
omnibus, e quibus illa, quae dicta sunt ad fidem; 55
maximeque valent et definitiones conglobatae et consequentium frequentatio et contrariarum et dissimilium et inter se pugnantium rerum conflictio et causae eaque, quae sunt orta de causis, maximeque similitudines et exempla; fictae etiam personae, muta denique loquantur, omninoque ea sunt adhibenda, si causa patitur, quae habentur magna, quorum est duplex genus.

Alia enim natura magna videntur, alia usu; natura, 56
ut caelestia, ut divina, ut ea, quorum obscurae causae, ut in terris mundoque admirabilia quae sunt, ex quibus similibusque, si adtendas, ad augendum multa suppetunt; usu, quae videntur hominibus aut prodesse aut obesse vehementius, quorum sunt genera ad amplificandum tria.

nam aut caritate moventur homines, ut deorum, ut patriae, ut parentum;
aut amore, ut fratrum, ut coniugum, ut liberorum, ut familiarium;
aut honestate, ut virtutum maximeque earum, quae ad communionem hominum et liberalitatem valent.

ex iis et cohortationes sumuntur ad ea retinenda et in eos, a quibus violata sunt, odia incitantur, et miseratio nascitur.

muß man sorgfältig abwägen, was der jeweiligen Sache angemessen ist.
Die Steigerungsmittel für die Sachverhalte aber bezieht man aus denselben Topoi, und zwar aus allen, wie die, die ich für die Erweckung von Vertrauenswürdigkeit genannt habe. Vor allem aber wirken gehäufte Begriffsbestimmungen, die wiederholende Zusammenstellung von Folgen, das Zusammentreffen von gegensätzlichen, unähnlichen und untereinander widersprüchlichen Sachverhalten, Ursachen und deren Folgen, besonders aber ähnlich gelagerte Fälle und Beispiele; auch erfundene Personen und stumme Wesen soll man schließlich sprechen lassen, und ganz allgemein ist als Hilfsmittel anzuwenden, was als wirkungsvoll gilt, vorausgesetzt, der Fall verträgt es. Davon gibt es zwei Arten:
Die einen Hilfsmittel nämlich erscheinen von Natur aus als bedeutend, die andern nach der üblichen Wertung; von Natur aus z. B. Himmelserscheinungen, Göttliches, Dinge, deren Ursachen im Dunkeln liegen, das was auf Erden und im All Staunen erregt. Aus diesen und ähnlichen Phänomenen bietet sich, wenn man sie aufmerksam beobachtet, viel Stoff für eine Steigerung an. Nach der üblichen Wertung ist all das brauchbar, was den Menschen entweder zu nützen oder ziemlich heftig zu schaden scheint; davon gibt es zum Zweck der Steigerung drei Arten: Entweder nämlich lassen sich die Menschen

durch das Gefühl der Verehrung beeindrucken, z. B. gegenüber den Göttern, dem Vaterland, den Eltern;
oder durch das Gefühl der Zuneigung, z. B. zu den Geschwistern, den Gatten, den Kindern, den Freunden;
oder durch ehrenhaftes Verhalten, das sich manifestiert in Tugenden, vor allem solchen, die für die zwischenmenschlichen Beziehungen und für die Großzügigkeit von Bedeutung sind.

Von daher nimmt man auch die Ermahnungen, diese Werte festzuhalten, und man schürt damit den Haß gegen diejenigen, von denen diese Werte verletzt wurden, und es entsteht Mitgefühl mit dem Opfer.

Nihil est enim tam miserabile quam ex beato mi- XVII
ser. et hoc totum est, quod moveat, si, qua ex 57
fortuna quis cadat, et a quorum caritate divellatur, quae amittat aut amiserit, in quibus malis sit futurusve sit, exprimitur breviter. cito enim arescit lacrima, praesertim in alienis malis. nec quicquam in amplificatione nimis enucleandum est, minuta est enim omnis diligentia; hic autem locus grandia requirit.

Illud iam sit iudicii, quo quaque in causa genere 58
utamur augendi. in illis enim causis, quae ad delectationem exornantur, ii loci tractandi sunt, qui movere possunt exspectationem, admirationem, voluptatem; in cohortationibus autem bonorum et malorum enumerationes et exempla valent plurimum. in iudiciis accusatori fere, quae ad iracundiam, reo plerumque, quae ad misericordiam pertinent; nonnumquam tamen et accusator misericordiam movere debet et defensor iracundiam.

Enumeratio reliqua est, laudatori numquam, sua- 59
sori non saepe, accusatori saepius quam reo necessaria. huius tempora duo sunt, si aut memoriae diffidas eorum, apud quos agas, vel intervallo temporis vel longitudine orationis aut frequentatis firmamentis orationis et breviter expositis vim est habitura causa maiorem.

Reo rarius utendum, quod ponenda sunt contra- 60
ria, quorum dissolutio in brevitate non lucebit, aculei pungent. sed erit in enumeratione vitandum,

Nichts ist nämlich so mitleiderregend wie jemand, der aus einem glücklichen Menschen zu einem unglücklichen wurde. Und dieses Gesamtbild ist es, das die Zuhörer bewegt, wenn einer aus einem glücklichen Zustand abstürzt; man führt kurz aus, wessen liebevoller Verehrung er beraubt wird, was er verliert oder schon verloren hat, in welchem Unglück er lebt oder in Kürze leben wird. Rasch nämlich vertrocknet die Träne, vor allem bei fremdem Unglück. Nichts aber darf man bei der Steigerung zu sehr in Einzelheiten ausführen; denn kleinlich wirkt jede Beschäftigung mit Einzelheiten; dieser Topos aber erfordert Großartiges. Des weiteren jedoch bleibt es wohl dem persönlichen Geschmack überlassen, welche Art der Steigerung wir im jeweiligen Fall anwenden. Bei den Reden, die ausgeschmückt werden, um Vergnügen zu machen, müssen die Topoi verwendet werden, die geeignet sind, Spannung, Bewunderung und Lust zu erregen; bei Volksreden aber haben die Aufzählung von Vorteilen und Nachteilen sowie Beispiele dafür größte Wirkung. Vor Gericht ist dem Ankläger in der Regel das anzuraten, was zu Zorn führt, dem Angeklagten aber meistens das, was Mitleid erregt; manchmal freilich muß auch der Ankläger Mitleid erregen und der Verteidiger Empörung auslösen.

Bleibt die Zusammenfassung *(enumeratio)*; sie ist für den Festredner nie, für den Volksredner nicht oft, für den Ankläger öfter als für den Verteidiger notwendig. Zwei Umstände sprechen für ihre Verwendung: Entweder man wagt es nicht, dem Gedächtnis derer zu trauen, vor denen man spricht, und zwar wegen des zeitlichen Abstandes oder wegen der Länge der Rede; oder man verspricht sich eine stärkere Wirkung der Rede, wenn die Beweismittel wiederholt und noch einmal kurz vorgestellt werden.

Der Angeklagte darf die Zusammenfassung nur recht selten verwenden, weil er Gegenpositionen gegen den Ankläger aufbauen muß, deren widerlegende Wirkung bei Kurzfassung matt bleibt; zudem schmerzen die Pfeile des Anklägers weiterhin. Doch muß man bei der Zusammenfassung ver-

ne ostentatio memoriae suscepta videatur esse puerilis. id effugiet, qui non omnia minima repetet, sed brevi singula adtingens pondera rerum ipsa comprehendet.

F. Quoniam et de ipso oratore et de oratione XVIII
dixisti, expone eum mihi nunc, quem ex tribus 61
extremum posuisti, quaestionis locum!

P. Duo sunt, ut in initio dixi, quaestionis genera, quorum alterum finitum temporibus et personis ‚causam' appello, alterum infinitum nullis neque personis neque temporibus notatum ‚propositum' voco. sed propositum quasi pars causae; inest enim infinitum in definito et ad illud tamen referuntur omnia.

Quamobrem prius de proposito dicamus: cuius 62
genera sunt duo, cognitionis alterum; eius scientia est finis, ut

verine sint sensus;

alterum actionis; quod refertur ad faciendum quid, ut si quaeratur,

quibus officiis amicitia colenda sit.

Rursus superioris genera sunt tria: sit necne sit et quid sit et quale sit:

sit necne sit, ut

ius in natura sit an in more;

quid autem sit, sic:

sitne ius id, quod maiori parti sit utile;

meiden, daß die Zurschaustellung des Gedächtnisses, die man vorgenommen hat, kindisch wirkt. Dieser Gefahr wird entrinnen, wer nicht jede kleinste Kleinigkeit wiederholt, sondern nur die eigentlichen Schwerpunkte zusammenfaßt und dabei die Einzelheiten nur kurz antippt.

S. Du hast nun vom Redner an sich *(de ipso oratore)* und von der Rede im allgemeinen *(de oratione)* gesprochen; stelle mir jetzt den Punkt näher dar, den du als letzten von dreien angekündigt hast, nämlich die Rede, die die Untersuchung von Problemen zum Inhalt hat *(quaestio)*!

V. Es gibt, wie ich schon eingangs ausführte, zwei Arten von Untersuchungen, von denen ich die eine, durch Zeitangaben und Personen eingegrenzte, als ‚Behandlung eines konkreten Falles' *(causa)* bezeichne, die andere, nicht eingegrenzte, weder durch Personen noch durch Zeitangaben näher bezeichnete ‚Erörterung' *(propositum)* nenne. Doch ist die Erörterung zugleich gewissermaßen Teil der Behandlung eines konkreten Falles; denn das nicht Eingegrenzte ist im Eingegrenzten enthalten, und darauf läßt sich letztlich alles zurückführen.

Deshalb will ich zuerst über die Erörterung *(propositum)* sprechen. Davon gibt es zwei Formen: Die eine ist theoriebezogen *(cognitio)*; ihr Ziel ist dabei Erkenntnis, z. B.

> Entsprechen die Sinneswahrnehmungen der Wirklichkeit?

Die andere Form ist auf Wirkung gerichtet *(actio)*; ihr Ziel liegt darin, etwas zu bewirken, z. B. wenn man fragt:

> Durch welche Leistungen kann man Freundschaft pflegen?

Nun gibt es von der erstgenannten Form wieder drei Unterabteilungen, nämlich: Existiert es oder existiert es nicht? Was ist es? Wie beschaffen ist es?

Existiert etwas oder existiert es nicht, z. B. wenn man fragt:

> Existiert ein Naturrecht oder nur ein Recht, das dem Herkommen entspricht?

Was aber ist es, z. B. wenn man fragt:

> Ist Recht mit dem identisch, was dem größeren Teil der Gesellschaft nützt?

quale autem sit, sic:
iuste vivere sitne utile.

Actionis autem duo sunt genera: unum ad perse- 63
quendum aliquid aut declinandum, ut

quibus rebus adipisci gloriam possis aut quomodo invidia vitetur;

alterum, quod ad aliquam commoditatem usumque referatur, ut
quemadmodum sit res publica administranda aut quemadmodum in paupertate vivendum.

Rursus autem ex cognitionis consultatione, ubi, sit 64
necne sit aut fuerit futurumve sit, quaeritur, unum genus est quaestionis, possitne aliquid effici, ut cum quaeritur,
ecquisnam perfecte sapiens esse possit;

alterum, quemadmodum quicque fiat, ut

quonam pacto virtus pariatur, naturane an usu.

cuius generis omnes sunt, in quibus, ut in obscuris naturalibusque quaestionibus, causae rationesque rerum explicantur.

Illius autem generis, in quo, quid sit id, de quo XIX
agitur, quaeritur, duo sunt genera: quorum in al- 65
tero disputandum est, aliud an idem sit, ut

pertinacia perseverantia;

in altero autem descriptio generis alicuius et quasi imago est exprimenda, ut

Wie beschaffen aber ist es, z. B. wenn man fragt:

Ist es nützlich, gerecht zu leben?

Von der auf Wirkung gerichteten Rede (*actio*) aber gibt es zwei Unterabteilungen: Die eine dient dazu, etwas zu erreichen oder abzuwenden, beispielsweise:

Wie kann man Ruhm gewinnen? oder
Wie vermeidet man Mißgunst?

Die andere Untergruppe, die sich auf irgendeinen Vorteil oder Nutzen bezieht, liegt dann vor, wenn man z. B. fragt:

Auf welche Weise ist der Staat zu verwalten? oder
Wie kann man mit einem Leben in Armut zurechtkommen?

Bei der Erörterung, bei der man theoretisch untersucht, ob etwas existiert, existiert hat bzw. existieren wird oder nicht, (ergeben sich zwei Fragestellungen), nämlich die eine, ob etwas möglich ist, z. B. wenn die Frage lautet:

Kann denn jemand vollkommen weise sein?

die andere Fragestellung, wenn jemand fragt, wie ein jedes entsteht, z. B.

Auf welche Weise wird Tugend hervorgebracht, durch Naturanlage, durch Vernunft oder durch Nützlichkeitserwägungen?

Zu diesem Gebiet gehören alle Fragestellungen, bei denen, wie bei zunächst undurchsichtigen und physikalischen Problemen, Ursachen und Zusammenhänge der Dinge entwikkelt werden.
Von jener Art aber, bei der die Frage nach der Begriffsbestimmung gestellt wird, gibt es zwei Untergruppen: Bei der einen davon muß erörtert werden, ob es etwas anderes oder dasselbe ist, z. B.

Ist Hartnäckigkeit Ausdauer?

bei der anderen aber geht es um die Beschreibung irgendeiner Art und darum, gewissermaßen ein Bild zu zeichnen, so etwa:

qualis sit avarus aut
qui sit superbus.

Tertio autem in genere, in quo, quale sit, quaeri- 66
tur, aut de honestate aut de utilitate aut de aequitate dicendum est. de honestate sic, ut

honestumne sit pro amico periculum aut invidiam subire;

de utilitate autem sic, ut
sitne utile in re publica administranda versari;

de aequitate autem sic, ut
sitne aequum amicos cognatis anteferre.

Atque in hoc eodem genere, in quo, quale sit, quaeritur, exoritur aliud quoddam disputandi genus. non enim simpliciter solum quaeritur, quid honestum sit, quid utile, quid aequum, sed etiam ex comparatione, quid honestius, quid utilius, quid aequius, atque etiam quid honestissimum, quid utilissimum, quid aequissimum; cuius generis illa sunt,
quae praestantissima sit dignitas vitae.

Atque ea quidem, quae dixi, cognitionis sunt omnia.
Restant actionis: cuius alterum est praecipiendi 67
genus, quod ad rationem officii pertinet, ut

quemadmodum sint colendi parentes;

alterum autem ad sedandos animos et oratione sanandos,

ut in consolandis maeroribus,

> Wie sieht ein Geizhals aus? und
> Was ist das Wesen eines Hochmütigen?

Bei der dritten Art aber, bei der nach der Qualität gefragt wird, muß man entweder über den Anstand oder den Nutzen oder über die Gerechtigkeit sprechen. Über den Anstand aber z. B. so:

> Fordert es der Anstand, für einen Freund Gefahr oder Mißgunst auf sich zu nehmen?

Über den Nutzen aber z. B. so:

> Ist es nützlich, sich mit Politik abzugeben?

Über die Gerechtigkeit aber z. B. so:

> Ist es gerecht, Freunde Blutsverwandten vorzuziehen?

Und bei dieser Art, bei der nach der Qualität gefragt wird, entsteht auch gewissermaßen eine andere Art der Erörterung *(aliud disputandi genus)*. Denn es wird nicht einfach nur gefragt, was anständig, was nützlich, was gerecht ist, sondern es wird auch die Form eines Vergleichs verwendet, was anständiger, was nützlicher, was gerechter ist, und sogar, was am anständigsten, am nützlichsten, am gerechtesten ist. Zu dieser Art gehört die Frage:

> Was ist der höchste Wert im Leben?

Und das, was ich jetzt ausgeführt habe, gehört alles in das Gebiet der theoriebezogenen Themenstellung *(cognitio)*. Bleiben die Gegenstände der auf eine Wirkung gerichteten Rede *(actio)*: Eine Gruppe davon ist die der Unterweisung; sie bezieht sich auf die Pflichtenlehre, z. B.

> Wie hat man seine Eltern zu ehren?

Die andere richtet sich darauf, die Gemüter zu beruhigen und durch eine Rede wieder zur Vernunft zu bringen, wie z. B.

> beim Trostspenden im Leid,

ut in iracundia comprimenda
aut in timore deleniendo
aut in cupiditate minuenda.
cui quidem generi contrarium est disputandi genus ad eosdem illos animi motus, quod in amplificanda oratione saepe faciendum est, vel gignendos vel concitandos.
Atque haec fere est partitio consultationum.

F. Cognovi, sed quae sit ratio in his inveniendi XX
et disponendi, requiro. 68

P. Quid, tu aliamne censes ac non eandem, quae est exposita, ut ex iisdem locis ad fidem et ad inveniendum ducantur omnia? conlocandi autem quae est exposita in aliis ratio , eadem huc transferetur.

F. Cognita igitur omni distributione propositorum causarum nobis genera et praecepta restant.

P. Admodum. et earum quidem forma duplex 69
est: quarum altera delectationem sectatur aurium, altera, ius ut optineat, probet, efficiat, quod agit; unde omnis est suscepta contentio.

Itaque illud superius exornatio dicitur; quod cum latum genus esse potest saneque varium, unum ex eo deligimus, quod ad laudandos claros viros suscipimus et ad improbos vituperandos. genus enim nullum est orationis, quod aut uberius ad dicendum aut utilius civitatibus esse possit aut in quo magis orator in cognitione virtutum vitiorumque versetur.

Reliquum autem genus causarum aut in provisione

beim Bezähmen von Jähzorn,
bei der Linderung von Furcht
oder beim Abbau von Begehrlichkeit.

Das Gegenteil davon bezweckt eine Art der Erörterung, die dazu dient, die eben genannten Seelenregungen entweder zu erzeugen oder zu verstärken, was man bei der Steigerung der Rede oft tun muß.

Und das ist in etwa die Einteilung der Reden mit allgemeiner Themenstellung.

S. Das habe ich begriffen. Doch frage ich nun nach der Methode der Stoffauffindung und der Stoffanordnung auf diesem Gebiet.

V. Wie? Du denkst, sie sei anders und nicht genau dieselbe wie die bereits angeführte, daß nämlich aus denselben Topoi alles sich herleiten läßt zur Herstellung von Vertrauenswürdigkeit und zur Stoffauffindung? Die Methode der Anordnung aber, die an anderer Stelle dargestellt wurde, läßt sich ebenfalls hierher übertragen.

S. Nachdem ich also die gesamte Einteilung der Erörterungen kennengelernt habe, bleiben uns noch die Arten und Vorschriften für die Behandlung eines konkreten Falles *(causa)* zu betrachten.

V. Ganz recht. Auch davon gibt es zwei Formen. Die eine hat das Ziel, den Hörer angenehm zu unterhalten, die andere, ihr Recht zu behaupten, Beweise zu liefern und zu obsiegen; und davon hat noch jede Auseinandersetzung ihren Ausgang genommen.

Die erstere nennt man ‚Prunkrede' *(exornatio)*. Da dies ein weites Feld sein kann und sicherlich ein uneinheitliches, wählen wir als einziges Beispiel aus, was wir zur Würdigung bedeutender Persönlichkeiten oder zum Tadel von Nichtswürdigen aufgreifen. Es gibt nämlich kein Gebiet der Rede, das für den Redner ergiebiger und nützlicher für das Gemeinwesen sein könnte oder bei dem der Redner sich mehr mit der Aufdeckung von Leistungen und von Versagen beschäftigen könnte.

Das übrige Gebiet der konkreten Fälle aber befaßt sich mit

posteri temporis aut in praeteriti disceptatione versatur; quorum alterum deliberationis est, alterum iudicii.

Ex qua partitione tria genera causarum exstiterunt: 70
unum, quod a meliore parte laudationis est appellatum, deliberationis alterum, tertium iudiciorum. quamobrem de primo primum, si placet, disputemus!

F. Mihi vero placet. XXI

P. Ac laudandi vituperandique rationes, quae non ad bene dicendum solum, sed etiam ad honeste vivendum valent, exponam breviter atque a principiis exordiar et laudandi et vituperandi.

Omnia enim sunt profecto laudanda, quae con- 71
iuncta cum virtute sunt, et quae cum vitiis, vituperanda. quamobrem finis alterius est honestas, alterius turpitudo. conficitur autem genus hoc dictionis narrandis exponendisque factis, quod sine ullis argumentationibus ad animi motus leniter tractandos magis quam ad fidem faciendam aut confirmandam accommodatur. non enim dubia firmantur, sed ea, quae certa aut pro certis posita sunt, augentur. quamobrem ex iis, quae ante dicta sunt, et narrandi et augendi praecepta repetentur.

Et quoniam in his causis omnis ratio fere ad volup- 72
tatem auditoris et ad delectationem refertur, utendum erit in iis ornata oratione et singulorum insignibus, quae habent plurimum suavitatis – id fit, si factis verbis aut vetustis aut translatis frequenter utamur –, et ipsa constructione verborum,

der Vorsorge für die Zukunft oder mit der Entscheidung über Vergangenes; davon gehört die eine Art zur Beratungsrede, die andere zur Gerichtsrede.
Aufgrund dieser Einteilung sind drei Arten von konkreten Fällen *(causae)* entstanden: eine, die nach ihrem positiven Teil den Namen ‚Lobrede' erhalten hat, die zweite, die man ‚Beratungsrede', und die dritte, die man ‚Gerichtsrede' nennt. Daher wollen wir also, wenn es dir recht ist, zuerst die erste Art behandeln.

S. Sehr einverstanden.

V. Ich werde nun die Methoden des Lobens und Tadelns kurz darstellen, die nicht nur für eine gute Rede, sondern auch für ein anständiges Leben wichtig sind, und werde dabei bei den Grundlagen des Lobens und Tadelns beginnen.
Man muß nämlich wirklich all das loben, was mit der Tugend verbunden ist, und das tadeln, was mit Lastern zusammenhängt. Somit ist der Zweck der Lobrede die Anerkennung für ein ehrenhaftes, der Zweck der tadelnden Rede die Mißbilligung eines schändlichen Lebens. Diese Art der Rede aber verfaßt man, indem man von Handlungen berichtet und sie zur Schau stellt, was sich ohne jede Beweisführung mehr dazu verwenden läßt, die Zuhörer unaufdringlich zu beeinflussen, als dazu, Glaubwürdigkeit herzustellen oder zu festigen. Hier bringt man nämlich nicht Beweise für Zweifelhaftes, sondern man hebt heraus, was gesichert ist oder als gesichert gilt. Daher wird man sich die Vorschriften für den Sachvortrag (*narratio*) und die Steigerung des Ausdrucks *(amplificatio)* wieder vergegenwärtigen, die weiter oben behandelt sind.
Und da ja bei solchen Reden die Absicht gänzlich und regelmäßig auf die Unterhaltung des Zuhörers und auf sein Vergnügen gerichtet ist, muß man sich hierbei eines kunstvollen Stils bedienen und einerseits einzelne Wörter hervorheben, die sehr viel Reizvolles an sich haben – dies erreicht man, wenn man Neubildungen, altertümliche Wörter oder Metaphern häufig verwendet –, andererseits aber muß man gerade

ut paria paribus et similia similibus saepe referantur, ut contraria, ut geminata, ut cirumscripta numerose, non ad similitudinem versuum, sed ad explendum aurium sensum apto quodam quasi verborum modo.

Adhibendaque frequentius etiam illa ornamenta 73
rerum, sive admirabilia sive necopinata sive significata monstris, prodigiis, oraculis, sive quae videbuntur ei, de quo agemus, cecidisse divinitus atque fatalia. omnis enim exspectatio eius, qui audit, et admiratio et improvisi exitus habent aliquam in audiendo voluptatem.

Sed quoniam tribus in generibus bona malave ver- XXII
santur, externi et corporis et animi, prima sint ex- 74
terna, quae ducantur a genere; quo breviter modiceque laudato aut, si erit infame, praetermisso, si humile, vel praeterito vel ad augendam eius, quem laudes, gloriam tacto, deinceps, si res patietur, de fortunis erit facultatibusque dicendum. postea de corporis bonis; in quibus, quod quasi virtutem maxime significat, facillime forma laudatur.

Deinde est ad facta veniendum, quorum conloca- 75
tio triplex est: aut enim temporum servandus ordo est aut inprimis recentissimum quidque dicendum aut multa et varia facta in propria virtutum genera sunt dirigenda. sed hic locus virtutum atque vitiorum latissime patens ex multis et variis disputationibus nunc in quandam angustam et brevem concludetur.

Est igitur vis virtutis duplex: aut enim scientia cer- 76

auch auf die Gruppierung der Wörter achten; so sollen häufig gleich und ähnlich klingende Wörter einander entsprechen, sollen Antithesen und Verdoppelungen gebracht werden, auch rhythmische Perioden, die freilich keine Verse sein dürfen, sondern nur durch eine Art von freiem Rhythmus das Ohr befriedigen sollen.

Recht häufig anzuwenden sind dabei auch die bekannten Ausschmückungen der Sachverhalte, seien es Wunder, seien es überraschende Ereignisse oder Ankündigungen durch aufschreckende Erscheinungen, Vorzeichen oder Orakel, seien es Dinge, die die Person, um die es geht, anscheinend durch das Wirken einer Gottheit oder des Schicksals betroffen haben. Denn immer, wenn der Zuschauer gespannt ist, sich wundert oder mit einem unerwarteten Ausgang konfrontiert wird, verspürt er ein gewisses Vergnügen.

Da sich aber Gutes wie Böses in drei Gruppen einteilen läßt, nämlich in äußere Gegebenheiten, in körperliche und geistig-seelische Qualitäten, seien an den Anfang die äußeren Gegebenheiten gestellt, die sich aus der Herkunft herleiten lassen. Diese wird man kurz und maßvoll loben oder, wenn sie unrühmlich sein sollte, beiseite lassen; wenn sie niedrig ist, wird man sie entweder übergehen oder aufgreifen zur Steigerung des Ruhmes dessen, den man loben will. Sodann wird, wenn die Sache es hergibt, vom Vermögen und dem wirtschaftlichen Hintergrund zu sprechen sein. Danach von den Vorzügen des Körpers; bei diesen wird am leichtesten die Schönheit zu loben sein, weil sie in hohem Maße gleichsam ein äußeres Zeichen der Tugend ist.

Sodann geht es an die Taten. Sie können auf dreierlei Weise angeordnet werden: Entweder muß man nämlich die zeitliche Ordnung einhalten oder am Anfang gerade das Neueste bringen oder die vielen verschiedenen Taten den spezifischen Klassen zuordnen, in die man die Tugenden einteilt. Dieser Topos der Tugenden und Laster ist ein sehr weites Feld; er war Gegenstand zahlreicher Erörterungen, die wir jetzt knapp und kurz zusammenfassen werden.

Das Wesen der Tugend ist nämlich zweigeteilt: Entweder

nitur virtus aut actione. nam quae prudentia, quae calliditas quaeque gravissimo nomine sapientia appellatur, haec scientia pollet una. quae vero moderandis cupiditatibus regendisque animi motibus laudatur, eius est munus in agendo; cui temperantiae nomen est. atque illa prudentia in suis rebus domestica, in publicis civilis appellari solet.

Temperantia autem in suas itidem res et in com- 77
munes distributa est duobusque modis in rebus commodis cernitur, et ea, quae absunt, non expetendo et ab iis, quae in potestate sunt, abstinendo. in rebus incommodis est itidem duplex: nam quae venientibus malis obstat, fortitudo, quae, quod iam adest, tolerat et perfert, patientia nominatur. quae autem haec uno genere complectitur, magnitudo animi dicitur; cuius est liberalitas in usu pecuniae simulque altitudo animi in capiendis incommodis et maxime iniuriis et omne, quod est eiusdem generis.

In communione autem quae posita pars est, iustitia 78
dicitur eaque erga deos religio, erga parentes pietas, creditis in rebus fides, in moderatione animi advertendi lenitas, amicitia in benevolentia nominatur.

Atque hae quidem virtutes cernuntur in agendo. XXIII
sunt autem aliae quasi ministrae comitesque sapientiae; quarum altera, quae sint in disputando vera atque falsa quibusque positis, quid sequatur,

wird sie im Wissen sichtbar oder im Handeln. Denn die Tugend, die Klugheit, Schlauheit und mit dem bedeutendsten Namen ‚Weisheit' genannt wird, die hat ihre Kraft allein im Wissen. Die Art der Tugend jedoch, die bei der Mäßigung der Leidenschaften und bei der Steuerung der Affekte zu loben ist, hat ihre Aufgabe im Handeln. Man nennt sie Selbstbeherrschung. Und jene oben genannte ‚Klugheit' wird im Bereich der eigenen häuslichen Verhältnisse als Hausverstand, im öffentlichen Bereich als politische Klugheit bezeichnet.

Die Selbstbeherrschung aber gliedert sich ebenfalls in den völlig privaten Bereich und den Bereich des Zusammenlebens mit anderen. Sie ist im Glück auf zweierlei Weise daran erkennbar, daß man das nicht begehrt, was man nicht hat, und daran, daß man auf das verzichtet, was man haben könnte. Im Unglück gibt es gleichfalls zwei Arten zu unterscheiden: die Tugend nämlich, die sich herannahenden Übeln entgegenstellt, heißt Tapferkeit, und diejenige, die das, was schon eingetreten ist, ohne Murren erträgt, heißt Geduld. Die Tugend aber, die diese Aspekte in einem Begriff umfaßt, heißt Hochherzigkeit. Zu ihr gehören Freigebigkeit im Gebrauch von Geld, zugleich Seelengröße in der Hinnahme von Nachteilen und vor allem von Ungerechtigkeiten, und alles weitere, was von dieser Art ist.

Der Bereich der Tugend aber, der für das Zusammenleben untereinander nötig ist, wird als Gerechtigkeit bezeichnet, und zwar im einzelnen gegenüber den Göttern als Frömmigkeit, gegenüber den Eltern als Ehrerbietung, bei anvertrauten Dingen als Zuverlässigkeit, bei der Mäßigung im Strafen als Milde, bei der wohlwollenden Zuneigung als Freundschaft.

Und diese genannten Tugenden werden bei ihrer Betätigung sichtbar. Es gibt aber auch noch weitere Tugenden, die gleichsam Dienerinnen und Begleiterinnen der Weisheit sind. Die eine davon ist die Tugend, die bei einer Erörterung Richtig und Falsch unterscheidet und darüber urteilt, was bei gegebenen Voraussetzungen mit Sicherheit folgt, eine

distinguit et iudicat, quae virtus omnis in ratione scientiaque disputandi sita est, altera autem oratoria.

Nihil est enim aliud eloquentia nisi copiose lo- 79
quens sapientia; quae ex eodem hausta genere, quo illa, quae in disputando, est uberior atque latior et ad motus animorum vulgique sensus accommodatior. custos vero virtutum omnium dedecus fugiens laudemque maxime consequens verecundia est. atque hi quidem sunt fere quasi quidam habitus animi sic adfecti et constituti, ut sint singuli inter se proprio virtutis genere distincti; a quibus ut quaeque res gesta est, ita sit honesta necesse est summeque laudabilis.

Sunt autem alii quidam animi habitus ad virtutem 80
quasi praeculti et praeparati rectis studiis et artibus, ut in suis rebus studia litterarum, ut numerorum ac sonorum, ut mensurae, ut siderum, ut equorum, ut venandi, ut armorum; in communibus propensiora studia in aliquo genere virtutis praecipue colendo aut divinis rebus deserviendo aut parentibus, amicis, hospitibus praecipue atque insigniter diligendis. atque haec quidem virtutum. vitiorum autem sunt genera contraria.

Cernenda autem sunt diligenter, ne fallant ea nos 81
vitia, quae virtutem videntur imitari. nam et prudentiam malitia et temperantiam inmanitas in voluptatibus aspernandis et magnitudinem animi superbia in nimis tollendis et despicientia in contemnendis honoribus et liberalitatem effusio et fortitudinem audacia imitatur et patientiam duritia inmanis et iustitiam acerbitas et religionem supersti-

Tugend, die ganz auf der wissenschaftlichen Methode der Dialektik beruht. Die andere Tugend aber gehört zum Gebiet der Rhetorik.

Nichts anderes nämlich ist die Beredsamkeit als mit großer Wortfülle sprechende Weisheit. Sie ist aus der gleichen Quelle geschöpft wie jene, die man bei der Erörterung benötigt, doch ist sie ergiebiger, umfassender und besser an die Seelenregungen und Empfindungen der Masse angepaßt. Wächter aber über alle Tugenden ist das Ehrgefühl, das Schande meiden und vor allem Lob erlangen will. Und das sind in der Regel gleichsam Seelenhaltungen, die in ihrem Wesen so eingerichtet sind, daß sich jede von der andern nur durch die spezifische Ausprägung der Tugend unterscheidet. In dem Maße, wie jede Tat durch sie veranlaßt ist, muß sie notwendigerweise ehrenhaft und im höchsten Grade lobenswert sein.

Es gibt aber auch manch andere Seelenhaltungen, gleichsam als Vorstufen zur Tugend und vorbereitet durch die rechten Studien und Fertigkeiten, so im privaten Bereich die Beschäftigung mit der Literatur, der Musik, der Geometrie, der Astronomie, mit Pferden, mit der Jagd und mit Waffen; im zwischenmenschlichen Bereich ein deutlich ausgeprägtes Engagement in der besonderen Pflege irgendeiner Art von Tugend, die sich entweder im Dienst des Götterkultes oder in einer besonderen und außerordentlichen Liebe zu Eltern, Freunden und Gastfreunden zeigt. Soviel zum Topos der Tugenden. Bei den Lastern aber gibt es die entgegengesetzten Arten.

Man muß aber genau hinschauen, damit die Laster uns nicht täuschen, die nach außen wie Tugenden aussehen; denn der Klugheit ähnelt täuschend die Bosheit, der Beherrschtheit Rigorismus bei der Ablehnung von Vergnügungen, der Hochherzigkeit der Stolz, wenn man Ehrungen zu hoch bewertet, und Blasiertheit, wenn man sie völlig verschmäht. Der Freigebigkeit entspricht die Verschwendungssucht, der Tapferkeit die Tollkühnheit, der Leidensfähigkeit unmenschliche Härte, der Gerechtigkeit Rücksichtslosigkeit,

tio et lenitatem mollitia animi et verecundiam timiditas et illam disputandi prudentiam concertatio captatioque verborum, hanc oratoriam vim inanis quaedam profluentia loquendi. studiis autem bonis similia videntur ea, quae sunt in eodem genere nimia.

Quamobrem omnis vis laudandi et vituperandi ex 82
his sumetur virtutum vitiorumque partibus; sed in toto quasi contextu orationis haec erunt inlustranda maxime, quemadmodum quisque generatus, quemadmodum educatus, quemadmodum institutus moratusque fuerit; et si quid cui magnum aut incredibile acciderit maximeque si id divinitus accidisse potuerit videri; tum, quae quisque senserit, dixerit, gesserit, ad ea, quae proposita sunt, virtutum genera accommodabuntur, ex illisque inveniendi locis causae rerum et eventus et consequentia requirentur. neque vero mors eorum, quorum vita laudabitur, silentio praeteriri debebit, si modo quid erit animum advertendum aut in ipso genere mortis aut in iis rebus, quae post mortem erunt consecutae.

F. Accepi ista didicique breviter non solum, XXIV
quemadmodum laudarem alterum, sed etiam, 83
quemadmodum eniterer, ut possem iure ipse laudari. videamus igitur deinceps, in sententia dicenda quam viam et quae praecepta teneamus!

P. Est igitur in deliberando finis utilitas, ad quem ita referuntur omnia in consilio dando sententiaque dicenda, ut illa prima sint suasori aut dissuasori videnda, quid aut possit fieri aut non possit et quid aut necesse sit aut non necesse. nam

der Religiosität Aberglaube, der Milde eine weichliche Schwäche des Geistes, der vornehmen Zurückhaltung die Ängstlichkeit und schließlich jener lobenswerten Klugheit beim Erörtern die polemische Wortrabulistik, der von mir genannten rhetorischen Kraft eine Art von leer dahinfließendem Geschwätz. Guten Bestrebungen ähnlich scheint nämlich das, was auf dem gleichen Gebiet eine Übertreibung darstellt.

Man wird also die volle Wirksamkeit von Lob und Tadel aus dieser Einteilung der Tugenden und Laster gewinnen können. Aber gleichsam im Gesamtzusammenhang einer Rede werden folgende Punkte am meisten zu beleuchten sein: Wie es bei der jeweiligen Person um Herkunft, Erziehung, Ausbildung und Charakter steht; auch ob jemandem etwas Großes oder Unglaubliches begegnet ist, vor allem wenn sich der Anschein ergeben könnte, dies sei durch göttliche Einwirkung geschehen; sodann wird man, was ein jeder gedacht, gesagt, getan hat, auf die oben genannten Arten von Tugenden beziehen und aus den erwähnten Topoi für die Stoffauffindung die Ursachen der Dinge, ihre Ergebnisse und Folgen herleiten. Aber auch der Tod derer, deren Leben gewürdigt werden soll, darf nicht mit Stillschweigen übergangen werden, wenn ja irgend etwas bemerkenswert ist entweder an der Todesart selbst oder an den Vorgängen, die nach dem Tod eintraten.

S. Diesen Vortrag habe ich verstanden und damit in Kurzfassung gelernt, nicht nur, auf welche Weise ich einen andern loben kann, sondern auch, auf welche Weise ich an mir selbst arbeiten muß, damit ich mit Recht auch selbst gelobt werden kann. Schauen wir also anschließend, welche Methoden und welche Vorschriften es einzuhalten gilt beim Abgeben einer Stellungnahme!

V. Also: Der Zweck der Beratungsrede *(in deliberando)* ist der Nutzen; nach ihm muß sich, wenn man einen Rat gibt und gutachtlich Stellung nimmt, alles richten, so daß, wer zurät oder abrät, zuallererst auf die Frage zu blicken hat, was machbar ist oder nicht und was notwendig oder nicht not-

et, si quid effici non potest, deliberatio tollitur, quamvis sit utile; et si quid necesse est – necesse autem id est, sine quo salvi liberive esse non possumus –, id est reliquis et honestatibus in civili ratione et commodis anteponendum.

Cum autem quaeritur, quid fieri possit, videndum 84
etiam est, quam facile possit. nam quae perdifficilia sunt, perinde habenda saepe sunt, ac si effici non possint. et cum de necessitate adtendemus, etiam si non necessarium aliquid videbitur, videndum tamen erit, quam sit id magnum. quod enim permagni interest, pro necessario saepe habetur.

Itaque cum constet genus hoc causarum ex suasio- 85
ne et dissuasione, suasori proponitur simplex ratio:

si et utile est et fieri potest, fiat;

dissuasori duplex: una,

si non utile est, ne fiat;

altera,

si fieri non potest, ne suscipiatur.

sic suasori utrumque docendum est, dissuasori alterum infirmare sat est.

Quare quoniam in his versatur omne consilium 86
duobus, de utilitate ante dicamus, quae in discernendis bonis malisque versatur. bonorum autem partim necessaria sunt,

ut vita, pudicitia, libertas,
ut liberi, coniuges, germani, parentes,

partim non necessaria.

wendig ist. Denn erstens ist die Beratungsrede sinnlos, wenn etwas undurchführbar ist, mag es auch noch so nützlich sein; zweitens muß dann, wenn etwas notwendig ist – notwendig ist aber das, ohne dessen Durchsetzung wir nicht unversehrt oder nicht frei sein könnten –, dieses Notwendige vor allen anderen Rücksichten auf Ehrenhaftigkeit in politischen Angelegenheiten und auf Vorteile rangieren.

Wenn sich aber die Frage stellt, was machbar ist, muß man auch darauf achten, wie leicht es geschehen kann. Denn Vorhaben, die übermäßig schwierig sind, muß man häufig ebenso behandeln, wie wenn sie sich überhaupt nicht durchführen ließen. Und wenn wir die Notwendigkeit bedenken, müssen wir, auch wenn die Sache nicht direkt notwendig erscheint, dennoch darauf achten, wie wichtig sie ist. Denn was von sehr großem Interesse ist, gilt oft auch als notwendig.

Da diese Art der auf einen konkreten Fall bezogenen Reden aus Zuraten und Abraten besteht, hat also derjenige, der zurät, nur eine Möglichkeit der Argumentation:

Ist die Sache nützlich und machbar, so soll sie gemacht werden.

Derjenige aber, der abrät, hat die Wahl zwischen zwei Möglichkeiten: Erstens,

wenn die Sache nicht nützlich ist, soll man sie nicht durchführen;

zweitens,

wenn sie undurchführbar ist, soll man gar nicht damit anfangen.

So muß also derjenige, der zurät, beides beweisen, für den, der abrät, genügt es, einen von beiden Punkten zu entkräften.

Da nun jede Beratung sich in diesen beiden Überlegungen vollzieht, wollen wir zuerst über den Nutzen sprechen, der auf der Unterscheidung von Gütern und Übeln beruht. Von den Gütern aber gehört ein Teil zum Notwendigen,

wie Leben, Zurückhaltung, Freiheit,
wie Kinder, Ehegatten, Geschwister, Eltern,

ein anderer Teil aber zum nicht Notwendigen.

Horum autem partim propter se honestate ipsa, 87
partim commoditate aliqua expetuntur; honestate
ea, quae proficiscuntur ab his virtutibus, de quibus
paulo ante est dictum, quae sunt laudabilia ipsa per
sese: commoditate autem aliqua, quae sunt in corporis aut in fortunae bonis expetenda; quorum alia
sunt quasi quadam cum honestate coniuncta,

ut honos, ut gloria;

alia diversa,
ut vires, forma, valetudo,
ut nobilitas, divitiae, clientelae.

Est etiam quaedam quasi materies subiecta hones- XXV
tati, quae maxime spectatur in amicitiis. amicitiae 88
autem caritate et amore cernuntur. nam cum deorum tum parentum patriaeque cultus eorumque hominum, qui aut sapientia aut opibus excellunt, ad caritatem referri solent. coniuges autem et liberi et fratres et alii, quos usus familiaritasque coniunxit, quamquam etiam caritate ipsa, tamen amore maxime continentur. in his igitur rebus cum bona sint, facile est intellectu, quae sint his contraria.

Quod si semper optima tenere possemus, haud sa- 89
ne, quoniam quidem ea perspicua sunt, consilio multum egeremus. sed quia temporibus, quae vim habent maximam, persaepe evenit, ut utilitas cum honestate certet, earumque rerum contentio plerumque deliberationes efficit, ne aut opportuna propter dignitatem aut honesta propter utilitatem

Davon wiederum werden die einen um ihrer selbst willen eben wegen ihrer sittlichen Bedeutung, die andern wegen irgendeines Vorteils erstrebt. Wegen der sittlichen Bedeutung die Dinge, die ihren Ausgang nehmen von den Tugenden, über die soeben gehandelt wurde; sie sind um ihrer selbst willen zu loben; wegen irgendeines Vorteils aber jene, die unter der Rubrik ‚körperliche Vorzüge' oder ‚sonstige Glücksgüter' erstrebenswert sind. Von diesen sind die einen gleichsam mit einer Art sittlicher Bedeutung verbunden,

wie Ehre und Ruhm;

die andern sind von verschiedener Art,

wie Kräfte, Schönheit, Gesundheit,
wie vornehme Abstammung, Reichtum und Gefolgsleute.

Es gibt aber auch so etwas wie Bausteine, die sozusagen die Grundlage eines anständigen Verhaltens sind; sie kann man vor allem bei Freundschaften beobachten. Freundschaften aber erkennt man an Hochschätzung und Liebe. Denn die Verehrung der Götter und insbesondere der Eltern, des Vaterlands und der Menschen, die sich durch Weisheit oder Macht auszeichnen, pflegt man auf Hochschätzung zurückzuführen. Ehegatten aber, Kinder, Brüder und sonstige Personen, mit denen uns das Leben und freundschaftliche Verbundenheit zusammengeführt hat, werden gewiß schon durch Hochschätzung, aber doch vor allem durch Liebe untereinander verbunden. Da die Güter also in diesen Bereichen zu finden sind, ist leicht zu erkennen, was das Gegenteil davon ist.

Wenn es möglich wäre, sich immer an das Beste zu halten, wären wir wohl, da dieses Beste doch leicht erkennbar ist, nur wenig auf eine Beratung angewiesen. Doch weil es infolge der Zeitumstände, die größten Einfluß ausüben, sehr oft vorkommt, daß die Nützlichkeit mit dem Anstand im Widerstreit liegt, und weil die Auseinandersetzung um diese Probleme meistens Anlaß zu Überlegungen gibt, wollen wir nun Regeln zur Lösung dieser Schwierigkeiten vortragen,

relinquantur, ad hanc difficultatem explicandam praecepta referamus.

Et quoniam non ad veritatem solum, sed etiam ad 90
opiniones eorum, qui audiunt, accommodanda est oratio, hoc primum intellegamus, hominum esse duo genera, alterum indoctum et agreste, quod anteferat semper utilitatem honestati, alterum humanum et politum, quod rebus omnibus dignitatem anteponat. itaque huic generi

laus, honos, gloria, fides, iustitia
omnisque virtus,

illis autem alteris

quaestus, emolumentum fructusque

proponitur. atque etiam voluptas, quae maxime est inimica virtuti bonique naturam fallaciter imitando adulterat, quam inmanissimus quisque acerrime sequitur neque solum honestis rebus, sed etiam necessariis anteponit, in suadendo, cum ei generi hominum consilium des, saepe sane laudanda est.

Et illud videndum est, quanto magis homines mala XXVI
fugiant, quam sequantur bona. nam neque honesta 91
tam expetunt, quam devitant turpia. quis enim honorem, quis gloriam, quis laudem, quis ullum decus tam umquam expetivit, quam ignominiam, infamiam, contumeliam, dedecus fugit? quarum rerum dolor est gravis testis genus hominum ad honestatem natum malo cultu pravisque opinionibus esse corruptum. quare in cohortando atque suadendo propositum quidem nobis erit illud, ut

damit nicht Vorteile aus Rücksicht auf das äußere Ansehen oder umgekehrt Anstandspflichten des Nutzens wegen aufgegeben werden.

Und weil eine Rede nicht nur auf die Wahrheit, sondern auch auf die Ansichten der Zuhörer auszurichten ist, müssen wir uns darüber im klaren sein, daß es zwei Arten von Menschen gibt: Die eine Art ist ungebildet und grob; sie zieht regelmäßig den Nutzen dem Anstand vor. Die andere ist gebildet und kultiviert; sie zieht die Selbstachtung allen anderen Dingen vor. Deshalb steht dieser letzteren Art von Menschen

> Lob, Ehre, Ruhm, Vertrauenswürdigkeit, Gerechtigkeit
> und jegliche Art von Tugend

als Ziel vor Augen, jenen anderen aber

> Gelderwerb, Vorteil und Zinsertrag.

Und sogar die Lust, die der Tugend in höchstem Maße feindlich ist und die Natur des Guten in trügerischer Weise nachahmt und damit verfälscht, muß bei der Beratung, wenn man sie für diesen Menschenschlag zu leisten hat, oft wohl oder übel gelobt werden. Denn auf die Lust sind gerade die primitivsten Menschen besonders aus und sie geben ihr den Vorzug nicht nur vor dem, was anständig, sondern sogar vor dem, was notwendig wäre.

Und auch auf die bekannte Tatsache muß man achten, wieviel wichtiger es für die Menschen ist, Übel zu vermeiden als nach Gutem zu streben. Sie begehren nämlich das, was der Anstand erfordert, nicht mit gleicher Energie, wie sie dem, was Schande bringt, auszuweichen suchen. Denn wer hätte sich um Ehre, Ruhm, Lob und irgendeine Auszeichnung jemals mit dem gleichen Einsatz bemüht, mit dem er Ehrverlust, üblem Ruf, Schimpf und Schande zu entgehen suchte? Der Schmerz über solche Dinge ist ein wichtiger Zeuge dafür, daß das Menschengeschlecht zum Anstand geboren, aber durch schlechte Erziehung und verkehrte Meinungen

doceamus, qua re bona consequi malaque vitare possimus.

Sed apud homines bene institutos plurimum 92
de laude et de honestate

dicemus maximeque ea virtutum genera tractabimus, quae in communi hominum utilitate tuenda augendaque versantur. sin apud indoctos imperitosque dicemus,
fructus, emolumenta, voluptates vitationesque dolorum proferantur;

addantur etiam
contumeliae atque ignominiae.

nemo est enim tam agrestis, quem non si ipsa honestas minus, contumelia tamen et dedecus magnopere moveat.
Quare, quid ad utilitatem spectet ex his, quae dicta 93
sunt, reperietur.
Quid autem possit effici, in quo etiam, quam facile possit quamque expediat, quaeri solet, maxime ex causis iis, quae quamque rem efficiant, est videndum.
Causarum autem genera sunt plura. nam sunt aliae, quae ipsae conficiunt, aliae, quae vim ad conficiendum aliquam adferunt. itaque illae superiores ‚conficientes' vocentur, hae reliquae ponantur in eo genere, ut sine his confici non possit.

Conficiens autem causa alia est absoluta et perfecta 94
per se, alia ad aliquid adiuvans et efficiendi socia quaedam; cuius vis generis varia est et saepe aut maior aut minor. sunt autem aliae causae, quae

verdorben worden ist. Daher wird beim Ermahnen und Beraten unsere Aufgabe sein, zu zeigen, auf welche Weise wir echte Güter erlangen und Übel vermeiden können. Bei gebildeten Menschen aber werden wir sehr viel

über Lob und Anstand

sagen und vor allem die Arten der Tugenden behandeln, die zum Schutz des gemeinsamen Nutzens aller Menschen und dessen Verbesserung dienen. Wenn wir aber vor Ungebildeten und Unwissenden zu sprechen haben, müssen wir

Zinsertrag, Vorteilnahme, Lustgewinn und Vermeidung von Schmerzen in den Vordergrund stellen.

Hinzugefügt werden sollten freilich die Gesichtspunkte

von Schande und Ehrverlust;

denn keiner ist so unempfindlich, daß ihm, wenn schon nicht die eigentliche Ehrenhaftigkeit, so doch wenigstens die Furcht vor Schmach und Schande stark zu denken gäbe.
Man wird demnach das, was den Nutzen zum Ziel hat, aus dem bisher Gesagten entnehmen können.
Was aber machbar ist, wobei man gewöhnlich auch danach fragt, wie leicht es machbar und wieweit es zuträglich ist, muß man aus den Ursachen, die jeweils wirksam sind, erkennen.
Es gibt aber mehrere Arten von Ursachen. Da sind einmal diejenigen, die eine Wirkung selbst hervorbringen, dann die anderen, die eine Kraft beisteuern, die erst die Wirkung erzielt. Deshalb sollen jene erst genannten Ursachen ‚Wirkursachen' genannt werden, die weiteren aber reihe man insofern unter diese Gruppe ein, als ohne sie eine Wirkung nicht eintreten kann.
Von den Wirkursachen aber ist die eine absolut und aus sich heraus vollkommen, die andere nur hilfreich zu etwas und gewissermaßen die Wirkung begleitend. Der Einfluß dieser Art von Ursachen ist verschieden und oft einmal größer, einmal geringer. Es gibt aber auch andere Arten von Ur-

aut propter principium aut propter exitum ‚conficientes' vocantur.

Cum autem quaeritur, quid sit optimum factu, aut utilitas aut spes efficiendi ad adsentiendum impellit animos.

Et quoniam de utilitate iam diximus, de efficiendi XXVII
ratione dicamus. quo toto genere quibuscum et 95
contra quos, quo tempore aut quo loco aut quibus facultatibus armorum, pecuniae, sociorum earumve rerum, quae ad quamque rem efficiendam pertinent, possimus uti, requirendum est. neque solum ea sunt, quae nobis suppetant, sed etiam illa, quae adversentur, videnda. et si ex contentione procliviora erunt nostra, non solum effici posse, quae suademus, erit persuadendum, sed curandum etiam, ut illa facilia, proclivia, iucunda videantur. dissuadentibus autem aut utilitas labefactanda est aut efficiendi difficultates efferendae. neque aliis ex praeceptis, sed iisdem ex suasionis locis.

Uterque vero ad augendum habeat exemplorum 96
aut recentium, quo notiora sint, aut veterum, quo plus auctoritatis habeant, copiam; maximeque sit in hoc genere meditatus, ut possit vel utilia ac necessaria saepe honestis vel haec illis anteferre. ad commovendos autem animos maxime proficient, si incitandi erunt, eiusmodi sententiae, quae aut ad

sachen, die wegen ihrer Stellung entweder am Anfang oder am Ende der Kausalkette als ‚Wirkursachen' bezeichnet werden.

Wenn man aber danach fragt, was am besten zu tun sei, lassen sich die Menschen entweder durch den Nutzen oder durch die Hoffnung, etwas zu bewirken, zur Zustimmung bewegen.

Und da wir nun bereits von der Nützlichkeit gesprochen haben, wollen wir jetzt von der Machbarkeit sprechen. Bei der ganzen Behandlung dieses Problems wird man sich fragen müssen, mit wem gemeinsam und gegen wen, zu welchem Zeitpunkt oder an welchem Ort es zu handeln gilt, welche Mittel an Waffen, Geld, Bundesgenossen und sonstigen Dingen, die bei jeder Unternehmung für den Erfolg wichtig sind, zur Verfügung stehen. Denn es sind nicht nur die Mittel in Rechnung zu stellen, die uns zur Verfügung stehen, sondern auch diejenigen, die gegen uns eingesetzt werden. Und wenn bei einer vergleichenden Betrachtung unsere Mittel überlegen sind, wird man nicht nur davon überzeugen müssen, daß sich das, wozu wir raten, auch durchführen läßt, sondern man wird auch dafür zu sorgen haben, daß der Eindruck entsteht, die angeratene Durchführung mache keine Schwierigkeiten, sei erfolgversprechend, ja sogar in angenehmer Weise machbar. Wenn man aber abrät, muß man entweder den Gesichtspunkt des Nutzens zu Fall bringen oder man muß die Schwierigkeiten der Durchführung hervorheben; und dazu braucht man keine weiteren Vorschriften, sondern nur dieselben Topoi wie beim Zuraten.

In beiden Fällen aber sollte der Redner zahlreiche Beispiele zur Verstärkung parat haben, entweder neue, damit sie besser bekannt sind, oder alte, damit sie mehr Gewicht haben. Und vor allem sollte er bei dieser Art von Rede im voraus bedenken, daß er oft die Möglichkeit hat, eine Rangordnung aufzustellen, nämlich das Nützliche und Notwendige vor das sittlich Vertretbare zu setzen oder umgekehrt. Um Emotionen der Zuhörer hervorzurufen, wenn sie hervorzurufen sind, werden am meisten solche Gedanken nützen, die auf

explendas cupiditates aut ad odium satiandum aut ad ulciscendas iniurias pertinebunt. sin autem reprimendi, de incerto statu fortunae dubiisque eventis rerum futurarum et de retinendis suis fortunis, si erunt secundae, sin autem adversae, de periculo commonendi. atque hi quidem perorationis sunt loci.

Principia autem in sententiis dicendis brevia esse 97
debebunt. non enim supplex ut ad iudicem venit orator, sed hortator atque actor. quare proponere, qua mente dicat, quid velit, quibus de rebus dicturus sit, debet hortarique ad se breviter dicentem audiendum. tota autem oratio simplex et gravis et sententiis debet ornatior esse quam verbis.

F. Cognovi iam laudationis et suasionis locos. XXVIII
nunc, quae iudiciis accommodata sint, exspecto; 98
idque nobis genus restare unum puto.

P. Recte intellegis. atque eius quidem generis finis est aequitas; quae non simpliciter spectatur, sed ex comparatione nonnumquam, ut

cum de verissimo accusatore disceptatur aut cum hereditatis sine lege aut sine testamento petitur possessio;

in quibus causis, quid aequius atque aequissimum sit, quaeritur, quas ad causas facultas petitur argumentationum ex iis, de quibus mox dicetur, aequitatis locis.

Atque etiam ante iudicium de constituendo ipso 99
iudicio solet esse contentio, cum

eine Befriedigung von Begehrlichkeiten, die Sättigung von Haßgefühlen oder die Rache für erlittenes Unrecht abzielen. Wenn man aber die Wogen glätten will, muß man erinnern an die Unbeständigkeit des Glücks, an die Unsicherheit der Zukunft, an die Notwendigkeit, sein Vermögen, wenn es reichlich vorhanden ist, zu sichern, und andernfalls an das Risiko, auch das Wenige noch zu verlieren. Und das sind die Topoi für das Schlußwort.

Die Einleitung aber muß bei der Beratungsrede kurz sein. Denn der Redner kommt nicht als Bittsteller wie vor den Richter, sondern als Ermahner und Vertreter gewichtiger Interessen. Deshalb muß er darstellen, in welcher Absicht er spricht, was er eigentlich will, über welche Gegenstände er sich äußern will, und er muß ferner dazu auffordern, daß man ihn auch anhöre; denn er werde sich kurz fassen. Die gesamte Rede aber muß einfach, eindringlich und reicher an Gedanken als an Wörtern sein.

S. Ich habe nunmehr die Topoi der Lobrede *(laudatio)* und der Beratungsrede *(suasio)* kennengelernt. Nun erwarte ich Auskunft darüber, was den Gerichtsreden *(iudicia)* angemessen ist. Diese Art von Rede steht uns, wie ich glaube, als einzige noch aus.

V. Ganz richtig. Das Ziel dieser Art von Rede ist das, was recht und billig ist *(aequitas)*. Das erkennt man nicht, wenn man es für sich allein nimmt, sondern manchmal erst aus dem Vergleich, wie z. B.

> wenn der Streit darum geht, wer die Berechtigung hat, als Ankläger aufzutreten, oder
> wenn die Besitzeinweisung in eine Erbschaft ohne gesetzliche Grundlage oder ohne Testament verlangt wird.

Bei solchen Verfahren wird untersucht, was billiger bzw. am billigsten sei; für solche Verfahren sucht man sich einen Vorrat an Beweisführungen aus den Topoi, die es zum Thema ‚Billigkeit' gibt. Darüber werden wir gleich sprechen.

Schon vor der Prozeßeröffnung pflegt es Streit um die Festlegung des Verfahrens zu geben, wenn entweder gefragt wird,

aut sitne actio illi, qui agit,
aut iamne sit
aut num iam esse desierit
aut illane lege,
hisne verbis sit actio,
quaeritur.

quae etiam si, ante quam res in iudicium venit, aut concertata aut diiudicata aut confecta non sunt, tamen in ipsis iudiciis permagnum saepe habent pondus, cum ita dicitur:

plus petisti;
sero petisti;
non fuit tua petitio,
non a me,
non hac lege,
non his verbis,
non hoc iudicio.

Quarum causarum genus est positum in iure civili, 100
quod est in privatarum et publicarum rerum lege aut more positum; cuius scientia neglecta ab oratoribus plerisque nobis ad dicendum necessaria videtur. quare de constituendis actionibus, de capiendis subeundisve iudiciis, de excipienda iniquitate actionis, de comparanda aequitate, quod ea fere generis eius sunt, ut, quamquam in ipsum iudicium saepe delabuntur, tamen ante iudicium tractanda videantur, paulum ea separo a iudiciis tempore magis agendi quam dissimilitudine generis. nam omnia, quae de iure civili aut de aequo et bono disceptantur, cadunt in eam formam causarum, in qua, quale quid sit, ambigitur, de qua dic-

ob der Kläger überhaupt einen Rechtstitel besitzt,
ob dieser jetzt noch gilt
oder ob er bereits verfallen ist,
oder ob nach jenem Gesetz,
nach diesem Wortlaut vorgegangen werden soll.

Diese Gesichtspunkte haben, auch wenn sie vor der Prozeßeröffnung nicht ausdiskutiert, entschieden oder zu einem Ergebnis gebracht sind, doch im eigentlichen Verfahren sehr große Bedeutung, wenn z. B. vorgebracht wird:

Du hast zu viel verlangt;
du bist mit Deiner Forderung zu spät dran;
du warst nicht berechtigt, das zu fordern,
nicht von mir,
nicht nach diesem Gesetz,
nicht nach diesem Wortlaut,
nicht vor diesen Richtern.

Diese Art von Prozessen hat ihre Grundlage in der Bürgersatzung *(ius civile)*, die ihrerseits wieder auf der gesetzlichen Regelung der privaten und der öffentlichen Belange oder auf dem Herkommen beruht. Die Kenntnis der Bürgersatzung erscheint mir unerläßlich für das Sprechen vor Gericht, auch wenn sich die meisten Redner nicht dafür interessieren. Einen Klagetitel zu erhalten, eine Formel zu verlangen oder eine vorhandene zu akzeptieren, Einspruch zu erheben gegen eine Unbilligkeit des Verfahrens, die Billigkeit des Verfahrens einzufordern, das sind in der Regel die Probleme, die, auch wenn sie häufig in das Verfahren hineinverschleppt werden, trotzdem eigentlich vor dem Verfahren geklärt werden sollten. Und deshalb will ich diese Probleme etwas abtrennen von denen des eigentlichen Prozesses, und zwar mehr wegen des Zeitpunktes, zu dem sie zu behandeln sind, als wegen einer grundsätzlichen Andersartigkeit. Denn alles, was bezüglich der Bürgersatzung oder über das Prinzip von Recht und Billigkeit erörtert wird, fällt unter die Form der Prozeßreden, in der es um die Qualität des Streitgegenstandes *(quid quale sit)* geht und die vor allem auf der Billig-

turi sumus, quae in aequitate et in iure maxime consistit.

In omnibus igitur causis tres sunt gradus, ex quibus unus aliqui capiendus est, si pluris non queas, ad resistendum. nam XXIX 101

aut ita consistendum est, ut id, quo de agitur, factum neges aut,

si factum fateare, neges eam vim habere atque id esse, quod adversarius criminetur, aut

si neque de facto neque de facti appellatione ambigi potest, id, quod arguare, neges tale esse, quale ille dicat, et rectum esse, quod feceris, concedendumve defendas.

Ita primus ille status et quasi conflictio cum adversario coniectura quadam, secundus autem definitione atque informatione verbi, tertius aequi et veri et recti et humani ad ignoscendum disputatione tractandus est. et quoniam semper is, qui defendit, non solum resistat oportet aliquo certo statu aut infitiando aut definiendo aut aequitate opponenda, sed etiam rationem subiciat recusationis suae, primus ille status rationem habet 102

iniqui criminis ipsam negationem infitiationemque facti;

secundus,

quod non sit in re, quod ab adversario ponatur in verbo;

tertius,

keit und der rechtlichen Grundlage beruht. Darüber werden wir gleich sprechen.

Bei allen Prozessen also gibt es drei Schritte des Vorgehens, von denen irgendeiner zu wählen ist, wenn man nicht mehrere wählen kann, um einer Anklage zu begegnen. Denn

entweder muß man den Standpunkt wählen, den Sachverhalt, um den es geht, abzustreiten;

oder du bestreitest, wenn du den Sachverhalt als solchen zugeben mußt, daß er richtig benannt sei, und das bedeute, was der Prozeßgegner zum Vorwurf macht,

oder du bestreitest, wenn weder bezüglich des Sachverhaltes noch seiner Benennung ein Zweifel möglich ist, daß das, dessen du beschuldigt wirst, so zu bewerten sei, wie der Prozeßgegner behauptet, und setzt dagegen, daß die Handlungsweise Rechtens oder entschuldbar sei.

So muß man bei jener ersten Begründungsform *(status)*, die gleichsam eine unmittelbare Auseindersetzung mit dem Prozeßgegner ist, mit Hilfe einer Mutmaßung arbeiten, bei der zweiten mit Hilfe einer Begriffsbestimmung und der Klärung der Wortbedeutung, bei der dritten aber mit der Erörterung dessen, was recht und billig, wahrheitsgemäß, Rechtens und menschlich verzeihlich ist. Der Verteidiger darf seine Gegenwehr gegen die Beschuldigung nicht nur auf der Grundlage einer bestimmten Begründungsform betreiben, indem er abstreitet, definiert oder den Gesichtspunkt der Billigkeit ins Feld führt, sondern muß auch ein Hauptargument *(ratio)* zur Hand haben für seine Zurückweisung des Schuldvorwurfs; und dieses Hauptargument besteht bei der ersten Begründungsform

in der direkten Zurückweisung eines unbilligen Schuldvorwurfs und dem Abstreiten des Sachverhalts,

bei der zweiten

in der Feststellung, die Tatsachen enthielten nicht das, was der Prozeßgegner in der Formel behaupte,

bei der dritten aber

quod rectum esse defendat, quod sine ulla nominis controversia factum esse fateatur.

Deinde unicuique rationi opponendum est ab ac- 103
cusatore id, quod si non esset in accusatione, causa omnino esse non posset. itaque ea, quae sic referuntur, ‚continentia' causarum vocentur; quamquam non ea magis, quae contra rationes defensionis adferuntur, quam ipsae defensionis rationes continent causas. sed distinguendi gratia ‚rationem' appellemus eam, quae adfertur a reo ad recusandum depellendi criminis causa. quae nisi esset, quid defenderet, non haberet; ‚firmamentum' autem, quod contra ad labefactandam rationem refertur, sine quo accusatio stare non posset.

Ex rationis autem et ex firmamenti conflictione et XXX
quasi concursu quaestio quaedam exoritur, quam 104
‚disceptationem' voco; in qua, quid veniat in iudicium et de quo disceptetur, quaeri solet. nam prima adversariorum contentio diffusam habet quaestionem, ut in coniectura:

ceperitne pecunias Decius;

in definitione:

minueritne maiestatem Norbanus;

in aequitate:

iurene occiderit Opimius Gracchum.

Haec, quae primam contentionem habent ex arguendo et resistendo, lata, ut dixi, et fusa sunt. rationum et firmamentorum contentio adducit in

in der Erklärung, daß man den Sachverhalt zwar zugebe, und das ohne jede Diskussion über seine Bezeichnung, daß man ihn aber als rechtlich einwandfrei verteidige.

Darauf muß der Ankläger jedem Hauptargument der Verteidigung ein Gegenargument entgegensetzen, das in der Anklage nicht fehlen darf, wenn der Prozeß überhaupt zustande kommen soll. Deshalb will ich die Gesichtspunkte, die in dieser Weise vorgetragen werden, als die ‚Kernpunkte' der Prozesse *(continentia)* bezeichnen; indes sind die Hauptargumente der Verteidigung ihrerseits in gleichem Maße ‚Kernpunkte' eines Prozesses wie das, was gegen die Hauptargumente der Verteidigung vorgebracht wird. Aber um der (deutlichen) Unterscheidbarkeit willen wollen wir als ‚Hauptargument' *(ratio)* das bezeichnen, was vom Angeklagten vorgetragen wird, um den Schuldvorwurf abzuwehren. Ohne ein solches Hauptargument gäbe es nichts zu verteidigen. Als ‚Gegenargument' *(firmamentum)* aber wollen wir das bezeichnen, was zur Erschütterung des Hauptargumentes vorgebracht wird; ohne Gegenargument könnte die Anklage keinen Bestand haben.

Aus dem Aufeinandertreffen von Haupt- und Gegenargument und aus ihrem Zusammenprall, um es so zu nennen, entsteht eine Art Frage, die ich ‚die zu entscheidende Frage' *(disceptatio)* nenne; in ihr pflegt man danach zu fragen, was vor Gericht gebracht und worüber verhandelt werden soll. Denn bei der ersten Auseinandersetzung der Prozeßgegner ist die Frage noch nicht klar bestimmt.

Ein Beispiel bei der Mutmaßung:

Hat sich Decius bestechen lassen?

bei der Begriffsbestimmung:

Hat Norbanus das Ansehen des römischen Staates geschmälert?

bei der Frage der Billigkeit:

Hat Opimius den Gracchus zu Recht erschlagen?

Diese Fragen, bei denen die erste Auseinandersetzung anhand von Beschuldigung und Widerspruch in Gang kommt, sind, wie ich sagte, noch breit und verschwommen.

angustum disceptationem. ea in coniectura nulla est. nemo enim eius, quod negat factum, potest aut debet aut solet reddere rationem. itaque in his causis eadem et prima quaestio et disceptatio extrema est.

In illis autem, ubi ita dicitur: 105

> Non minuit maiestatem, quod egit de Caepione turbulentius; populi enim dolor iustus vim illam excitavit, non tribuni actio; maiestas autem, quoniam est magnitudo quaedam populi Romani in eius potestate ac iure retinendo, aucta potius est quam deminuta;

et ubi ita refertur:

> Maiestas est in imperii atque in nominis populi Romani dignitate, quam minuit is, qui per vim multitudinis rem ad seditionem vocavit,

exsistet illa disceptatio,

> minueritne maiestatem, qui voluntate populi Romani rem gratam et aequam per vim egerit.

In iis autem causis, ubi aliquid recte factum aut concedendum esse defenditur, cum est facti subiecta ratio, sicut ab Opimio: 106

> Iure feci, salutis omnium et conservandae rei publicae causa,

relatumque ab Decio est:

> Ne scelestissimum quidem civem sine iudicio iure ullo necare potuisti,

Die Auseinandersetzung zwischen den Hauptargumenten der Verteidigung und den Gegenargumenten der Anklage spitzt die zu entscheidende Frage zu. So etwas gibt es beim Fall der Mutmaßung nicht; denn niemand kann sich für einen Sachverhalt, den er abstreitet, rechtfertigen, er muß es nicht, und es ist auch nicht üblich. Daher ist bei diesen Rechtsfällen die erste Frage zugleich auch die letzte und zu entscheidende.

Bei den Verfahren aber, bei denen man folgendermaßen argumentiert:

> Es hat das Ansehen des römischen Staates nicht geschmälert, daß Norbanus betreffs des Caepio eine zu stürmische Rede gehalten hat; denn die gerechte Erbitterung des Volkes war Anlaß jenes Aufruhrs, nicht die Rede des Tribuns. Das Ansehen des römischen Staates ist im Gegenteil eher gemehrt als vermindert worden, da die Größe des römischen Volkes gewissermaßen darin besteht, daß es seine Befugnisse und seine Rechte wahrnimmt;

und wo folgende Gegenbehauptung aufgestellt wird:

> Das Ansehen des römischen Staates besteht in der Würde des Reichs und des Namens des römischen Volkes, welche derjenige gemindert hat, der durch den Appell an die Menge einen Aufruhr erregt hat;

wird sich folgende zu entscheidende Frage ergeben:

> Hat derjenige das Ansehen des römischen Staates gemindert, der nach dem Willen des römischen Volkes eine gute und gerechte Sache – allerdings mit Gewalt – betrieben hat?

Wenn aber bei den Verfahren, bei denen die Verteidigung darauf abgestellt wird, daß etwas zu Recht getan wurde oder verzeihlich war, als den Sachverhalt rechtfertigendes Hauptargument vorgebracht worden ist, wie z. B. von Opimius:

> Ich habe es zu Recht getan, für das Wohl aller und zur Rettung des Gemeinwesens;

und wenn von Decius als Gegenargument formuliert worden ist:

> Nicht einmal den verbrecherischsten Bürger hättest Du ohne gerichtliches Urteil zu Recht töten dürfen,

oritur illa disceptatio,

potueritne recte salutis rei publicae causa civem eversorem civitatis indemnatum necare.

Ita disceptationes eae, quae in his controversiis oriuntur, quae sunt certis personis ac temporibus notatae, fiunt rursus infinitae detractis personis et temporibus et rurssum ad consultationum formam rationemque revocantur.

Sed in gravissimis firmamentis etiam illa ponenda XXXI
sunt, si quae ex scripto legis aut testamenti aut 107
verborum ipsius iudicii aut alicuius stipulationis aut cautionis opponuntur defensioni contraria. at ne hoc quidem genus in iis causis incurrit, quae coniectura continentur. quod enim factum negatur, id coargui scripto non potest. ne in definitionem quidem venit genere scripti ipsius. nam etiam si verbum aliquod ex scripto definiendum est, quam vim habeat, ut cum ex testamentis

quid sit penus,

aut cum ex lege praedi quaeritur,

quae sint ruta caesa,

non scripti genus, sed verbi interpretatio controversiam facit.

Cum autem aut plura significantur scripto propter 108
verbi aut verborum ambiguitatem, ut liceat ei, qui contra dicat, eo trahere significationem scripti, quo expediat ac velit; aut, si ambigue scriptum non

ergibt sich hieraus folgende zu entscheidende Frage:

> Durfte er zu Recht zur Rettung des Gemeinwesens einen Bürger, der ein Revolutionär war, ohne Urteil töten?

So werden diese zu entscheidenden Fragen, die bei solchen Auseinandersetzungen entstehen und durch bestimmte Personen und Zeitumstände gekennzeichnet sind, wieder zu allgemeingültigen, wenn man die Personen und die Zeitumstände wegläßt, und sie werden dadurch wieder auf die Form und Methode von Erörterungen *(consultationes)* zurückgeführt.

Zu den schlagkräftigsten Gegenargumenten der Anklage muß man auch jene rechnen, die aus dem geschriebenen Text *(ex scripto)* eines Gesetzes oder eines Testamentes, direkt aus Prozeßakten oder aus Protokollen zu irgendeiner Stipulation oder Kaution der Verteidigung entgegengesetzt werden können. Aber nicht einmal dieser Gesichtspunkt der Schriftlichkeit läßt sich bei den Fällen, die zur Begründungsform ‚Mutmaßung' zählen, anwenden. Was nämlich als Sachverhalt abgestritten wird, das kann nicht aufgrund eines Schriftstückes bewiesen werden. Auch bei der Begriffsbestimmung kommt dieser Gesichtspunkt nicht einfach der Tatsache wegen in Betracht, daß es sich um Schriftliches handelt. Denn auch wenn bei einem Wort aufgrund des niedergeschriebenen Textes zu definieren ist, was es bedeutet, z. B. wenn anhand von Testamenten gefragt wird,

> was unter ‚Mundvorrat' *(penus)* zu verstehen sei,

oder anhand des Grundstücksgesetzes,

> was ‚Mitnahme von allem, was nicht niet- und nagelfest ist' *(ruta caesa)*,

bedeute, führt nicht die Tatsache, daß es sich um Schriftliches handelt, sondern erst die Interpretation des Wortes zur Festlegung des Streitpunktes.

Wenn sich aber mehrere Auslegungsmöglichkeiten aufgrund des Textes wegen der Mehrdeutigkeit eines Wortes oder mehrerer Wörter ergeben, so daß sich für den Prozeßgegner die Möglichkeit eröffnet, die Bedeutung des Wortes so aus-

sit, vel a verbis voluntatem et sententiam scriptoris abducere vel alio se eadem de re contrarie scripto defendere, tum disceptatio ex scripti contentione exsistit, ut in ambiguis disceptetur, quid maxime significetur, in scripti sententiaeque contentione, utrum potius iudex sequatur, in contrariis scriptis, utrum magis comprobandum sit.

Disceptatio autem cum est constituta, propositum 109
esse debet oratori, quo omnes argumentationes repetitae ex inveniendi locis coiciantur. quod quamquam satis est ei, qui videt, quid in in quoque loco lateat, quique illos locos tamquam thesauros aliquos argumentorum notatos habet, tamen ea, quae sunt certarum causarum propria, tangemus.

In coniectura igitur, cum est in infitiando reus, XXXII
accusatori haec prima duo sunt – sed accusatorem 110
pro omni actore et petitore appello; possunt enim etiam sine accusatione in causis haec eadem controversiarum genera versari –, sed haec duo sunt ei prima, causa et eventus. ‚causam‘ appello rationem efficiendi, ‚eventum‘ id, quod est effectum. atque ipsa quidem partitio causarum paulo ante in suasionis locis distributa est.

Quae enim in consilio capiendo futuri temporis 111
praecipiebantur, quamobrem aut utilitatem viderentur habitura aut efficiendi facultatem, eadem, qui de facto argumentabitur, conligere debebit,

zulegen, wie es ihm nützt oder er es will, oder wenn der Text zwar nicht zweideutig abgefaßt ist, aber doch so, daß es möglich ist, Willen und Absicht des Verfassers vom Wortlaut abzulösen oder sich mit einem anderen Schriftstück, das in derselben Sache Gegensätzliches aussagt, zu verteidigen, dann ergibt sich die zu entscheidende Frage aus dem Streit um das geschriebene Wort: Bei Zweideutigkeiten wird die zu entscheidende Frage darauf ausgerichtet, was der Wortlaut am ehesten besagen will; beim Streit zwischen Wortlaut und Sinn darauf, welcher Auslegung der Richter eher folgen soll, bei Schriftstücken gegensätzlichen Inhalts aber darauf, welches von beiden eher zu billigen ist.

Wenn aber die zu entscheidende Frage festgelegt ist, muß sich der Redner endgültig überlegen, worauf er alle Beweismittel, die aus den Topoi der Stoffauffindung herbeigeschafft worden sind, ausrichten will. Obwohl das für den, der sieht, was in jedem Topos an Möglichkeiten steckt, und der jene Topoi gleichsam als Schatzkammern für Beweismittel im Kopf hat, ausreichen würde, werde ich trotzdem die Besonderheiten der uns bekannten Gruppen von Fällen behandeln.

Bei der Mutmaßung also, wenn der Angeklagte sich aufs Leugnen verlegt, hat der Ankläger – doch verwende ich hier die Bezeichnung ‚Ankläger' stellvertretend für jeden Kläger oder Antragsteller; es können nämlich auch ohne Anklage in Streitfällen dieselben Arten von Auseinandersetzungen vorkommen –, der Ankläger also, sage ich, hat folgende zwei Argumente, die für ihn an erster Stelle stehen: das Motiv und das Ergebnis. Als ‚Motiv' *(causa)* bezeichne ich den Beweggrund für das Handeln, als ‚Ergebnis' *(eventus)* aber das, was durch das Handeln entstanden ist. Die Gliederung der Motive habe ich vor kurzem bei den Topoi der Beratungsrede dargestellt.

Dieselben Regeln nämlich, die bei der Beschlußfassung für die Zukunft dargestellt wurden, nämlich inwiefern Nutzen oder Durchführbarkeit eines Planes erkennbar seien, muß der Redner überdenken, der für einen in der Vergangenheit liegenden Sachverhalt Beweise anführen möchte, nämlich

quamobrem et utilia illi, quem arguet, fuisse et ab eo effici potuisse demonstret. utilitatis coniectura movetur, si illud, quod arguitur, aut spe bonorum aut malorum metu fecisse dicitur; quod fit acrius, quo illa in utroque genere maiora ponuntur.

Spectant etiam ad causam facti motus animorum, 112

si ira recens, si odium vetus, si ulciscendi studium, si iniuriae dolor, si honoris, si gloriae, si imperii, si pecuniae cupiditas, si periculi timor, si aes alienum, si angustiae rei familiaris;
si audax, si levis, si crudelis, si inpotens, si incautus, insipiens, si amans, si commota mente, si vinolentus;
si cum spe efficiendi, si cum opinione celandi aut, si patefactum esset, depellendi criminis vel perrumpendi periculi vel in longinquum tempus differendi; aut
si iudicii poena levior quam facti praemium; aut si facinoris voluptas maior quam damnationis dolor.

His enim fere rebus facti suspicio confirmatur, 113
cum et voluntatis in reo causae reperiuntur et facultates. in voluntate autem utilitas ex adeptione alicuius commodi vitationeque incommodi quaeritur, ut aut spes aut metus impulisse videatur aut aliquis repentinus animi motus, qui etiam citius in fraudem quam ratio utilitatis impellit.

Quamobrem haec sint dicta de causa.

inwiefern er nachweisen kann, daß die Pläne für den, den er beschuldigen will, nützlich und auch durchführbar gewesen seien. Die Mutmaßung, daß die Tat Nutzen gebracht habe, wird geweckt, wenn man sagen kann, das, was zur Last gelegt wird, sei in der Hoffnung auf Vorteil oder aus Furcht vor Übeln getan worden. Dies wirkt um so intensiver, je stärkere Motive für beide Gesichtspunkte vorgebracht werden können.

In Richtung auf das Motiv einer Tat weisen aber auch Affekte:

Wenn frischer Zorn oder alter Haß erkennbar ist; wenn Rachegelüste, Schmerz über Unrecht, wenn leidenschaftliches Streben nach Amt, Ruhm, Macht, Geld, wenn Furcht vor Gefahr, Schuldenlast oder Engpässe bei den Vermögensverhältnissen vorliegen;

wenn der Mann, um den es geht, verwegen, leichtsinnig, grausam, unbeherrscht, unvorsichtig, unvernünftig, verliebt, verrückt, trunksüchtig ist;

wenn gehandelt wurde in der Hoffnung, Erfolg zu haben, wenn in der Meinung, man könne unentdeckt bleiben oder könne, falls die Sache ja aufkäme, den Verdacht von sich ablenken, eine Anklage vereiteln oder auf eine ferne Zukunft hinausschieben;

oder wenn die gerichtliche Strafe geringer wäre als der Lohn der Tat, oder wenn die Befriedigung über die Tat größer wäre als der Schmerz der Strafe.

Durch solche Gesichtspunkte läßt sich in der Regel ein Tatverdacht erhärten, wenn sich nämlich beim Angeklagten Motive für den Willen zur Tat und Möglichkeiten zu ihrer Ausführung finden lassen. Hinsichtlich des Willens aber sucht man nach dem Nutzen infolge der Erlangung irgendeines Vorteils und der Vermeidung eines Nachteils, so daß entweder Hoffnung oder Furcht die Triebfeder gewesen zu sein scheint oder ein anderer plötzlich auftretender Affekt, der sogar noch rascher zu einem Vergehen motiviert als die Abschätzung des Nutzens.

Soweit die Ausführungen über das Tatmotiv.

F. Teneo et quaero, qui sint illi eventus, quos ex XXXIII
causis effici dixisti. 114

P. Consequentia quaedam signa praeteriti et quasi impressa facti vestigia; quae quidem vel maxime suspicionem movent et sunt quasi tacita criminum testimonia atque hoc quidem graviora, quod causae communiter videntur insimulare et arguere omnis posse, quorum modo interfuerit aliquid, haec proprie adtingunt eos ipsos, qui arguuntur,

> ut telum, ut vestigium, ut cruor, ut deprehensum aliquid, quod ablatum ereptumve videatur,
> ut responsum inconstanter, ut haesitatum, ut titubatum, ut cum aliquo visus, ex quo suspicio oriatur,
> ut eo ipso in loco visus, in quo facinus,
> ut pallor, ut tremor, ut scriptum aut obsignatum aut depositum quippiam.

haec enim talia sunt, quae aut in re ipsa aut etiam antequam factum est aut postea suspiciosum crimen efficiant.

Quae si non erunt, tamen causis ipsis et efficiendi 115
facultatibus niti oportebit, adiuncta illa disputatione communi, non fuisse illum tam amentem, ut indicia facti aut effugere aut occultare non posset, ut ita apertus esset, ut locum crimini relinqueret. communis ille contra locus, audaciam temeritati, non prudentiae esse coniunctam.

Sequitur ille autem locus ad augendum, non esse 116

S. Das ist mir klar geworden; jetzt frage ich, was denn jene Ergebnisse sind, von denen du sagtest, sie ergäben sich aus den Motiven.

V. Es sind Merkmale, die sich aus einer in der Vergangenheit liegenden Tat gewissermaßen zwangsläufig ergeben und ihr gleichsam wie Fußspuren aufgeprägt sind. Sie sind es, die vornehmlich Verdacht erregen, sie sind gewissermaßen stumme Zeugnisse der Verbrechen und noch dazu um so gewichtigere, als Motive, wie es scheint, im allgemeinen alle bezichtigen und belasten können, für die nur irgendein Interesse bestand; die Ergebnisse aber betreffen im eigentlichen Sinne genau diejenigen, die beschuldigt werden, z. B.

eine Waffe, eine Fußspur, Blut, die Sicherstellung eines Gegenstandes, der weggeschafft oder geraubt scheint;
eine in sich widersprüchliche Antwort, Stottern, Unsicherheit;
die Tatsache, daß der Angeklagte mit jemandem zusammen gesehen wurde, woraus sich ein Verdacht ergeben kann;
oder daß er gerade an dem Ort gesehen wurde, an dem die Untat verübt wurde;
ferner blasse Gesichtsfarbe, Zittern, ein Schriftstück, das von ihm gesiegelt oder zur Verwahrung hinterlegt wurde.

Diese Indizien nämlich sind von der Art, daß sie einen Schuldvorwurf mit dem rechten Verdacht ausstatten, ob sie jetzt mit der fraglichen Handlung gleichzeitig sind, ob sie vorher oder erst nachher feststellbar waren.

Wenn es derartiges nicht gibt, wird man sich trotzdem auf die Motive als solche und auf die Möglichkeiten zur Ausführung stützen müssen, wobei man jenen allgemeinen Topos anfügt, der Täter sei eben nicht so unbedacht gewesen, daß er es nicht fertiggebracht hätte, Tatindizien zu vermeiden oder zu verbergen, oder daß er seine Deckung so weit aufgegeben hätte, daß er einen Anhaltspunkt für eine Beschuldigung lieferte. Allgemein üblich ist auch der entgegengesetzte Topos, Kühnheit sei nun einmal mit Verwegenheit, nicht mit kluger Überlegung verbunden.

Es folgt dann jener Topos, der der Steigerung dient, nämlich, man brauche nicht abzuwarten, bis der Angeklagte ein

exspectandum, dum fateatur; argumentis peccata convinci; et hic etiam exempla ponentur.

Atque haec quidem de argumentis.
Sin autem erit etiam testium facultas, primum ge- XXXIV
nus erit ipsum laudandum dicendumque, ne argu- 117
mentis teneretur reus, ipsum sua cautione effecisse, testis effugere non posse; deinde singuli laudentur – quae autem essent laudabilia, dictum est
–; deinde argumento etiam firmo, quia tamen
saepe falsum est, posse recte non credi; viro bono
et firmo sine vitio iudicis non posse non credi,
atque etiam, si obscuri testes erunt aut tenues,
dicendum erit non esse ex fortuna fidem ponderandam aut eos esse cuiusque rei locupletissimos
testis, qui id, quod agatur, facillime scire possint.

Sin quaestiones habitae aut postulatio, ut habeantur, causam adiuvabunt, confirmandum primum genus erit quaestionum; dicendum de vi doloris, de opinione maiorum, qui rem totam, nisi probassent, certe repudiavissent.

De institutis Atheniensium, Rhodiorum, doctissi- 118
morum hominum, apud quos etiam – id quod
acerbissimum est – liberi civesque torquentur, de
nostrorum etiam prudentissimorum hominum institutis, qui, cum in dominos de servis quaeri noluissent, tamen de incestu et de coniuratione, quae
facta me consule est, quaerendum putaverunt. in-

Geständnis ablege; seine Verfehlungen würden durch Beweismittel nachgewiesen; und an dieser Stelle wird man auch Beispiele bringen.
Und soweit über die Beweismittel.
Wenn man aber auch Zeugen zur Verfügung hat, wird zunächst das Mittel der Zeugenaussage als solches zu loben und zu sagen sein, der Angeklagte habe durch sein vorsichtiges Vorgehen erreicht, daß er durch Indizien nicht zu fassen sei; den Zeugen hingegen könne er nicht entkommen. Daraufhin lobe man die Zeugen Mann für Mann – was sich da lobend vorbringen läßt, ist schon gesagt worden –; sodann wird man sagen, daß man auch einem noch so starken Beweismittel, da es doch oft genug falsch ist, nicht recht glauben dürfe; einem geachteten, charakterfesten Mann hingegen müsse man auf jeden Fall glauben, sonst mache der Richter einen Fehler. Aber selbst wenn die Zeugen unbedeutende Personen oder niedrigen Standes sind, wird man sagen müssen, man könne die Glaubwürdigkeit von Zeugen nicht nach ihrer sozialen Stellung bewerten oder auch, diejenigen seien für jeden einzelnen Sachverhalt die zuverlässigsten Zeugen, die das, worum es geht, am leichtesten wissen können.
Wenn vorausgegangene Befragungen unter der Folter oder die Forderung, solche vorzunehmen, unserer Sache förderlich sind, wird man zuerst diese Art der Befragung rechtfertigen müssen; man wird von der Macht des Schmerzes sprechen müssen und über die Auffassung unserer Vorfahren, die das ganze Verfahren gewiß verworfen hätten, wenn sie es nicht gebilligt hätten.
Man wird sprechen müssen über die Grundsätze der Athener und der Rhodier, besonders gelehrter Menschen, bei denen – was sehr schmerzlich ist – sogar Freie und Bürger gefoltert werden; auch über die Grundsätze unserer rechtskundigen Vorfahren, die eine Befragung von Sklaven unter der Folter ablehnten, wenn sie gegen deren Herren gerichtet war, sie aber für zulässig hielten, wenn es um Blutschande und Verschwörung ging; ein solcher Fall hat sich unter mei-

ridenda etiam disputatio, qua solent uti ad infirmandas quaestiones, et meditata puerilisque dicenda. tum facienda fides diligenter esse et sine cupiditate quaesitum dictaque quaestionis argumentis et coniectura ponderanda.

Atque haec quidem accusationis fere membra sunt.

Defensionis autem primum infirmatio causarum, XXXV
119

aut non fuisse
aut non tantas
aut non sibi soli
aut commodius potuisse idem consequi,
aut non iis se esse moribus, non ea vita
aut nullos animi motus
aut non tam impotentis fuisse.

facultatum infirmatione autem utetur,
si aut vires aut animum aut copias aut opes afuisse demonstrabit,
aut alienum tempus
aut locum non idoneum
aut multos arbitros, quorum crederet nemini,
aut non se tam apertum, ut id susciperet, quod occultare non posset, neque tam amentem, ut poenas ac iudicia contemneret.

Consequentia autem diluet exponendo 120
non esse illa certa indicia facti, quae etiam nullo admisso consequi possent,

nem Konsulat zugetragen. Seinen Spott aber ergieße man über Auslassungen, mit denen man den Ergebnissen einer solchen Befragung ihre Bedeutung abzusprechen pflegt; man nenne sie an den Haaren herbeigezogen und kindisch. Sodann muß man um Vertrauen dafür werben, daß die Fragen unter der Folter sorgfältig und ohne Leidenschaft gestellt wurden, und daß die so gewonnenen Aussagen gegenüber Beweismitteln und Mutmaßungen abgewogen werden müssen.

Und dies sind in etwa die Einzelteile der Anklage.

Das Ziel der Verteidigung jedoch ist zuerst die Entkräftung der Motive, indem man vorbringt,

solche habe es nicht gegeben,
oder sie seien nicht so bedeutend gewesen,
oder sie hätten nicht nur für ihn (den Angeklagten) gegolten
oder er hätte das gleiche Ziel auf bequemere Weise erreichen können,
oder die Tat passe nicht in sein Charakterbild und zu seiner Lebensführung,
oder es habe entweder überhaupt keine Affekte gegeben
oder sie seien nicht so maßlos gewesen.

Daß aber die Möglichkeit zur Tat bestanden habe, das wird der Verteidiger widerlegen, wenn er nachweist,

daß dem Angeklagten Kräfte, Mut, Gelegenheit oder finanzielle Mittel gefehlt hätten,
oder daß die Zeit nicht stimme
oder daß der Ort nicht zutreffen könne,
oder daß es da viele Augenzeugen gegeben hätte, von denen er keinem hätte vertrauen können,
oder daß er nicht so unvorsichtig sei, das zu unternehmen, was er nicht verbergen könnte,
und auch nicht so unvernünftig, Geldstrafen und Verurteilung geringzuachten.

Den mit der Tat zusammenhängenden Merkmalen wird er ihre Bedeutung absprechen, indem er darlegt,

dies seien gar keine sicheren Tatindizien, weil sie sich auch ohne Verbrechen hätten bilden können,

consistetque in singulis

et ea aut eorum, quae ipse facta esse dicet, propria esse defendet potius quam criminis,

aut sibi cum accusatore communia esse et pro periculo potius quam contra salutem valere debere;

testiumque et quaestionum genus universum et, quod potuerit, in singulis ex reprehensionis locis, de quibus ante dictum est, refellet.

Harum causarum principia suspiciosa ad acerbita- 121
tem ab accusatore ponentur, denuntiabiturque commune insidiarum periculum excitabunturque animi, ut adtendant. a reo autem querela conflati criminis conlectarumque suspicionum et accusatoris insidiae et item commune periculum proferetur animique ad misericordiam adlicientur et modice benevolentia iudicum conligetur.

Narratio autem accusatoris erit quasi membratim gesti negotii suspiciosa explicatio, sparsis omnibus argumentis, obscuratis defensionibus. defensori aut praeteritis aut obscuratis suspicionum argumentis rerum ipsarum eventus erunt casusque narrandi.

In confirmandis autem nostris argumentationibus 122
infirmandisque contrariis saepe erunt accusatori motus animorum incitandi, reo mitigandi.

Atque hoc quidem utrique maxime in peroratione faciendum; alteri frequentatione argumentorum et

und er wird einzeln auf sie eingehen und zur Verteidigung entweder sagen,

> diese Indizien seien eher typische Anzeichen für das, was der eigenen Aussage nach geschehen sei, als für das zur Last gelegte Verbrechen,
> oder sie ließen sich dem Ankläger ebenso anlasten, sie müßten also eher als entlastend denn als belastend gelten.

Alles was unter die Rubrik ‚Zeugen' und ‚Befragung unter der Folter' gehört, wird er insgesamt und, soweit möglich, nach den einzelnen Topoi der Widerlegung zurückweisen, die oben behandelt worden sind.
Die Einleitung solcher Prozeßreden wird der Ankläger mit Verdächtigungen füllen, um Bitterkeit zu erregen, er wird die Gefahr eines Anschlags auf die Rechtssicherheit an die Wand malen und wird die Zuhörer zur Wachsamkeit aufrufen. Der Angeklagte hingegen wird eine Wehklage anstimmen über einen an den Haaren herbeigezogenen Schuldvorwurf und eine Sammlung von bloßen Unterstellungen, er wird auf die Hinterhältigkeit des Anklägers und gleichfalls auf eine Gemeingefahr hinweisen, er wird das Mitleid der Zuhörer zu gewinnen suchen und sich maßvoll um das Wohlwollen der Richter bemühen.
Den Sachvortrag aber wird der Ankläger so fassen, daß er die einzelnen Schritte zur Tat in Verdacht erregender Weise auseinander entwickelt. Er wird alle seine Beweismittel breit auswalzen und die Möglichkeiten zur Verteidigung in den Hintergrund drängen. Der Verteidiger hingegen wird die Beweismittel, die einen Verdacht festigen könnten, entweder überhaupt übergehen oder sie herunterspielen. Er wird nur über den Sachverhalt selbst hinsichtlich seiner Ergebnisse und zufällig damit verbundener Umstände berichten.
In dem Bestreben aber, die eigene Beweisführung schlagkräftig zu machen und die des Gegners zu schwächen, muß der Ankläger oftmals die Emotionen der Zuhörer wecken, der Angeklagte aber sie besänftigen.
Und dies müssen die beiden Kontrahenten vor allem im Schlußwort leisten: der eine wird noch einmal eine Zusam-

coacervatione universa; alteri, si plane causam redarguendo explicarit, enumeratione, ut quidque diluerit, et miseratione ad extremum.

F. Scire mihi iam videor, quemadmodum con- XXXVI
iectura tractanda sit. nunc de definitione au- 123
diamus!

P. Communia dantur in isto genere accusatori defensorique praecepta. uter enim definiendo describendoque verbo magis ad sensum iudicis opinionemque penetrarit et uter ad communem verbi vim et eandem, quam eius verbi praeceptionem inchoatam habebunt in animis ii, qui audient, is vincat necesse est.

Non enim argumentando tractatur hoc genus, sed 124
tamquam explicando excutiendoque verbo, ut

si in reo pecunia absoluto rursusque revocato praevaricationem accusator esse definiat omnem iudicii corruptelam ab reo,

defensor autem non omnem, sed tantummodo accusatoris corruptelam ab reo,

sit ergo haec contentio primum verborum, in quo, etiam si propius accedat ad consuetudinem mentemque sermonis defensoris definitio, tamen accusator sententia legis nitetur.

Negat enim probari oportere eos, qui leges scrip- 125
serint, ratum haberi ⟨voluisse⟩ iudicium, si totum corruptum; si unus accusator corruptus sit, rescindi iussisse. nititur aequitate ⟨et⟩ utilitate, quasi

menstellung seiner Beweismittel bringen und eine Aufhäufung seines gesamten Materials; der andere wird zuerst, wenn er den Sachverhalt widerlegend dargestellt hat, zusammenfassend zeigen, wie er jeden einzelnen Punkt entkräftet hat, und an den Schluß einen Appell an das Mitleid (der Richter) setzen.

S. Nun meine ich zu wissen, auf welche Weise man eine Mutmaßung anpackt. Jetzt möchte ich etwas über die Begriffsbestimmung hören!

V. Bei dieser von dir genannten Begründungsform eines Streitfalls gelten die gleichen Regeln für Ankläger und Verteidiger. Derjenigen von den beiden, der durch Definieren und Beschreiben des Wortsinnes die Denkart des Richters und seine Auffassung besser trifft, der an die übliche Wortbedeutung und ebenso auch an die Bedeutung, die von diesem Wort in den Zuhörern von vornherein angelegt ist, besser und näher herankommt, der wird mit Notwendigkeit obsiegen.

Denn diesen Status handhabt man nicht durch Beibringen von Beweismitteln, sondern gleichsam durch Entfaltung und genaue Untersuchung eines Wortes. Ein Beispiel:

Wenn ein Angeklagter durch Bestechung einen Freispruch erreicht hat, aber erneut vor Gericht gezogen wird, dann wird der Ankläger den Begriff *praevaricatio* als jedwede Bestechung des Gerichts seitens des Angeklagten definieren.

Der Verteidiger hingegen wird ihn nicht als jedwede Art von Bestechung definieren, sondern als Bestechung allein des Anklägers durch den Angeklagten.

Es handelt sich somit zunächst um einen Streit um Wörter, bei dem zwar die Begriffsbestimmung des Verteidigers näher an den üblichen Sprachgebrauch herankommt, der Ankläger sich aber trotzdem auf den Sinn des Gesetzes stützen wird. Er erklärt nämlich, man könne es nicht in Ordnung finden, daß der Gesetzgeber gewollt habe, ein Urteil solle dann Bestand haben, wenn es auf Bestechung des gesamten Gerichts beruhe, daß er jedoch befohlen habe, es solle für ungültig erklärt werden, wenn allein der Ankläger bestochen

scribenda lex sibi sit; quaeque tum complecteretur lex IUDICIIS CORRUPTIS, ea verba uno PRAEVARICATIONIS comprehendisse dicit.

Defensor autem testatur consuetudinem sermonis 126
verbique vim e contrario repetit quasi ex vero accusatore, cui contrarium est nomen praevaricatoris, et ex consequentibus, quod ‚P' littera de accusatore soleat dari iudici, et ex nomine ipso, quod significat eum, qui in contrariis causis quasi varie positus esse videatur. sed huic tamen ipsi confugiendum est ad aequitatis locos, ad rerum iudicatarum auctoritatem, ad finem aliquem periculi; communeque sit hoc praeceptum, ut, cum uterque definierit, quam maxime potuerit, ad communem sensum vimque verbi, tum similibus exemplisque eorum, qui ita locuti sint, suam definitionem sententiamque confirmet.

Atque accusatori sit in hoc genere causarum locus 127
ille communis, minime esse concedendum, ut is, qui de re confiteatur, verbi se interpretatione defendat; defensor autem et ea, quam proposui, aequitate nitatur et, ea cum secum faciat, non re, sed depravatione verbi sese urgeri queratur. quo in genere percensere poterit plerosque inveniendi locos; nam et similibus utetur et contrariis et conse-

wurde. Er stützt sich dabei auf das Argument der Billigkeit und der Brauchbarkeit, gerade als ob er ein Gesetz zu verfassen hätte, und er erklärt, daß das Gesetz das, was es damals mit den Worten „Urteile, die auf Bestechung beruhen" *(iudicia corrupta)* hätte zusammenfassen sollen, in dem einen Wort ‚Parteienverrat' *(praevaricatio)* ausgedrückt habe.

Der Verteidiger hingegen beruft sich auf den üblichen Sprachgebrauch. Er leitet einerseits die richtige Wortbedeutung aus dem Gegensatz her, nämlich gewissermaßen aus dem echten Ankläger, zu dem der Gegenbegriff das Wort ‚Parteiverräter' ist; ferner aus den Folgen, daß nämlich das Stimmtäfelchen mit dem Buchstaben ‚P' dem Richter gewöhnlich allein den Ankläger betreffend übergeben wird, und weiterhin aufgrund der Bezeichnung als solcher, die einen Menschen kennzeichnet, der bei den Prozeßparteien seine Position gleichsam einmal hier und einmal dort zu haben scheint. Aber trotzdem muß auch der Verteidiger, und gerade er, zu den Gemeinplätzen der Billigkeit seine Zuflucht nehmen, zur Gültigkeit von Präzedenzurteilen und zu einer Möglichkeit, die Gefahr für den Angeklagten zu beenden. Für Ankläger wie Verteidiger eignet sich wohl die Empfehlung, daß er, wenn er jeweils seine Begriffsbestimmung nach bestem Vermögen auf die gewöhnliche Wortbedeutung ausgerichtet hat, dann mit vergleichbaren Beispielen von Leuten, die sich so ausgedrückt haben, seine Begriffsbestimmung und Auffassung untermauert.

Der Ankläger nun sollte bei solchen Prozessen zu jenem allgemein üblichen Topos greifen, es sei keinesfalls hinzunehmen, daß ein in der Sache Geständiger sich mit einer Wortinterpretation herauswinde; der Verteidiger aber sollte sich auf das von mir bereits genannte Argument der Billigkeit stützen und sich darüber beklagen, daß er, obwohl doch die Billigkeit für ihn spreche, nicht durch den Sachverhalt, sondern durch eine falsche Worterklärung in Bedrängnis gebracht werde. Bei diesem Status, der Begriffsbestimmung, wird er die zahlreichen Topoi der Stoffauffindung durchmustern können; er wird nämlich mit Analogien arbeiten,

quentibus, quamquam uterque, tamen reus, nisi plane erit absurda causa, frequentius.

Amplificandi autem causa quae aut, cum degre- 128
dientur a causa, dicere volent aut, cum perorabunt, ea vel ad odium vel ad misericordiam vel ad omni modo animos iudicum movendos ex his, quae sunt ante posita, sumentur, si modo rerum magnitudo hominumve aut invidia aut dignitas postulabit.

F. Habeo ista; nunc ea, quae, cum quale sit XXXVII
quippiam, disceptatur, quaeri ex utraque parte de- 129
ceat, velim audire.

P. Confitentur in isto genere, qui arguuntur, se id fecisse ipsum, in quo reprehenduntur; sed quoniam iure se fecisse dicunt, iuris est omnis ratio nobis explicanda.
Quod dividitur in duas primas partis, naturam atque legem, et utriusque generis vis in divinum et humanum ius est distributa; quorum aequitatis est unum, alterum religionis.

Aequitatis autem vis est duplex: cuius altera derec- 130
ta veri et iusti et, ut dicitur, aequi et boni ratione defenditur; altera ad vicissitudinem referendae gratiae pertinet; quod in beneficio gratia, in iniuria poenitio nominatur. atque haec communia sunt naturae atque legis; sed propria legis ea, quae scripta sunt, et ea, quae sine litteris aut gentium iure aut maiorum more retinentur. scriptorum autem privatum aliud est, publicum aliud: publicum

mit Gegensätzen und mit Folgen. Das werden zwar beide Parteien tun, der Angeklagte aber häufiger, sofern der Fall nicht gänzlich aus dem Rahmen fällt.

Was sie aber um der Steigerung willen sagen wollen, entweder bei einer Abschweifung vom Fall oder am Schluß, und zwar um bei den Richtern Abneigung, Mitleid oder jede andere Art von Emotionen zu wecken, wird man aus dem oben Gebotenen nehmen, vorausgesetzt, die Bedeutung der Tatsachen oder die Erbitterung über die in den Fall verwickelten Personen oder die Rücksicht auf deren hohes Ansehen fordern das.

S. Diese deine Ausführungen habe ich verstanden; nun möchte ich aber auch noch hören, welche Untersuchungen aus der Sicht der beiden Parteien angestellt werden sollten, wenn der Streit darum geht, wie etwas zu bewerten ist.

V. Bei diesem Status geben die Beschuldigten zu, genau das getan zu haben, weswegen sie vor Gericht stehen; da sie aber sagen, sie hätten es zu Recht getan, muß ich das gesamte System des Rechts darlegen.

Dieses gliedert sich in zwei Hauptteile: das Naturrecht und das gesetzlich festgelegte Recht. Beide Arten sind ihrem Wesen nach in göttliches und menschliches Recht aufgeteilt; davon gehört das eine in den Bereich dessen, was recht und billig ist, das andere in den Bereich der Religion.

Das Wesen dessen, was recht und billig ist, ist zweigeteilt. Der eine Teil davon wird unmittelbar gerechtfertigt durch das Prinzip der Wahrheit und Gerechtigkeit und, wie man sich ausdrückt, des Billigen und Guten; der andere betrifft das Prinzip, Gleiches mit Gleichem zu vergelten. Dies nennt man bei der Wohltätigkeit ‚Dank', bei der ungerechten Handlungsweise ‚Bestrafung'. Und diese Aspekte sind dem Naturrecht und dem gesetzlich festgelegten Recht gemeinsam. Das Spezifische des gesetzlich festgelegten Rechts aber ist das, was schriftlich festgelegt ist, und das, was ohne Schriftfassung entweder im Völkerrecht oder in der Tradition verankert ist. Zum geschriebenen Recht aber gehört einerseits das Privatrecht, andererseits das öffentliche Recht:

lex, senatus consultum, foedus; privatum tabulae, pactum, conventum, stipulatio. quae autem scripta non sunt, ea aut consuetudine aut conventis hominum et quasi consensu obtinentur. atque etiam hoc in primis, ut nostros mores legesque tueamur, quodammodo naturali iure praescriptum est.

Et quoniam breviter sunt aperti quasi fontes qui- 131
dam aequitatis, meditata nobis ad hoc causarum genus esse debebunt ea, quae dicenda erunt in orationibus de natura, de legibus, de more maiorum, de propulsanda iniuria, de ulciscenda, de omni parte iuris.

Si imprudenter aut necessitate aut casu quippiam fecerit, quod non concederetur iis, qui sua sponte et voluntate fecissent, ad eius facti deprecationem ignoscendi petenda venia est, quae sumetur ex plerisque locis aequitatis.

Expositum est, ut potui brevissime, de omni controversiarum genere, nisi praeterea tu quid requiris.

F. Illud equidem, quod iam unum restare vi- XXXVIII
deo, quale sit, cum disceptatio versatur in scriptis. 132

P. Recte intellegis; isto enim exposito munus promissi omne confecero. sunt igitur ambigui duobus adversariis praecepta communia. uterque enim eam significationem, qua nitetur ipse, dignam scriptoris prudentia esse defendet; uterque

Zum öffentlichen Recht gehören Gesetz, Senatsbeschluß und Bündnis; zum Privatrecht Urkunde, Privatvertrag, Übereinkunft, bindendes Zahlungsversprechen. Was aber nicht schriftlich niedergelegt ist, das hat Gültigkeit aufgrund der Gewohnheit oder der Übereinkunft unter den Menschen gleichsam aufgrund allgemeiner Zustimmung. Und auch besonders die Pflicht, unsere Sitten und Gesetze nicht antasten zu lassen, ist auf gewisse Weise durch das Naturrecht vorgeschrieben.
Und da nun in kurzer Aufzählung gleichsam die Quellen dessen, was recht und billig ist, offengelegt sind, müssen wir für diesen Status der Prozesse ständig parat haben, was man in den Reden vor Gericht über das Naturrecht, das gesetzlich gefaßte Recht, die Sitten der Vorfahren, die Abwehr von Unrecht und dessen Bestrafung, kurz über jeden Teil des Rechts sagen kann.
Wenn der Mandant ohne Vorsatz, unter dem Zwang der Umstände oder aufgrund unglücklichen Zufalls etwas getan hat, was man Leuten nicht nachsehen könnte, die vorsätzlich und aus freiem Willen gehandelt haben, muß man, um üble Folgen dieser Handlungsweise abzuwenden, Nachsicht und Verzeihung erbitten, wofür man die Argumente aus den vielen Topoi der Billigkeit nimmt.
Damit habe ich, so kurz ich nur konnte, eine Abhandlung geboten über jeden Status der gerichtlichen Auseinandersetzung, es sei denn, du hättest noch eine Frage.

S. Die habe ich, und zwar nach dem einzigen Punkt, der, wie ich glaube, noch aussteht, nämlich wie es dann aussieht, wenn sich die Auseinandersetzung um schriftlich Gefaßtes dreht.

V. Das siehst du richtig. Wenn ich das noch darstelle, habe ich mein Versprechen voll erfüllt. Es bestehen also über den Umgang mit zweideutigen Texten für beide Parteien dieselben Regeln: Jeder von beiden wird nämlich die Auslegung, auf die er selbst sich stützt, als die der Klugheit des Verfassers entsprechende verteidigen. Und jeder wird das, was der Gegner aus einem zweideutigen Text entnehmen zu

id, quod adversarius ex ambigue scripto intellegendum esse dicet, aut absurdum aut inutile aut
iniquum aut turpe esse defendet aut etiam discre-
pare a ceteris scriptis vel aliorum vel maxime, si
potuerit, eiusdem; quamque defendet ipse, eam
rem et sententiam quemvis prudentem et iustum
hominem, si integrum daretur, scripturum fuisse,
sed planius; eamque sententiam, quam significari 133
posse dicet, nihil habere aut captionis aut vitii;
contrariam autem si probarint, fore, uti multa vi-
tiosa, stulta, iniqua, contraria consequantur.

Cum autem aliud sensisse scriptor videtur et aliud scripsisse, qui scripto nitetur, eum re exposita recitatione uti oportebit, deinde instare adversario, iterare, renovare, interrogare, num aut scriptum neget aut contra factum infitietur.

Post iudicem ad vim scripti vocet. hac confirma- 134
tione usus amplificet rem lege laudanda audaciam-
que confutet eius, qui, cum palam contra fecerit
idque fateatur, adsit tamen factumque defendat.
deinde infirmet defensionem, cum adversarius
aliud voluisse, aliud sensisse scriptorem, aliud
scripsisse dicat, non esse ferendum a quoquam potius latoris sensum quam a lege explicari.

cur ita scripserit, si ita non senserit?

können behauptet, als absurd, nutzlos, unbillig oder schändlich zurückweisen oder sogar zeigen, daß eine solche Auslegung im Widerspruch stehe zu sonstigem schriftlich Niedergelegten, sei es anderer Verfasser, sei es – wenn möglich – sogar desselben Verfassers. Und vom Standpunkt, den er selbst vertritt, wird ein jeder von beiden behaupten, daß jeder vernünftige und rechtlich denkende Mensch, wenn er Sachverhalt wie Sinn neu formulieren müßte, sich ebenso ausdrücken würde, nur eben deutlicher; und der Sinn, der, wie er sagt, deutlich bezeichnet werden könne, sei unverfänglich und unbedenklich. Wenn man aber die gegenteilige Auffassung billige, ergäben sich als Folge viele Fehler, Torheiten, Ungerechtigkeiten und Widersprüche.

Wenn es aber den Anschein hat, der Verfasser habe etwas anderes gemeint als geschrieben, wird derjenige, der sich auf den geschriebenen Buchstaben stützt, nach Darlegung des Sachverhaltes den Text vorlesen, sodann dem Gegner zusetzen, nochmals vorlesen, seine Ansicht erneut vortragen und fragen müssen, ob der Gegner denn leugnen wolle, daß es so dastehe, oder ob er bloß die ihm angelastete Tat abstreite.

Sodann soll er den Richter an das Gewicht des geschriebenen Wortes erinnern. Nach dieser Beweisführung soll er zur Steigerung greifen, indem er ein Loblied auf das Gesetz anstimmt und die Unverschämtheit dessen anprangert, der, obwohl er doch offensichtlich gesetzeswidrig gehandelt habe und dies auch noch zugebe, vor Gericht zu erscheinen wage und seine Handlungsweise auch noch verteidige. Sodann soll er die Argumente der Verteidigung entkräften: wenn der Prozeßgegner behaupte, der Verfasser habe etwas anderes gewollt und gemeint als geschrieben, so sei das nicht hinzunehmen, daß nämlich der Gedanke des Gesetzgebers eher durch die Aussage einer beliebigen Person geklärt werde als durch das Gesetz selbst.

Warum sollte er so geschrieben haben, wenn er es nicht so meinte?

cur, cum ea, quae plane scripta sint, neglexerit, quae nusquam scripta sint, proferat?
cur prudentissimos in scribendo viros summae stultitiae putet esse damnandos?
quid impedierit scriptorem, quominus exciperet illud, quod adversarius, tamquam si exceptum esset, ita se dicit secutum?

Utetur exemplis iis, quibus idem scriptor, aut, si id 135
non poterit, quibus alii, quod excipiundum putarint, exceperint. quaerenda etiam ratio est, si qua poterit inveniri, quare non sit exceptum: aut iniqua lex aut inutilis futura dicetur aut alia causa obtemperandi, alia abrogandi; dissentire adversarii vocem atque legis. deinde amplificandi causa de conservandis legibus, de periculo publicarum rerum atque privatarum cum aliis locis, tum in perorando maxime graviter erit vehementerque dicendum.

Ille autem, qui se sententia legis et voluntate de- XXXIX
fendet, in consilio atque in mente scriptoris, non 136
in verbis ac litteris vim legis positam esse defendet, quodque nihil exceperit in lege, laudabit, ne deverticula peccatis darentur atque ut ex facto cuiusque iudex legis mentem interpretaretur. deinde erit utendum exemplis, in quibus omnis aequitas perturbetur, si verbis legum ac non sententiis pareatur.

Deinde genus eiusmodi calliditatis et calumniae 137

Warum wolle er denn das eindeutig Geschriebene mißachten und dafür irgend etwas vorziehen, was nirgends geschrieben stehe?

Wie komme er zu der Ansicht, man müsse Männer, die bei der Abfassung von Gesetzestexten größte Erfahrung hätten, wegen äußerster Unfähigkeit verurteilen?

Was sollte denn den Verfasser daran gehindert haben, das als Ausnahme in den Text aufzunehmen, woran sich der Gegner gehalten haben will, gerade als ob es als Ausnahme im Text stünde?

Er wird solche Beispiele benützen, mit denen derselbe Verfasser das, was er als notwendige Ausnahme betrachtete, in den Text setzte, oder, wenn das nicht geht, Beispiele von anderen Verfassern verwenden. Man muß auch der Frage nachgehen, ob sich ein Grund ausfindig machen läßt, warum die Ausnahme nicht ausdrücklich festgeschrieben wurde. Man wird sagen, das Gesetz wäre dann unbillig oder nutzlos gewesen oder es hätte einen Grund gegeben, es zu befolgen, aber auch einen, es zu mißachten; die Behauptung des Gegners und der Gesetzestext paßten nicht zueinander. Schließlich wird man um der Steigerung willen sich äußern müssen zur Einhaltung von Gesetzen und zur Gefährdung in allen öffentlichen und privaten Belangen, an sonstigen Stellen wie insbesondere im Schlußwort, und zwar mit großem Ernst und Nachdruck.

Jener aber, der sich mit dem Sinn und Wollen des Gesetzes verteidigt, wird zu seiner Rechtfertigung sagen, daß die Bedeutung des Gesetzes in der wohlüberlegten Absicht des Verfassers liege, nicht aber in Wörtern und Buchstaben, und daß in das Gesetz keine Ausnahme aufgenommen wurde, wird er rühmend hervorheben; es dürfe kein Schleichweg für Vergehen bleiben, und der Richter müsse aufgrund der Handlungsweise eines jeden einzelnen den Sinn eines Gesetzes jeweils neu auslegen. Danach wird er Beispiele heranziehen müssen, die zeigen, daß jede Billigkeit gestört würde, wenn man dem Wortlaut von Gesetzen und nicht ihrem Sinn folgen wollte.

Sodann soll man gegen die Manier einer derartig hinterhältigen Rechtsverdrehung den Abscheu des Richters hervor-

trahatur in odium iudicis cum quadam invidiosa querela.
Et si incidet imprudentiae causa, quae non ad delictum, sed ad casum necessitatemve pertineat, quod genus paulo ante adtigimus, erit iisdem aequitatis sententiis contra acerbitatem verborum deprecandum.

Sin autem scripta inter sese dissentient, tanta series artis est et sic inter se sunt pleraque conexa et apta, ut, quae paulo ante praecepta dedimus ambigui quaeque proxime sententiae et scripti, eadem ad hoc genus causae tertium transferantur.

Nam quibus locis in ambiguo defendimus eam si- 138
gnificationem, quae nos adiuvat, iisdem in contrariis legibus nostra lex defendenda est. deinde est efficiendum, ut alterius scripti sententiam, alterius verba defendamus. ita, quae modo de scripto sententiaque praecepimus, eadem huc omnia transferemus.

Expositae tibi omnes sunt oratoriae partitiones, XL
quae quidem e media nostra Academia efflorue- 139
runt, neque sine ea aut inveniri aut intellegi aut tractari possunt. nam

et partiri ipsum et definire et ambigui partitiones dividere et argumentorum locos nosse et argumentationem ipsam concludere
et videre, quae sumenda in argumentando sint quidque ex his, quae sumpta sunt, efficiatur,
et vera a falsis, veri similia ab incredibilibus diiudicare et distinguere et aut male sumpta aut male conclusa reprehendere

rufen und dann gleich wieder in Klagen ausbrechen, die den Gegner in Mißkredit bringen sollen.

Und wenn ein Fall ansteht, bei dem kein Vorsatz erkennbar ist, der also nicht in den Bereich einer Verfehlung, sondern in den des Zufalls oder einer Zwangslage gehört – ein Fall, den ich vor kurzem erwähnt habe –, dann wird man mit eben diesen Gedanken zur Billigkeit gegen die Unerbittlichkeit des geschriebenen Wortes um Gnade bitten müssen.

Wenn aber die Texte untereinander (wirklich) nicht übereinstimmen, dann ist der innere Zusammenhang der rednerischen Kunst so stark und sind die meisten ihrer Glieder so miteinander verknüpft und verfugt, daß sich das, was ich vor kurzem an Empfehlungen gegeben habe für die Behandlung von Zweideutigem und eben erst bezüglich Sinn und Schriftfassung, in gleicher Weise auf diese dritte Möglichkeit übertragen läßt. Denn mit den gleichen Topoi, mit denen wir im Fall der Zweideutigkeit diejenige Bedeutung verteidigt haben, die uns nützt, mit denen müssen wir auch im Fall von einander widersprechenden Gesetzen ‚unseren' Gesetzestext verteidigen. Schließlich müssen wir erreichen, daß wir bei dem einen Gesetz den Sinn, bei dem andern den Wortlaut als richtig hinstellen können. So werden wir das, was wir soeben über das geschriebene Wort und seinen Sinn ausgeführt haben, alles auf diese (dritte) Themenstellung übertragen können.

Damit ist dir das System der Redekunst in seiner Gesamtheit vorgestellt; sie gelangte zur Blüte aus der Mitte unserer (heutigen) Akademie; ohne diese Schule könnte man dieses System weder finden noch verstehen noch anwenden. Denn

das Einteilen als solches, das Definieren, die klare Trennung der Teilgebiete auch beim zweideutigen Fall, die Kenntnis der Topoi von Beweismitteln, die Schlüssigkeit der Beweisführung an sich,

der Blick für das, was sich bei der Beweisführung verwenden und für das, was sich damit bewirken läßt;

die genaue Unterscheidung von Wahr und Falsch, von Wahrscheinlich und Unglaubwürdig, die Ablehnung von schlecht Verwendetem oder schlecht Erschlossenem;

et eadem vel anguste disserere, ut dialectici qui appellantur, vel, ut oratorem decet, late expromere

illius exercitationis et subtiliter disputandi et copiose dicendi artis est.

De bonis vero et malis, aequis iniquis, utilibus in- 140
utilibus, honestis turpibus quam potest habere orator sine illis maximarum rerum artibus facultatem aut copiam?

Quare haec tibi sint, mi Cicero, quae exposui, quasi indicia fontium illorum; ad quos si his iisdem ducibus aliisve perveneris, tum et haec ipsa melius et multo maiora alia cognosces.

F. Ego vero ac magno quidem studio, mi pater, multisque ex tuis praeclarissimis muneribus nullum maius exspecto.

aber auch die knappe Erörterung dieser Probleme, wie es die sogenannten Dialektiker machen, oder ihre breite Darstellung, wie sie sich für einen Redner ziemt,

all das gehört zu der in der Akademie geübten Fertigkeit, die einerseits in genauer Erörterung, andererseits in der Kunst wortgewaltiger Rede besteht.
Über Gutes und Schlechtes aber, über Billiges und Unbilliges, Nützliches und Unnützes, Anständiges und Schimpfliches sachgerecht zu sprechen – welche Fähigkeit, welches Vermögen könnte ein Redner für diese Aufgabe haben ohne jenes Regelwerk über die wichtigsten Fragen?
Daher sei für dich, mein lieber Cicero, das, was ich ausgeführt habe, gleichsam ein Wegweiser zu jenen Quellen. Wenn du zu ihnen mit den gleichen Führern wie ich oder auch mit anderen gelangst, wirst du ein tieferes Verständnis für das, was ich dir vorgetragen habe, gewinnen und auch für andere, viel bedeutendere Gegenstände.

S. Ich, lieber Vater, empfinde dafür echte Begeisterung und erwarte nach den umfangreichen Geschenken, die du mir aus deinem großartigen Vorrat gemacht hast, kein größeres mehr.

Epistula ad Quintum fratrem 3,3,4

MARCUS QUINTO FRATRI SALUTEM

Habes fere de omnibus rebus. unum illud addam: Cicero tuus nosterque summo studio est Paeoni sui rhetoris, hominis, opinor, valde exercitati et boni; sed nostrum instituendi genus esse paulo eruditius et thetikóteron non ignoras. quare neque ego impediri Ciceronis iter atque illam disciplinam volo, et ipse puer magis illo declamatorio genere duci et delectari videtur. in quo quoniam ipsi quoque fuimus, patiamur illum ire nostris itineribus; eodem enim perventurum esse confidimus. sed tamen, si nobiscum eum rus aliquando eduxerimus, in hanc nostram rationem consuetudinemque inducemus; magna enim nobis a te proposita merces est, quam certe nostra culpa numquam minus adsequemur.

Quibus in locis et qua spe hiematurus sis, ad me quam diligentissime scribas velim.

MARCUS GRÜSST SEINEN BRUDER QUINTUS

Das ist so ziemlich alles; nur noch eins will ich hinzufügen: Dein und mein Cicero ist begeistert von seinem Rhetor Paeonius, einem, wie mir scheint, beschlagenen, tüchtigen Manne. Daß meine Art der Unterweisung ein wenig theoretischer und gründlicher ist, weißt Du wohl. Somit möchte ich Cicero in seinem Lehrgang nach jenem System nicht gehindert sehen; auch scheint der Junge selbst durch die Schulberedsamkeit mehr angezogen und gefesselt zu werden. Die habe ich selbst ja auch durchgemacht, und so wollen wir ihn auf meinen Wegen wandeln lassen; er wird schon zum gleichen Ziel kommen, da bin ich gar nicht bange. Immerhin, wenn ich ihn mit mir irgendwohin aufs Land nehme, werde ich ihn in meine Methode und Vorgehensweise einführen; winkt mir doch von Deiner Seite ein schöner Lohn, und wenn ich ihn nicht erhalte, wird es jedenfalls niemals an mir liegen.

Schreib mir doch, wo und mit welchen Aussichten Du den Winter verbringen wirst!

(Rom, den 21. Oktober [24. September] 54 v. Chr.)

(Übersetzung nach H. Kasten)

EINFÜHRUNG

1. Die Partitiones im Werk Ciceros

Wenn man von den Reden und Briefen absieht, kann man in Ciceros Arbeit an wissenschaftlichen Werken drei Phasen unterscheiden, in denen jeweils auch die Rhetorik ein Thema war:

1. die frühen Jahre (80er Jahre), in denen die beiden Bücher De inventione entstanden sind.

2. die mittleren Jahre (55–51 v. Chr.), in denen Cicero, am 4. September 57 aus dem Exil zurückgekehrt, aber politisch kaltgestellt, Trost in der Schriftstellerei suchte. In diesen Jahren entstanden die großen Werke De oratore (55 v. Chr.), De re publica (54–51 v. Chr.) und wahrscheinlich auch De legibus (seit 52 v. Chr.).

3. die späten Jahre (ab 46 v. Chr.): Im Februar 51 v. Chr. beschloß der Senat, Cicero habe sein Prokonsulat anzutreten, und zwar in der Provinz Kilikien. Dieser Auftrag unterbrach die schriftstellerische Produktion Ciceros, der sich nunmehr ganz auf seine neue Aufgabe einstellen mußte. Am 1. Mai 51 reiste er von Rom ab und kehrte erst am 24. November 50 nach Brundisium zurück. Durch die im Januar 49 beginnenden Bürgerkriegswirren (Überschreitung des Rubico am 11./12. Januar 49 v. Chr.) wurde Cicero weiterhin daran gehindert, seine literarischen Pläne fortzuführen. Er schloß sich der Partei des Pompeius an und folgte ihm (am 7. Juni) nach Griechenland. Als er nach der Niederlage des Pompeius bei Pharsalus (48 v. Chr.), aus Griechenland zurückkehrend, wieder in Brundisium eintraf, mußte er auf die Begnadigung durch Caesar warten, die er erst Ende September 47 erreichte. Bald danach setzte sich Cicero wieder an den Schreibtisch, und so entstanden – neben der großen Zahl anderer Werke – die die Rhetorik betreffenden

Bücher Brutus (Mitte April 46), Orator (Mitte September 46) und – im Grenzgebiet zwischen Philosophie und Rhetorik – die Topica (Juli 44).

Mit dem Jahresende 44 v. Chr. wandte sich Cicero erneut der Politik zu. Die orationes Philippicae sollten sein Schicksal besiegeln.

Auf die Entstehungszeit der Partitiones oratoriae gibt es weder in den eben genannten Werken Ciceros noch in seinen Briefen eindeutige Hinweise. Man ist daher auf Schlüsse aus den biographischen Daten und die Interpretation von Anspielungen angewiesen. Daß eine Entstehung während der ersten Schaffensperiode nicht in Frage kommt, ist im Blick auf das Geburtsdatum des Sohnes Marcus selbstverständlich; es fragt sich demnach nur, ob die Jahre vor dem Prokonsulat oder die danach als Entstehungszeit in Betracht kommen. Hierfür ergeben sich folgende Ansatzpunkte:

1. Der Dialogpartner (passim). Marcus Tullius Cicero, der Sohn des Redners M. Tullius Cicero und der Terentia, wurde um 65 v. Chr. geboren. Er wurde zusammen mit seinem Vetter Quintus Tullius Cicero zunächst von Tyrannion und Paionios erzogen. Als 14jähriger begleitete er gemeinsam mit seinem Vetter Quintus und mit dem nunmehrigen Lehrer M. Pomponius Dionysius, einem Freigelassenen des Atticus, den Vater nach Kilikien, als dieser sein Prokonsulat antrat (51 v. Chr.). Nach dem Ende des Bürgerkriegs zwischen Caesar und Pompeius und der Wiederverheiratung seines Vaters mit Publilia ging Marcus im Jahre 45 v. Chr. zu Studienzwecken nach Athen, versehen mit einem Stipendium der Mutter Terentia und des Atticus. Allem Anschein nach schätzte er die Mühen des Studiums wenig. In den Wirren des erneuten Bürgerkriegs nach der Ermordung Caesars (15. 3. 44 v. Chr.) schloß er sich Brutus an, blieb bei diesem erst recht nach der von Antonius angestifteten Ermordung seines Vaters (7. 12. 43 v. Chr.) und entkam aus der Niederlage bei Philippi (42 v. Chr.). Nach dem Ende der Bürgerkriege (31 v. Chr.) genoß er die Förderung durch

Octavianus und brachte es so zum Konsul (suff. 30 v. Chr.), zum Statthalter von Syrien (27–25 v. Chr.) und zum Prokonsul von Asien (23 v. Chr.). Aus dem Schatten seines großen Vaters konnte er jedoch zeitlebens nicht heraustreten (hierzu: KlP 5,999 Nr. 11).

2. Entstehung der Partitiones oratoriae bei einem Landaufenthalt (§ 1). Ein solcher ist in einem Brief erwähnt, den M. Cicero am 21. Oktober 54 v. Chr. an seinen Bruder Quintus (der damals bei Caesar in Gallien weilte) gerichtet hat (Text s. S. 118/119). In diesem Brief ist von einem Landaufenthalt die Rede (*si nobiscum eum* {i. e. den Sohn seines Bruders Quintus} *rus aliquando eduxerimus*). Dieser Aufenthalt läßt sich zwar nicht datieren, er muß jedoch in die Mitte der 50er Jahre fallen. Daraus wurde vielfach geschlossen, die Partitiones seien in dieser Zeit (etwa 54 v. Chr.) entstanden.

3. Die Unterrichtssituation (passim). Die Partitiones oratoriae sind als eine Examination des Vaters Marcus durch seinen gleichnamigen Sohn angelegt. Ihr muß, auch wenn alles nur literarische Fiktion ist, ein intensiver Unterricht vorangegangen sein, und ein solcher wird in dem Brief an den Bruder Quintus (3,3,4) ja auch angedeutet. Es erscheint jedoch als wenig wahrscheinlich, daß der im Jahre 54 etwa 11jährige Sohn Marcus (wie auch dessen nur wenig älterer Vetter Quintus) für einen so anspruchsvollen Unterricht, wie ihn die Partitiones oratoriae voraussetzen, aufnahmefähig war.

4. Die Sorge um den Zustand des Staates (§§ 66.83). Sorgen dieser Art hatte Cicero ständig und gewiß auch nach seiner Rückkehr aus dem Exil. Man darf aber als sicher annehmen, daß sie immer bedrückender wurden, je mehr sich Caesars Machtstellung festigte. Im Jahre 54 stand dieser noch in Gallien, im Jahre 46 hatte er das Heft endgültig in der Hand. Diese Überlegung spricht eher für den Spätansatz der Partitiones (46 v. Chr.).

5. Kriegserfahrung (§ 95). Es kann sich um Reflexionen allgemeiner Art handeln, doch liegt es nahe, an die persön-

lichen Erfahrungen des *Cicero imperator* in Kilikien (51/50 v. Chr.) zu denken, so daß auch von daher eine Entstehung ab 46 v. Chr. wahrscheinlich wäre.

6. Ermahnungen an den Sohn (§ 140). Im Jahre 54 ist noch von einem großen Lerneifer des jungen Quintus die Rede (Ad Quintum fratrem 3,3,4: *summo studio*), und man darf voraussetzen, daß Marcus ihm darin nicht nachstand. Als er aber 45 v. Chr. zum Studium in Athen weilte, mußte sich der Vater bald Sorgen machen, ob der Herr Sohn denn auch richtig bei der Sache sei. Das erkennt man aus Äußerungen Ciceros in seinen (im Juli 44 v. Chr. entstandenen) Büchern De officiis (3,121).

7. Nähe zu den Topica (passim). Die im Juli 44 v. Chr. entstandenen Topica können in ihrer Struktur, vor allem aber im Inhalt (dem Umgang mit den Topoi) als eine zu größerer Klarheit entwickelte Darstellung gleicher Gegenstände bezeichnet werden. Jedenfalls ist die Nähe der beiden Werke zueinander viel enger als etwa die der Partitiones oratoriae zu dem (55 v. Chr.) entstandenen Hauptwerk De oratore: letzteres zudem ein Meisterwerk, Partitiones oratoriae wie Topica hingegen Gelegenheitsarbeiten, denen, wie auch anderen Spätwerken, Spuren von Flüchtigkeit anhaften.

In Abwägung dieser Argumente schließt sich die vorliegende Ausgabe dem Spätansatz (46 v. Chr.) grundsätzlich an, hält aber auch eine Entstehung zu Anfang des Jahres 45 für möglich. Die Vorbereitung des nunmehr etwa 20jährigen Marcus auf das Studium in Athen könnte den Anlaß gegeben haben.

Bei dieser Gelegenheit könnte ein Mitte der 50er Jahre entstandener kurzer Leitfaden, der insgesamt auf abfragbares Wissen abgestellt war, der Altersstufe entsprechend umgestaltet worden sein. Wieso allerdings die Übersetzung eines griechischen Textes ins Lateinische gerade für einen Aufenthalt in Griechenland von Nutzen war, steht dahin. Vielleicht sollte über den Inhalt der Vorlage völlige Klarheit geschaffen werden.

2. *Der Titel des Werkes*

Der Titel *partitiones oratoriae* findet sich in den ältesten Handschriften (Pp) als *titulus* zu Beginn und als *subscriptio* am Ende:

Titulus: *M. Tulli Ciceronis partitiones oratoriae incipiunt feliciter* (p)
(dazu in P: *dialogus Ciceronis cum filio Cicerone*).

Subscriptio: *M. Tulli Ciceronis partitiones oratoriae expliciunt.* (Pp).

Die Schreiber der Codices konnten diesen Titel aus dem Werk selbst übernehmen, wo er sich – allerdings mit Voranstellung des Attributs – in § 139 findet: *Expositae tibi omnes sunt oratoriae partitiones.* So verwendet ihn Orelli in seiner Ausgabe. Da aber Quintilian, Institutiones oratoriae 3,3,7, den Titel mit Nachstellung des Attributs zitiert, kann man annehmen, daß er so dem Willen Ciceros entspricht.

Im übrigen findet sich das Wort *partitio* in den Partitiones oratoriae noch öfter:

§ 67: *Atque haec fere partitio est consultationum.*
70: *Ex qua partitione tria genera causarum exstiterunt.*
110: *Atque ipsa quidem partitio causarum paulo ante in suasionis locis distributa est.*

Wenn man aus diesen Stellen auf die Wortbedeutung von *partitio* schließen will, muß man berücksichtigen, daß *distribuere* (in § 110) mit *distributio* (§§ 7.12.34.68) zusammenhängt und daß es noch weitere sinnverwandte Substantive gibt (*ordo, dispositio* und namentlich *divisio*).

Hier hilft Quintilian, Institutio oratoria 7,1,1, weiter:

Sit igitur, ut supra significavi,	Es sei also, wie bereits oben (5,10,53) gekennzeichnet, die
divisio *rerum plurium in singulas,*	Einteilung die Sonderung einer Mehrheit von Gegenständen in einzelne,

partitio *singularum in partis discretio*,	die Gliederung die Sonderung einzelner Gegenstände in ihre Teile,
ordo *recta quaedam collocatio prioribus sequentia adnectens*,	die Anordnung eine Form der Zusammenstellung, die in der rechten Weise das Folgende mit dem Vorausgehenden verknüpft,
dispositio *utilis rerum ac partium in locos distributio*.	und die Anlage (des Ganzen) die nützliche Verteilung der Gegenstände und der Teile an die passenden Stellen. (H. Rahn)

Der Begriff *divisio* wird hier in einen Gegensatz zu *partitio* gestellt, so daß – mit Quintilian, Institutio oratoria 5, 10, 63 –

divisio die logische Operation, die Einteilung einer Gattung in Arten ist,

partitio die physische Teilung (wie z. B. ein Kuchen in Stücke geschnitten wird). H. Bornecque übersetzt *partitio* dementsprechend mit «la décomposition d'une chose en ses éléments».

Man kann also *partitio* im Deutschen mit ‚Gliederung' wiedergeben.

3. Zur Struktur des Werkes

Die Partitiones oratoriae sind, wie fast alle Werke Ciceros, als Dialog gestaltet, in unserem Falle als Zwiegespräch zwischen Vater und Sohn.

Diese Art, sich literarisch an den eigenen Sohn zu wenden, hat eine gewisse Tradition. Man denke an die Libri ad Marcum filium des M. Porcius Cato Censorius, die freilich nicht dialogisch gehalten sind, oder an den in Ciceros *Brutus* zitierten C. Scribonius Curio (84–49 v. Chr., Volkstribun im Jahre 50 v. Chr.), dessen Dialog mit seinem Sohn (*ubi se exeuntem e senatu et cum Pansa nostro et cum Curione filio colloquentem facit*) offenbar kein Meisterwerk war.

Da Cicero Vater und Cicero Sohn völlig gleichnamig sind, gibt es Schwierigkeiten, die Dialogisierung durch Abkürzungen zu kennzeichnen. Man findet *C. F.* – *C. P.* oder *Cicero filius* – *Cicero pater* oder *Cicero* – *Pater* oder *F.* – *P.* Unsere Ausgabe schreibt bei der ersten Vorstellung *Cicero filius* – *Cicero pater* und im weiteren jeweils *F.* – *P.*, in der Übersetzung entsprechend „Cicero Sohn – Cicero Vater" bzw. „S. – V.".

Der Sohn fungiert in den Partitiones oratoriae als Fragesteller. Damit markiert er zugleich die Gliederung (*partitio!*) des Dialogs. Er orientiert sich bei seinen durchwegs gescheiten Fragen an einem griechisch geschriebenen Leitfaden, den sein Vater ihm auf lateinisch wiedergeben soll.

Insgesamt findet in diesem Dialog 55mal ein Personenwechsel statt. Bei rund 1200 Oxford-Zeilen müßten die Abschnitte durchschnittlich etwa 22 Zeilen lang sein. In Wirklichkeit aber geht es im ersten Fünftel der 140 Paragraphen sehr kurzschrittig zu, und danach dehnen sich die Ausführungen des Vaters – sichtlich in Abweichung von der Vorlage – mehr und mehr ins Monologische. Erst gegen Ende nimmt der Vater sich wieder zurück, so daß das Schlußwort dem Sohn zufällt.

Die langen Passagen:

§§ (Nrn):	52–60	61–68	71–82	83–97	98–113	115–122
§§ (Anzahl):	(9)	(7)	(13)	(15)	(11)	(9)
Zeilen:	72	62	125	131	115	121
Inhalt:	peroratio	propositum	laudatio	deliberatio	in iudiciis	primus status

Damit ist etwas mehr als die Hälfte des ‚Dialogs' aus dem Ruder gelaufen. Dafür gibt es verschiedene Gründe: Zum einen den psychologischen, daß der an Wissen weit Überlegene sein Wissen auch ungestört ausbreiten und zugleich zeigen will, daß er das auch ohne fördernde Hilfsfragen zu leisten vermag. Zum anderen gibt es aber auch einen sachlichen Grund: Cicero ist mit dem apodiktischen, auf abfragbare Antworten abgestellten Text, den sein Sohn parat hat, im Blick auf dessen nunmehr reiferes Verständnis nicht mehr

zufrieden. Er warnt vor sklavischer Übernahme der angebotenen Rezepte, stellt vieles auf eine breitere Basis und muß auch manches den römischen Verhältnissen entsprechend umformulieren, so z. B. die Rechtssystematik oder die Regeln für ein richtiges Latein. Dazu kommen Beispiele aus römischen Gerichtsakten, vor allem aus den Jahren der sich anbahnenden Revolution, etwa seit der Zerstörung von Karthago, dem Fall von Numantia und dem Tod der Gracchen, Probleme, die ihn auch in anderen Schriften stark bewegen.

Zu beachten ist auch noch der Purismus, dessen sich Cicero bei der Übersetzung ins Lateinische befleißigt. Erst im Schlußwort verwendet er notgedrungen die kaum übersetzbaren Wörter *Academia* und *dialecticus*. Der Verständlichkeit des Werkes war dieses völlige Absehen von griechischen Fachausdrücken nicht eben förderlich, und so sind – anders als in der Philosophie, auf die Ciceros Wortschatz nachhaltig eingewirkt hat – nur relativ wenige von den übersetzten griechischen Fachtermini ins allgemeine Bewußtsein eingegangen, manche werden überhaupt erst von späten Grammatikern gewissermaßen als Kuriosa aufgegriffen.

4. *Der Aufbau des Werkes*

Einleitung (§§ 1–2)

Erster Hauptteil: Leistung des Redners (*de vi oratoris*) (§§ 3–26)

Gliederungsübersicht (§§ 3–4)

I. Stoffauffindung (*inventio*) (§§ 5–8)

loci (§ 7)

II. Stoffanordnung (*conlocatio*) (§§ 9–15)

quaestiones: propositum/consultatio (§ 9)

causae: exornatio (§ 12), *deliberatio* (§ 13), *in iudiciis* (§ 14)

III. Stilistische Gestaltung der Rede (*elocutio*) (§§ 16–24)
quinque lumina orationis (§§ 19–22)
IV. Vortrag (*actio*) (§ 25)
V. Einprägung ins Gedächtnis (*memoria*) (§ 26)

Zweiter Hauptteil: Die Rede selbst (*orationis praecepta*) (§§ 27–60)
I. Einleitung (*principia*) (§§ 28–30)
II. Sachvortrag (*narratio*) (§§ 31–32)
III. Beweisführung und Widerlegung (*confirmatio – reprehensio*) (§§ 33–57)
Gliederungsübersicht: *coniectura, definitio, ratio* (§ 33)
a. Beweisführung (*confirmatio*) (§ 34–43)
coniectura (§§ 34–43)
veri similia – propriae rerum notae (§ 34)
personae (§ 35), *loca* (§ 36), (*tempora*) (§ 37)
consilium – imprudentia (§ 38)
res bonae et malae (§ 38)
definitio (§ 41)
quae qualia sint vocantur (§§ 42–43)
perturbatio animi (§ 43)
b. Widerlegung (*reprehensio*) (§ 44)
c. Behandlung der Argumente (*argumentatio*) (§§ 45–51)
non dubia – probabilia (§ 46)
sine arte (§§ 48–51): *testes* (§§ 49–51);
quaestio (Folter: § 50)
IV. Schlußwort (*peroratio*) (§§ 52–60)
a. Steigerung (*amplificatio*) (§§ 53–58)
b. Zusammenfassung (*enumeratio*) (§§ 59–60)

Dritter Hauptteil: Untersuchung von Problemen (*de quaestione*) (§§ 61–138)
Gliederungsübersicht (§ 61)
I. Rede allgemeinen Inhalts (*propositum*) (§§ 62–68)
sit necne sit; quid sit, quale sit (§ 62)

a. Rede zu einem rein theoretischen Thema (*cognitio*) (§§ 64–66)
   aliud an idem (§ 65), *descriptio* (§ 65)
b. Rede zu einem theoretischen Thema mit Lebensbezug (*actio*) (§§ 67–68 a)

II. Rede zu einem konkreten Thema (*causa*) (§§ 68 b–138)
   Gliederungsübersicht (§§ 68–70)

a. Prunkrede (*laudatio*) (§§ 70–82)
   bona – mala (§ 74)
   virtutes – vitia – imitatio virtutum (§§ 75–81)
b. Beratungsrede (*deliberatio, suasio, dissuasio*) (§§ 83–97)
   utilitas (§§ 83–92)
   bona – mala; honestas (§§ 86–92)
   causae (Ursachen: §§ 93–94)
   efficiendi ratio (Machbarkeit: § 95)
c. Gerichtsrede (*iudiciis accommodata oratio*) (§§ 98–138)
   Allgemeines: Positiv, Komparativ, Superlativ (§ 98)
   1. *ante iudicium* (§§ 99–109)
      – *contentio de constituendo ipso iudicio* (§§ 99–100)
        ius civile (§ 100)
      – *disceptatio: rationis et firmamenti conflictio* (§§ 104–109)
   2. *in ipso iudicio* (§§ 109–138)
      – *propria certarum causarum argumenta* (§§ 110–131)
        Erster Status: *coniectura* – Mutmaßung (§§ 110–122)
          testes – quaestiones (§§ 117–118)
        Zweiter Status: *definitio* – Begriffsbestimmung (§§ 123–128)
        Dritter Status: *quale sit quippiam* – Rechtmäßigkeit (§§ 129–131)
          de omni ratione iuris (§§ 129–130)
          imprudentia – necessitas – casus (§ 131)

Genus legale: ambigua scripta – Uneindeutige Texte (§§ 132–138)
  Ratschläge für beide Parteien (§ 132)
  Verteidigung des Buchstabens (*scripti*) (§§ 133–135)
  Verteidigung des Sinns (*sententiae*) (§§ 136–137)
    imprudentia – casus – necessitas (§ 137)
  Nichtübereinstimmung von Texten (*leges contrariae*) (§§ 137–138)

Abschluß (§§ 139–140)

5. *Textüberlieferung*

Hauptträger der Überlieferung ist ein in Paris (Bibliothèque nationale) liegender Codex (*P*) aus dem 10. Jahrhundert, mit dem ein jüngerer Parisinus (*p*) trotz vieler Differenzen weitgehend übereinstimmt. Daneben gibt es eine Anzahl jüngerer, aus dem 15. Jahrhundert stammender Handschriften, die einen oft stark abweichenden Text bieten und insgesamt den Eindruck erwecken, Resultate von scharfsinnigen philologischen Bemühungen wiederzugeben. Im einzelnen:

Handschriften:
P = cod. Parisinus 7231 s. X
p = cod. Parisinus 7696 s. XII

E = cod. Erlangensis 848 s. XV
b = cod. Erlangensis 858 s. XV
z = cod. Erlangensis 863 s. XV

W = cod. Witebergensis s. XV
(auch mit *f* oder *V* bezeichnet)
R = cod. Redigeranus s. XV (in Breslau)

Wertvolle Hilfen zur Beurteilung des Textes bieten die Testimonia bei Quintilian, Institutio oratoria:

Partitiones oratoriae	Institutio oratoria
3:	3,3,7
16:	8,3,36
19:	8,3,42
20:	6,2,32
32:	4,2,107
61:	7,1,4
62:	3,5,6
65:	7,3,8
97:	3,8,65
103:	3,11,19
104:	3,11,10
105:	7,3,35 (nach H. Rahn)

Von den älteren Ausgaben werden in den Tabellen „Zur Textgestaltung“ (S. 218–265) die folgenden zitiert:

Ve.	= editio Veneta	1471
No.	= editio Norimbergensis	1497
Iu.	= editio Iuntina	1516
Ma.	= Manutius	1523.1541
Cr.	= Cratander	1528
La.	= Lambinus	1566.1584
Gru.	= Gruter	1584
Ern.	= Ernesti	1776
Sch.	= Schütz	1817
	J. C. Orelli	1826
	K. W. Piderit	1867
	W. Friedrich	1891.1912
	A. S. Wilkins	1903 u. ö.
	J. Stroux	1914
	H. Bornecque	1924 u. ö.

Um die Textgestaltung haben sich verdient gemacht: C. Beier, H. Bornecque, J. A. Ernesti, W. Friedrich, S. Gesner, J. Gruyter, Heusing, F. Hotoman, C. Ph. Kayser, Lallemand, Lambinus, Manutius, I. C. Orelli, K. W. Piderit, Purgold, H. Sauppe, Chr. G. Schütz, Th. Stangl, E. Ströbel, J. Stroux, Victorius, A. S. Wilkins.

ERLÄUTERUNGEN

Einleitung
(§§ 1–2)

1 Cicero Sohn: s. Einführung, S. 122f.

2 der Reihe nach ausfragen ...: Vater und Sohn verständigen sich über die Art der Dialogführung. Die genaue Anlehnung an eine lehrbuchartige Vorlage läßt die Gliederung meistens klar hervortreten. – in der rechten Reihenfolge: Diese Reihenfolge bestimmt (der Dialogfiktion nach) Ciceros Sohn.

Erster Hauptteil: Leistung des Redners
(§§ 3–26)

Gliederungsübersicht

3 Als Hauptteile der Redelehre (*doctrina dicendi*) sind genannt: die spezielle Fähigkeit des Redners (*ipsa vis oratoris*), die eigentliche Rede (*oratio*) und die Untersuchung von Problemen (*quaestio*). Danach wird auch verfahren:
§§ 3– 26 *officia oratoris*
27– 60 *partes orationis*
61–138 *status.*
Sachverhalte und Formulierungen (*et res et verba*): Hierdurch wird die Gliederung des ersten Hauptteils angegeben:
§§ 5– 8 Stoffauffindung (*inventio*)
9–15 Stoffanordnung (*conlocatio*)
16–24 stilistische Gestaltung (*elocutio*)

25 Vortrag (*actio*)
26 Auswendiglernen (*memoria*).

Cicero weist freilich darauf hin, daß sich die Gebiete nicht klar trennen lassen, denn *res et verba* müssen sowohl aufgefunden als auch angeordnet werden; doch rechnet man die *res* der *inventio* zu und die *verba* der *elocutio (eloqui)*, jedenfalls *proprie*, d. h. wenn man es schulmäßig genau nimmt. Die *conlocatio* hat zwar mit beiden Gebieten zu tun, doch rechnet man sie zur *inventio*. Aus diesem komplizierten Beziehungsgeflecht wird in der Praxis der Darstellung eine Gliederung in *inventio, conlocatio, elocutio,* zu deren Rechtfertigung die vorangegangenen Ausführungen dienten.

4 Nun wird auch der zweite Hauptteil (§§ 27–60) vorab gegliedert, und zwar in vier Hauptteile:

§§ 28–30 Einleitung (*principia*)
31–32 Sachvortrag (*narratio*)
34–44 Beweisführung (*confirmatio* bzw. *reprehensio*)
52–60 Schlußwort (*peroratio*).

Entsprechend folgen die Gliederungspunkte für den dritten Hauptteil (§§ 61–138):

§§ 62– 68 Erörterung (*consultatio*, sonst meist *propositum* genannt)
68–138 Behandlung eines konkreten Falles (*causa*).

Zum Ganzen vgl. Topica 79.

I. Stoffauffindung (§§ 5–8)

5 vertrauenswürdig machen: Auf die Herstellung einer Vertrauensbasis (*fidem facere*) kommt es bei der Rede entscheidend an. Das Wecken von Emotionen (*motus animi*) dient der Verstärkung des so geschaffenen Eindrucks. – Beweismittel (*argumenta*): Sie werden (wie schon beim Auctor ad Herennium) aus Topoi (*loci*) bezogen, die zunächst in der Sache selbst (*in re ipsa*) aufzufinden sind, zu denen aber

weitere von außen (*extrinsecus*) herangeholt werden können (*adsumuntur*); vgl. Topica 8.24.

6 Indem Cicero die *argumenta extrinsecus adsumpta* mit den ‚kunstlosen' (*sine arte*) gleichsetzt, folgt er der allgemein üblichen Definition. – erzwungene Aussagen unter der Folter: also erpreßte Aussagen; vgl. dazu u., §§ 50.117.

7 in der Sache liegend: An dieser Stelle steht in den Handschriften ein Katalog der Topoi, der schon von Lambinus als Interpolation (aus Topica 8.9.11) getilgt wurde. – Als *insita rebus ipsis* verbleiben somit:

definitio (Begriffsbestimmung)
contrarium (Gegenteil)
similia, dissimilia (Ähnlichkeit bzw. Unähnlichkeit)
coniuncta, pugnantia inter se (Vereinbares bzw. Unvereinbares)
causae, eventus (Ursachen, Wirkungen)
distributiones (Einteilung in *genera* und *partes*)
primordia rerum (Vorausliegendes)
contentiones (Vergleiche nach dem Muster *maius, par, minus*).

Ein Vergleich mit den in Topica 9–11 aufgeführten Begriffen zeigt, daß trotz grundsätzlicher Übereinstimmung (s. dazu o., § 6) die gewählten Wörter nur teilweise dieselben sind, die Anordnung im einzelnen anders und die Aufzählung keineswegs komplett ist. – Zum Ganzen s.u., bei § 41.

8 kritisch vorgehen: Cicero fordert, den jeweiligen Stoff, den man gesammelt hat, zu durchmustern – dann ausführlicher: §§ 27–60. – Mit *ad orationis ipsius ... rationem* ist hier die Behandlung der konkreten Reden in §§ 61 ff. gemeint. – Untersuchung von Problemen (*quaestiones*): Cicero verweist also auf die nähere Ausführung im dritten Hauptteil (§§ 61 ff.).

II. Stoffanordnung (§§ 9–15)

9 Stoffanordnung: Cicero verweist auf § 3 zurück, wo er die *conlocatio* als Aufgabe des Redners angekündigt hatte, aber auch auf § 4, wo er die Gliederung der *quaestio* in eine *infinita (consultatio)* und eine *definita (causa)* bereits genannt hatte. – Der Rückverweis (*ordo idem fere quem exposui locorum*) bezieht sich auf §§ 6–8. – Bei der *causa* kommt die Weckung von Emotionen (*motus animorum*) hinzu, die bei einer *consultatio* (im Sinne von *propositum*) fehl am Platz wäre, weil sie der Schaffung von Vertrauenswürdigkeit eher abträglich sein könnte. – Es folgen zwei Begriffsbestimmungen: *fides est firma opinio,* und *motus animorum (est) animi incitatio* mit Nennung der vier Grundaffekte (der Stoa): Lust (*voluptas*), Unlust (*molestia*), Begehrlichkeit (*cupiditas*) und Furcht (*metus*). – Der Redner richtet alles auf sein Ziel aus. Mit der Definition dieser Ziele (*in consultatione finis fides, in causa fides et motus*) greift Cicero auf den Beginn seiner Ausführungen zurück. – Es mag auf den ersten Blick als unlogisch erscheinen, wenn nach einer Gliederung in zwei Teile der erste Teil doch wieder im zweiten enthalten sein soll, doch stimmt dies durchaus, sofern die Behandlung eines konkreten Falles ohne Reflexionen allgemeiner Art kaum auskommt; vgl. dazu auch u., § 106 Ende.

10 Rücksicht auf den Zuhörer: Beim Adressatenbezug unterscheidet Cicero den *auscultator* (der unterhalten sein will) vom *disceptator* (der als *iudex* oder *senator* eine Entscheidung treffen muß). Im Deutschen gibt es keine entsprechenden Substantiva. – drei Arten von Reden: Gerichtsrede (*iudicium*), Beratungsrede/Volksrede (*deliberatio*, später auch *suasio* bzw. *dissuasio* genannt) und Prunkrede/Lobrede (*exornatio*, später *laudatio* genannt, *a meliore parte*); s. die Ausführungen dazu u., §§ 61–109.

11 Die Angabe der Ziele (*delectatio in exornatione; in iudicio aut saevitia aut clementia iudicis; in suasione aut spes aut reformidatio deliberantis*) entspricht den Zweckangaben o., § 9. Auch hier wird mit Gegensätzen gearbeitet (z. B. *saevitia – clementia*) wie oben (z. B. *voluptas – molestia*). – Cicero Sohn gibt dem Vater Gelegenheit, die Gliederung seiner Ausführungen zu rechtfertigen (*Cur hoc loco exponis genera causarum?*): Der Aufbau einer Rede folgt in jeder der drei Arten einem anderen Ziel. Solche Reflexionen begegnen auch im weiteren Verlauf der Partitiones oratoriae.

12 verschiedene Möglichkeiten der Anordnung (bei der Prunkrede): Dem Ziel, Vergnügen zu bereiten (*delectatio finis est;* vgl. o., § 11) dient die Variation in der Stoffanordnung: nach der chronologischen Abfolge, nach Kategorien, vom Unwichtigen zu Gewichtigem oder umgekehrt usw.

13 bei der beratenden Rede: Da die Hörer bei einer solchen Rede ohnehin informiert und motiviert sind, können Einleitung (*principia*) und Sachvortrag (*narratio*) kurz gehalten werden. Es kommt ausschließlich auf Glaubwürdigkeit und Nachdrücklichkeit an (*fides et motus*). – Die schulmäßige Einteilung in einen Bezug zu Vergangenem in der *narratio* und auf Künftiges bei der *deliberatio* erinnert an die Unterscheidung der Aufgaben des Richters (*iudex*) von denen des Senators, o., § 10.

14 bei den Gerichtsreden (*in iudiciis*): Hier unterscheidet Cicero, wie es der Praxis entspricht, zwischen Verteidigungsrede und Anklagerede, womit der ‚Redner' nach moderner Vorstellung in die Funktion eines Anwalts einrückt. – Hier begegnen (in den Partitiones) erstmals nach Aufgaben unterschiedliche Ratschlägen (*praecepta*), zunächst an den Ankläger (*accusator*): Sein Ziel muß sein, den Richter gegen den Angeklagten aufzubringen: *est enim propositum, ut iratum efficiat iudicem; (propositum* ist hier als Verbalform zu verstehen, nicht als *causa infinita*). – Im

einzelnen schwebt der Aufbau einer Rede vor, wie man an den Ausdrücken *proponit, confirmat, in perorando* erkennt.

15 Die Generalanweisung an den Angeklagten (i.e. an dessen Verteidiger) lautet *omnia longe secus* (alles ganz anders sc. als der Ankläger). Wie das zu machen ist, wird eindringlich und im Gegenbild zur Arbeitsweise des Anklägers vorgeführt (vgl. o., § 14). Ziel muß sein, den Richter wohlwollend zu stimmen (*ad benevolentiam conciliandam*) und zum Schluß sein Mitleid zu erregen (*perorationes ad misericordiam conferendae*). Auch hier liegt der Aufbau der

CONLOCATIO
(in iudiciis quae est)
(§§ 14–15)

	accusator	reus/defensor
	omnia longe secus:	
PRINCIPIA		principia sumenda ad benevolentiam conciliandam
NARRATIO	rerum ordinem prosequitur	narrationes aut amputandae, quae laedunt aut relinquendae, si totae sunt molestae
CONFIRMATIO	singula argumenta quasi hastas in manu conlocat vehementer proponit concludit acriter confirmat tabulis, decretis, testimoniis accuratius in singulis commoratur eis orationis praeceptis, quae ad incitandos animos valent, et in reliqua oratione paulum digrediens de cursu dicendi utitur	 firmamenta ad fidem posita aut per se diluenda aut obscuranda aut digressionibus obruenda
PERORATIO	et vehementius in perorando	perorationes autem ad misericordiam conferendae

‹uterque idem›
Auditorum aures moderantur oratori prudenti et provido: eae quae respuunt, immutandum est.

Rede zugrunde: *narrationes, firmamenta aut diluenda aut obscuranda, digressiones, perorationes.* – die Anordnung durchhalten: Mit seiner Zwischenfrage holt Cicero Sohn den Vater auf das Thema *conlocatio* zurück. Die Antwort, man müsse sich bei der Stoffanordnung stets am Zweck der Rede orientieren, greift auf die entsprechende Äußerung zur Stoffauffindung (*inventio*) in § 8 zurück. Die Formulierung klingt nun deutlich opportunistischer: *auditorum aures moderantur oratori prudenti et provido.* Entscheidend ist also die Zustimmung der Hörer.

– *moderari;* ThLL VIII 1212,8 (i.q. modum constituere; I. praevalet notio temperandae mensurae; 2. c. acc.): Cicero, Part. 76 (*moderandis cupiditatibus*); ThLL 1214,78 (II. praevalet notio constituendi cursus vel ordinis; A. c.dat.): Cicero, Part. 15; vgl. Orator 24.

III. Stilistische Gestaltung der Rede (§§ 16–24)

16 Der sich nach den üblichen Regeln entfaltenden Rede (*sua sponte fusum genus eloquendi*) steht die bewußt stilisierte Rede (*versum et mutatum ‹genus›*) gegenüber; s. dazu u., §§ 16–22 und 23–24. – Einzelwort – Wortfolge: Cicero geht die Sache streng systematisch an. – Stammwörter – Ableitungen (*verba nativa – verba reperta*): Bei den ‚Ableitungen' handelt es sich um gewissermaßen artifizielle Produkte, also nicht um ‚Fundsachen', sondern um ‚Erfindungen' ... – ... Analogie – Nachahmung: Die ‚Ableitungen' sind vorzustellen als aus den *verba nativa* ‚hergestellt' (*facta*) und ‚neu geformt' durch Analogie (*similitudo*), Nachahmung (*imitatio*), Veränderung der Wortart (*inflexio*) oder Zusammensetzung aus Wörtern (*adiunctio*). Dabei wird sich die ‚Nachahmung' auf Übernahmen aus dem Griechischen beziehen, die ‚Veränderung' möglicherweise auf hybride Wortbildungen. Die Grundbedeutung bestimmt dabei stets das *verbum nativum*.

17 Natur – Verwendung: Eine zweite Art der Unterscheidung (*distinctio*) ist die nach Natur (*natura*) und Verwendung (*tractatio*). – Als der ‚Natur' zuzuordnen sind unter ästhetischem Aspekt aufgeführt: ‚klingendere' Wörter (*verba sonantiora*), ‚großartigere' (*grandiora*), ‚glattere' (*lēviora*), ‚glänzendere' Wörter (*nitidiora*); der Hinweis auf das jeweilige Gegenstück bedeutet soviel wie ‚nicht zu empfehlen'. – Die der ‚Verwendung' (*tractatio*) zugeordneten Wörter sind nach logischen, syntaktischen und historischen Gesichtspunkten ausgewählt: ‚eigentliche Bezeichnungen' der Dinge (*propria rerum vocabula*), Wörter ‚in attributiver Verwendung' (*addita ad nomen*), ‚neu gebildete' (*nova*), ‚von altersher gebrauchte' (*prisca*), vom Redner ‚weiterentwickelte' (*modificata*) und ‚verfremdete' Wörter (*inflexa*). – Metapher – Metonymie: Eine Metapher (*quae transferuntur vocabula*) liegt z. B. vor in dem Ausdruck, ... wie ein Löwe ‹kämpfen›', eine Metonymie (*quae immutantur ‹vocabula›*) in der Verwendung des Götternamens ‚Bacchus' anstelle des ihm zugeordneten Produkts ‚Wein'. – im uneigentlichen Sinn verwendete Wörter (*quibus abutimur*): sog. Katachrese. – ... verschleierte Wortbedeutung (*quae obscuramus*): Gemeint sind der Euphemismus, vielleicht auch die Litotes. – auf unerhörte Weise hervorgehobene Wörter (*quae incredibiliter tollimus*): sog. Hyperbole. – in auffälligerer Weise herausgeputzte Wörter (*quae admirabilius ornamus*): Hier ist an Ausdrücke zu denken, die nur in gehobener Sprache üblich und zulässig sind.

18 Einzelwörter – Wortfolgen: Der Anspruch ist zunächst wieder ästhetischer Natur: Es müssen bestimmte rhythmische Schemata (*numeri*) eingehalten werden; hierbei muß man sich vor einem Zurückbleiben hinter dem Erwarteten (*ne aut non compleas*) ebenso hüten wie vor Übertreibung (*ne redundes*). Leichter zu erfüllen sind die Forderungen nach grammatikalischer Kongruenz (*consecutio*) und textgrammatischer Stimmigkeit (*quod non est consequens, vituperandum est*). – Genus, Numerus, Tempus, Person,

Casus: die sogenannten Bestimmungsstücke der Formenlehre. – Was unlateinisch ist: Das kann nicht aus der griechischen Vorlage stammen; dort muß vom ‚Hellenismós' die Rede gewesen sein.

19 fünf Glanzlichter (*lumina*): Charakteristisch für das zugrundeliegende Lehrbuch ist die ständige Quantifizierung: drei Hauptgebiete (§ 3), vier Hauptteile (§ 4), fünf Glanzlichter, und so auch später. Dahinter steht ein didaktisches Programm, das auf abfragbares Wissen abgestellt ist. – Die Vorschriften für die fünf *lumina* betreffen das Wortmaterial (Einzelwort und Wortverbindung, wie o., §§ 16ff. ausgeführt) und auch den Inhalt (besonders bez. *probabile* und *suave*).

– *coniuncta verba*: ThLL IV 337,40 (apud dialecticos, grammaticos) Auctor ad Herennium 3,12; Cicero, De inventione 1,17; Quintilian Inst. or. 3,6,94; 3,10,1. – ThLL 337,63: Cicero, Part. 16 (*prima vis in simplicibus verbis, in coniunctis secunda*); Quintilian, Inst. or. 7,1,7.
– *lumina:* ThLL VII.2,2 1820,26 (t.t. rhet.): Auctor ad Herennium 4,32; Cicero, De oratore 2,119; 3,96.201.205.233 (*sententiarum et verborum*). – Orator 95.135; Brutus 275; De oratore 2,119. – Orator 67.134.227; Part. 19 (*verborum*). – Orator 85 (*sententiarum*; Quintilian, Inst., 9,2,102).
– *dilucidus* (durchsichtig): ThLL V.1 1187,4 (translate): Auctor ad Herennium 1,15 (*narrare*); 17 (*dicere*); 2,1.31 (*intellegere*). – Cicero, De inventione 1,30 (*exponere*); 49 (*demonstrare*). – De oratore 1,94.144.229; Part. 19.31.
– *brevis* (kurz): ThLL II 2184,4 (de qualitate, de rebus incorporeis): Auctor ad Herennium 4,29.45. – ThLL 2176,29 (speciatim de dictis, scriptis): Cicero, De oratore 2,326; Brutus 162 (*periodus*); Orator 221.225; Part. 75.97; Quintilian, Inst. 4,1,62. – ThLL 2177,59: De inventione 1,66; De oratore 2,223; 3,184.193; Brutus 52; Orator 178; Part. 19; Paradoxa 35; De finibus 4,52; Varro, l.l. 8,26. – vgl. Cicero, De inventione 1,28;
– – *brevitas*: ThLL II.2188,56 (imprimis in dicendo, scribendo): Auctor ad Herennium 1,19; 2,14; 4,45.68; Cicero, De inventione 1,29; Part. 32 (Quintilian, Inst. 4,27.38; 4,30,41; 4,34,45). – Cicero, De inventione 1,28.32 (Varro, l.l. 10,75); De oratore 1,17; 2,53.326. 327.328.341; 3,157.158; Orator 139 (Quintilian, Inst. 9,1,45); Brutus 50.66.145.262; Part. 19.

– *probabilis* (einleuchtend): Forcellini III 871 (proprie): Cicero, De inventione 1,46. – (translate): Part. 19. – s. auch Auctor ad Herennium 2,3.
– *inlustris* (anschaulich): ThLL VII.1 395,35 (translate, apud rhet. de oratione sim.): Cicero, De oratore 2,337 (*genus dicendi*); 3,24 (*sententiae*). – ThLL 396,70 (de ipsis luminibus): Cicero, Orator 85; Pro domo 87. – ThLL 395,58: (lumina dicendi): Cicero, Part. 19; Quintilian, Inst. 8,3,42. –; Cicero, De finibus 3,40; Libri Academici priores 2,17.
– *suavis* (eingängig): z. B. Brutus 38;
– – *suavitas*: De inventione 2,6; Orator 91.
– *circumscriptio conclusa* (geschlossene Periode): ThLL III 1163,75 (in oratione pars orationis, períodos, definitio): Cicero, Orator 204 (Quintilian, Inst. 9,3,91); Cicero, Brutus 34; vgl. Orator 207 (*epideiktikón*); 208; Part. 19.
– *intermissio verborum* (durch Gliederung in Kola eingelegte Pause): ThLL VII.1 2227,15 (in arte rhet., i.q. aposiópesis, praeteritio): Servius auctus ad Aen. 2,101 (*quos ego* ...*!*); ThLL 2226,51 (usu libero): Cicero, Part. 19. – De divinatione 2,142; De amicitia 8; De officiis 1,19; 2,67 (*eloquentiae*). Quintilian, Inst. 1,1,32; 10,7,24.
– *concisio verborum* (Zerlegung in kürzere Satzglieder): Nach Ausweis des ThLL III 62,80 findet sich der Begriff *concisio* (im Sinn von *syncope*) außer hier erst wieder bei Diomedes (GL I 452,26) und Priscian (GL II 452,5);
– – *concisus:* Cicero, De oratore 2,61.159.327; 3,202; Brutus 66
– *contractio orationis* (Verkürzung der Rede): ThLL 752,39 (B. speciatim, 1. i.q. brevitas, opp. longitudo, ubertas): Cicero, Part. 19; Ad Atticum 5,4,4.
– *ambiguitas* (Mehrdeutigkeit): s. u., §§ 132–138.
– *inflexio verborum* (unübliche Flexionsformen): ThLL VII.1 1462,29 (legitur praeter Cic. non ante Optatianum, Chalcidium, Nonium): ThLL 1462,36 (proprie): Cicero, De oratore 3,220 (*gestus* oratoris); (translate): Part. 16.22; vgl. Topica 30 (am Beispiel *species*).
– *immutatio verborum* (Metonymie): Forcellini II 730 (*generatim enallagé*). Cicero, Libri Academici priores 2,16 (*immutatione verborum*); De oratore 3,176 (*ordinis*). – (specialiter apud rhetores immutationes sunt figurae: trópoi): Cicero, Brutus 69 (*trópoi);* Orator 94 (*hypallagé*); Quintilian, Inst. or. 9,1,35 (*soloecismus*); 1,5,6.12. – Chr. G. Schütz XIX 1,85: De oratore 2,261 immutatio *orationis* est *allegoría*, ut in hoc exemplo: *ut sementem feceris, ita metes*.

– *comptus* (herausgeputzt): ThLL III 1993,15 (A. de oratore sim.): Quintilian, Inst. 10,1,79; (B. de oratione, sermone): Cicero, Part. 19; De senectute 28; Part. 19 (Quintilian, Inst. 8,3,42).,
– *expolitus* (ausgefeilt): ThLL V. 2 1755,46 (de genere orationis, elocutionis, i.q. splendens; syn. florens, pictus): Cicero, Orator 96 – ThLL 1754,63 (speciatim 1. t.t. rhet., i.q. argumentum vel sententiam perpolire, exornare, variare): Auctor ad Herennium 2,27; 4,54; Cicero, De inventione 1,76; Part. 19 (Quintilian, Inst. 8,3,42). – ThLL 1754,71 (2. de loquendi vel scribendi copia et elegantia, de opere litterario): Cicero, De oratore 3,39.

20 *translata verba* (Metaphern): z.B. De oratore 3,149.169; Orator 92;
– – *translatio*: Auctor ad Herennium 4,45; De oratore 3,169, und o., § 17.
– *supralata verba* (übertreibende Wörter): Hyperbole;
– – *superlatio*: Rhetorica ad Herennium 4,44.
– *adiuncta ad nomen verba* (Attribute, Epitheta): ThLL I.1 709,19 (II.B.3 dicta dictis; cogitata cogitatis): z.B. Cicero, De re publica 1,64;
– – *adiunctio* (Anschluß): ThLL I.1 704,49: Auctor ad Herennium 4,38 (*adiunctio est, cum verbum, quo res comprehenditur, non interponimus, sed aut primum aut postremum conlocamus* ...); Cicero, De oratore 3,206; Part. 16.
– *duplicata verba* (Verdoppelung, Geminatio): ThLL V.1 2278,13 (nota imprimis in artibus grammaticae et rhetoricae de geminatione verborum et litterarum): Cicero, Orator 135; Part 20; Quintilian, Inst. 8,3,43; 8,6,12; 9,1,38.
– *significare: idem significantia verba* (Synonyme).

21 *elegantia verborum* (Eleganz): ThLL 338,24 (2. speciatim in arte oratoria; a. ipsorum oratorum et scriptorum, i.q. facultas exquisite, pure scribendi): Auctor ad Herennium 4,17; Cicero, Brutus 89; Orator 79; Quintilian, Inst. 1,1,6. – (b. artis oratoriae et librorum): Cicero, De oratore 1,50; 2,29.98; Part. 21: Quintilian, Inst. 1,8,8 (attikismós).
– *iucunditas verborum* (Reiz): ThLL VII.2.1 590,6 (usu technico de facundia dicendi, scribendi, sonandi sim.): Cicero, In C. Verrem 3,209; Pro P. Sestio 109 (vgl. De oratore 2,344); Haruspicum resp. 4.

– *verba sonantia et lēvia* (klingende und ‚glatte' Wörter): z. B. De oratore 3,171, und o., § 17.
– *coniunctio verborum* (Wortverbindung): ThLL IV 327,3 (technice, 1. apud rhetores de sermone): Auctor ad Herennium 1,26; Cicero, Part. 21. – ThLL 327,70 (Gloss. synhaphé, synzygía): Cicero, De oratore 3,170 (*factum verbum vel coniunctione vel novitate*); Part. 18; Quintilian, Inst. 1,1,31; 8,3,46; 9,4,147. – (apud dialecticos): Cicero, De fato 12. – ThLL 328,14: Auctor ad Herennium 4,41 (*coniunctionibus verborum e medio sublatis*); Cicero, Orator 135.
– *concursus asperi* (Hiat): ThLL IV 117,2 (translate de rebus incorporeis): Cicero, De oratore 3,171 (*sic, ut neve asper eorum concursus neve hiulcus sit*); Orator 150; Part. 21; Brutus 25. – Orator 78 (*habet. . .ille tamquam hiatus et concursus vocalium*); Quintilian, Inst. 9,4,33.
– *concursus diiuncti* (Wortfolgen ohne glatten Übergang): ThLL V.1 1388,33 (speciatim in re rhetorica: 2. translate a): Cicero, Part. 21; (aliter Tacitus, Dialogus 18). – (translate b. i.q. diversus, contrarius): Cicero, De oratore 3,61. – ThLL 1385,32: „de *dis*- et *di*- codicum ratio sibi non constat.").
– *coniunctio circumscripta longo anfractu* (überlange Periode): vgl. Orator 135 (*coniunctio*), Orator 221 (*circumscripte numeroseque*).
– *anfractus* (Biegung; auch Periode) ThLL II 42,75 (períodos). – ThLL 43,56 (translate): Cicero, De divinatione 2,127; Part. 21; Quintilian, Inst. or. 9,2,78 (*suffugia infirmitatis*); 12,9,3 (*iuris anfractus*).
– *similitudo aequalitasque verborum* (parallele oder symmetrische Anordnung der Wörter in der Periode).
– – *aequalitas* (Gleichmäßigkeit): ThLL I.1 1002,57 (rerum: comparantur res variae de qualitate): Cicero, Part. 21 (Seneca, contr. 7, praef. 3); De legibus 1,38; Seneca, Dialogi 12,1,4.
– *verba ex contrariis sumpta* (Antithesen).
– *verba paria paribus respondentia* (paarweise Entsprechung).
– *verba relata* (Anaphora): vgl. De oratore 2,263 (*verba relata contrarie*).
– *verba geminata ac duplicata* (Wortverdoppelungen): ThLL VI.2 1736,78 (Gloss. diplasiázo, deuterô, didymô). – ThLL 1739,81 (de oratione vel scriptis): Cicero, Part. 21.72; Quintilian, Inst. 9,3,28 – vgl. *geminatio* ThLL 1736,33 (1. in rhetorica): Cicero, De oratore 3,206.
– *verba saepius iterata* (mehrfache Wortwiederholung): ThLL VII.2.1 548,15 (de sententiarum ornamentis): Cicero, Orator

137. – ThLL 548,51 (in rhet. et gramm. de schematibus léxeos): Cicero, Orator 135; Part. 21.54; Quintilian, Inst. 9,2,63; 9,3,35. – ThLL 548,83 (absolute; deutérosis): Cicero, Part. 133.
– *dissolutio* (Weglassen von Konjunktionen; Asyndeton): ThLL V.1 1503,82 (i.q. asýndeton): Cicero, Part. 21; Quintilian, Inst. 9,3,50 (brachylogía). – Forcellini II 167 (2. speciatim in re oratoris est figura, quae coniunctionibus verborum e medio sublatis partibus separatis effertur): Auctor ad Herennium 4,41; Cicero, Part. 21; Quintilian, Inst. 9,3,50. – (3. item speciatim est responsio ad crimina, vel argumenta): Auctor ad Herennium 1,3,4; Cicero, Pro A. Cluentio Habito 1,3;
– – *dissolute*: ThLL V.1 1502,84 (3. i.q. non coniuncte, asyndétos): Cicero, Orator 135 (= Quintilian, Inst. 9,1,39).
– *copulare – relaxare* (verbinden – lockern): ThLL IV 923,56 (C. de iuncturis grammaticis, sermone): Varro l.l. 10,36.48.54; Cicero, Orator 154; Part. 21. – ThLL 924,4 (de conexione sententiarum): Cicero, De fato 30; Quintilian, Inst. 2,40,30; 9,3,50 (brachylogía); 10,6,2; 10.7,5.

22 Charakter des Redners: Mit der Person des Redners wird das Ethos ins Spiel gebracht, das zur *vis oratoris* (s.o., §§ 3 ff.) gehört, auch wenn es unter den Gliederungspunkten

QUINQUE LUMINA ORATIONIS
(§§ 19–22)

DILUCIDUM		
fiet:	usitatis *verbis* propriis dispositis	
	circumscriptione conclusa	
	aut intermissione	
	aut concisione verborum	(*opp.* obscurum longitudine
		aut contractione orationis
		aut ambiguitate
		aut inflexione atque immutatione verborum)
BREVE		
brevitas conficitur:	simplicibus *verbis*	
	semel unaquaque re dicenda	
PROBABILE		
genus est orationis:	si non nimis est comptum atque expolitum	
	si auctoritas ac pondus in *verbis*	
	si *sententiae*	
	vel graves	
	vel aptae opinionibus hominum ac moribus	

20 INLUSTRIS
est oratio:
si *verba* gravitate delecta ponuntur
si *verba* translata
si *verba* supralata
si *verba* adiuncta
si *verba* duplicata
si *verba* idem significantia
atque *verba* ab ipsa actione atque imitatione non
abhorrent
(quae dicta sunt de oratione dilucida,
cadunt in hanc inlustrem omnia; est enim
plus aliquanto inlustre quam illud dilucidum)

21 SUAVE
genus erit dicendi:
primum elegantia et iucunditate
verborum sonantium et lēvium,
deinde coniunctione,
quae habeat
neque asperos concursus
neque diiunctos atque hiantis
et sit circumscripta
non longo anfractu,
sed ad spiritum vocis apto
habeatque
similitudinem aequalitatemque *verborum*,
cum ex contrariis sumpta *verba*
verbis paribus paria respondeant
relataque ad idem *verbum*
et geminata ac duplicata
vel etiam saepius iterata ponantur
constructioque *verborum*
tum coniunctionibus copuletur,
tum dissolutionibus quasi relaxetur

22 fiet etiam SUAVIS
oratio:
cum aliquid
aut inusitatum aut inauditum aut novum dicas.
delectat etiam, quidquid est admirabile . . .
(Sequuntur, quae suavitate motum animis cient, monetque
Cicero, ne magis obscura aut minus probabilis fiat oratio.)

nicht erscheint. – rednerischer Trick: Die *inflexio sermonis* besteht hier darin, daß sich der Redner in schwer durchschaubarer Weise als seinem Gegner nicht überlegen hinstellt. Er zielt damit auf die Sympathie der Hörer. – Im

letzten Satz warnt Cicero erneut vor einem schematischen Vorgehen: Es komme auf die jeweiligen Umstände an (*nobis est ipsis, quid causa postulet, iudicandum*); vgl. o., § 8.

23 veränderte Ausdrucksweise (*conversa atque mutata oratio*): Es folgen Anleitungen zur Variation im Ausdruck. – Füllwörter weglassen, Umschreibungen verkürzen, Komposita verwenden.

– *adsumpta verba removere* (Füllwörter weglassen): ThLL II 928,4 Cicero, Part. 23.31; Quintilian, Inst. or. 10,1,121.
– *circuitus dirigere* (Umschreibungen verkürzen): ThLL 1106 (translate; B. de sermone, i.q. periodus, circumscriptio, circumlocutio): Cicero, Orator 204 (*in toto circuitu orationis, quem Graeci periodon, nos tum ambitum, tum circuitum ... dicimus*); Quintilian, Inst. or. 8,6,59 (*periphrasis*); 9,4,122 (*incisa membra circuitu*); Cicero, De oratore 3,191 (*modo ne circuitus verborum aut brevior aut largior*); Orator 78.187.206; ThLL 1106,41 Part. 23.
– *coniunctione facere unum verbum e duobus* (Verwendung eines Kompositums): s.o., zu § 21.

24 dreifache Veränderung ... der Reihenfolge: Die natürliche Wortfolge (*sicut natura ipsa tulerit*) wird so umgedreht, daß der Satz geradezu in umgekehrter Richtung abläuft; danach wird auch diese Ordnung wieder aufgelöst, indem man Einschnitte setzt oder die Wörter weiter durcheinandermischt (*deinde intercise atque permixte dicere*). Möglichkeiten bietet u. a. die Verwendung von Hyperbata. – Praxis: Cicero beklagt, daß sich die Rednerausbildung zu sehr mit Kunststücken der beschriebenen Art beschäftigt.

– *intercise* (unterbrochen, in Absätzen); als Adverb nur hier bei Cicero verwendet. ThLL (VII 2163,71 ff.) führt danach noch auf: Gellius, N.A. 11,2,5; 15,3,4; Macrobius exc.gramm. (GL V 632,7; 637,29); Boethius, categ. 3 p. 243 A.
– *permixte*: Forcellini III 662 weist zwei Cicerostellen aus: Part. 24; De inventione 1,32: *si genera ipsa rerum ponuntur, neque permixte cum cum partibus implicantur.*

COMMUTATIO VERBORUM
(§§ 23–24)

23 SIMPLICITAS IN VERBIS	
ita tractatur:	ut aut ex verbo dilatetur aut in verbum contrahatur oratio.
ex verbo:	cum aut proprium aut idem significans aut factum verbum in plura diducitur.
ex contractione:	cum aut definitio ad unum verbum revocatur aut adsumpta verba removentur aut circuitus diriguntur aut coniunctione fit unum verbum ex duobus
24 IN CONIUNCTIS VERBIS	
triplex adhiberi commutatio potest non verborum, sed tantummodo ordinis:	ut, cum semel dictum sit directe, sicut natura ipsa tulerit, invertatur ordo et idem quasi sursum versum retroque dicatur, deinde idem intercise atque permixte

IV. Vortrag
(§ 25)

25 Vortrag: Das mehrdeutige Wort *actio* meint hier den mündlichen Vortrag der Rede; anders u., §§ 67 f. – durchsichtig: Wiederholung der *lumina orationis* (vgl. o., §§ 19 ff.), allerdings ohne Erwähnung der *brevitas*, da über sie ohnehin bereits entschieden ist, wenn die Rede vorgetragen wird. – Zu den Künsten, die der Redner bei seinem Vortrag beherrschen muß, gehören die Modulation der Stimme (*varietas vocis*), die Gestik (*motus corporis*) und das Mienenspiel (*habitus vultus*). – Merkwürdigerweise wird der ‚Vortrag' vor der Einprägung ins Gedächtnis (*memoria*) behandelt.

V. Einprägung ins Gedächtnis
(§ 26)

26 Die Mnemotechnik (*memoria*) ist für den Redner der Antike besonders wichtig, da er auswendig vortragen muß. Cicero vergleicht hier die im Gedächtnis gespeicherten Wörter und Sätze mit den Einritzungen auf einem Wachstäfelchen (*cera*). Wenn er seine Rede vorträgt, ‚sieht' er den Text gleichsam vor sich. Ausführlicher hierüber: Auctor ad Herennium 3,28 ff. – Das hier erstmals nachweisbare Wort *litteratura*, das Karriere machen sollte, bedeutet an unserer Stelle soviel wie ‚Schrift' im eigentlichen Sinn. Seine Bedeutung wandelt sich zu ‚Alphabet' (bei Tacitus, Annales 11,13), zu ‚Sprachunterricht' (bei Seneca, Epistulae morales 88,20) und später zu ‚Sprachwissenschaft' (z. B. Aemilius Asper, GL 547,10 K.). Die heute geläufige Bedeutung nimmt das Wort in Deutschland erst gegen Ende des 18. Jahrhunderts an.

Zweiter Hauptteil: die Rede selbst
(§§ 27–60)

27 Die vier Teile der Rede wurden schon in der Gliederungsvorschau (s. o., § 4) genannt: *initia* (dort *principium*), *narratio, confirmatio* und *peroratio*. Den beiden Rahmenstücken kommt die Aufgabe zu, Emotionen zu wecken (*motus animi*), die beiden Innenstücke müssen beim Hörer den Eindruck von Vertrauenswürdigkeit erzeugen (*fidem facere*). – Es fehlt hier die *dispositio/partitio*, die der Auctor ad Herennium (1,17) nennt. – Steigerung (*amplificatio*): Cicero definiert die *amplificatio* als *vehemens quaedam argumentatio* (leidenschaftliche Argumentation). Sie kann an jeder Stelle der Rede eingesetzt werden und erhält daher

bei der Stoffanordnung in der Rede keinen gesonderten Platz. Da sie aber meistens im Schlußwort (*peroratio*) angewandt wird, behandelt Cicero sie dort; s.u., §§ 52–58.

I. Einleitung
(§§ 28–30)

28 dreierlei erzielen: Die konventionelle (vgl. Auctor ad Herennium 1,6), etwas pedantische Einteilung in numerierbare Gebiete setzt sich fort. Hier geht es um den Hörer; er soll freundlich gestimmt (*amice*), verständig (*intellegenter*) und aufmerksam (*attente*) folgen. – bei den Personen: Die *captatio benevolentiae* (hier: *initia benevolentiae comparandae*) richtet sich auch an die Prozeßgegner (*adversarii*), nicht nur an den Richter (hier: *disceptator*), und mit *in personis nostris* auch an die eigene Klientel. – eigene Verdienste – entgegengesetzte Eigenschaften (der Gegner): *merita, dignitas, virtus, liberalitas, officium; iustitia, fides* – ein wahrer Tugendkatalog; dem Gegner lastet man das jeweilige Gegenteil an, was hier mit *contrariis rebus in adversarios conferendis* dezent angedeutet wird. – Übereinstimmung mit den Richtern: bei geschickter Handhabung wohl der wirksamste Teil einer *captatio benevolentiae*. – in Mißkredit gekommen: vgl. dazu o., § 15 (*firmamenta diluenda, obscuranda, obruenda*). Die hier empfohlenen Mittel: *tollere* (beheben), *minuere* (bagatellisieren), *diluere* (in Nichts auflösen), *extenuare* (abmildern, eigtl. ausdünnen) und *compensare* (mit Vorzügen aufwiegen).

29 bei den Fakten ansetzen: Die Verbindung zu § 28 liegt in der dort getroffenen Einteilung in die Aspekte *ex personis* (in § 28 behandelt) und *ex rebus* (jetzt darzustellen: *ab ipsis rebus ordiendum est*). – der Hörer...begreift: Er soll nicht behindert, nicht verwirrt und nicht überfordert werden. – Wenn man schon am Beginn der Rede Klarheit über den Gegenstand erzielen will, ist das Definieren (*si definias*) und

das Gliedern (*si dividas*) sicher nützlich; es klärt *genus naturamque causae*, doch wird da ein Hörer vorausgesetzt, der im Sinne von o., § 28, der Rede *intellegenter* zu folgen vermag. – Sachvortrag: Einer Überschneidung mit dem nächsten Gliederungspunkt, der *narratio*, wird hier geschickt vorgebaut.

30 aufmerksame Zuhörer: Auch hier gibt es wieder drei Punkte zu beachten; das Lehrbuch geht streng systematisch vor. – Wichtiges vorlegen: Aufmerksamkeit erzielt man, wenn man zeigt, daß es um Wichtiges (*magna*), um Notwendiges (*necessaria*) oder um Dinge geht, die das Interesse des Hörers unmittelbar berühren (*coniuncta cum ipsis, apud quos res agetur*). – drei Gesichtspunkte: Wieder wird numeriert. – dies gehöre zu den Regeln: Mit diesem Appell zu spontanem Reagieren auf sich unverhofft bietende Möglichkeiten (z. B. *interpellatio, ab adversario dictum*) weicht Cicero – wie des öftern zu beobachten – von der ihm sichtlich als zu stringent erscheinenden Vorlage ab; vgl. o., §§ 8.15. – Steigerung: Schon in § 27 hatte Cicero betont, daß sich die *amplificatio* an verschiedenen Stellen der Rede einsetzen läßt (*saepe etiam primum, postremum quidem fere semper, tamen reliquo in cursu orationis adhibenda est*).

II. Sachvortrag (§§ 31–32)

31 Fundament der Vertrauenswürdigkeit: Dieses Fundament zu legen (*fidem constituere*, sonst meist *facere*) ist das Ziel der Rede, wobei Cicero v. a. an die Gerichtsrede denkt. – durchsichtig: Von den *lumina* (s.o., § 19) fehlt hier *inlustris*.

32 In § 19 waren die ‚Glanzlichter‘ unter formalem Aspekt erläutert; nun folgt der materielle:

LUMINA ORATIONIS
(§ 32)

DILUCIDE	
ad dilucide narrandum	eadem illa superiora explanandi et inlustrandi praecepta repetemus,
	in quibus
BREVITAS	
sit ea,	quae saepissime in narratione laudatur,
	de qua supra dictum est.
PROBABILIS	
autem erit,	si personis,
	si temporibus,
	si locis
	ea, quae narrabuntur, consentient;
	si cuiusque facti et eventi causa ponetur;
	si testata dici videbuntur;
	si cum hominum opinione, auctoritate,
	si cum lege, cum more, cum religione coniuncta;
	si probitas narrantis significabitur,
	si antiquitas,
	si memoria,
	si orationis veritas
	et vitae fides.
SUAVIS	
autem narratio est,	quae habet admirationes, exspectationes, exitus inopinatos,
	interpositos motus animorum,
	colloquia personarum;
	dolores, iracundias, metus, laetitias, cupiditates.

– *personae, tempora, loca*: s.o., § 28 (dort im Zusammenhang mit den *principia*): *aut ex personis aut ex rebus ipsis*.
– *consentire* (Stimmigkeit als Voraussetzung für Vertrauenswürdigkeit): ThLL IV 400,8 (II. de non animantibus, A. generaliter, absolute): Cicero, Part. 32; De finibus 3,10; Tusculanae disputationes 3,3; 5,72; De natura deorum 2,19; De divinatione 1,84; 2,89.
– *factum – eventum* (Tat – Ergebnis einer Handlung): ThLL 1017,49 (I. generatim): Cicero, Part. 110; ThLL 1017,50 (saepius opponitur factum): Auctor ad Herennium 4,13; Cicero, In Pisonem 98. – De oratore 2,169; ThLL 1017,58: Part. 32.34; Topica 67.
– *testata:* (Bezeugtes, Belegbares; passivisch verwendetes Partizip Perfekt zu *testari*): z. B. auch De divinatione 1,87.

– *hominum opinio* (Meinung der Leute): ThLL IX.1 714,8: Cicero, De inventione 2,21 (deest magis veritas); De oratore 1,108; 2,30. – ThLL s.o. 715,24: Auctor ad Herennium 1,16; Cicero, De inventione 1,46.82; 2,151; Quintilian, Inst.or. 4,1,31. – s. auch o., § 19 (dort auch *mos*).
– *coniuncta*: vgl. dazu o., bei *consentire*.
– *probitas narrantis* (Redlichkeit): Forcellini III 872: Cicero, Planc. 62; Ad familiares 13,10; De oratore 1,122. Quintilian, Inst. or. 6,4,11. – zum Ethos s.o., § 22.
– *antiquitas*: Mit *antiquitas* müssen hier ‚Menschen vom alten Schlag' gemeint sein, vielleicht mit dem Nebensinn ‚aus alter Familie stammend'. Die Konjektur *antiquitatis memoria* (bei Orelli) überzeugt ebensowenig wie die auf Manutius zurückgehende Vermutung *archaiología kaì historía*. – ThLL II 175,26ff. (cum laude aliqua): Cicero, Part. 32; In C. Verrem 4,209; Rab. Post. 27, Sest. 6.19.130, har.resp. 29; sodann Plin., n.h. 27,1; Quint., inst. 1,6,39; 3,7,8 u. a.
– *memoria* (hier im Sinne von ‚mit gutem Gedächtnis begabt'): ThLL VIII 665,83: Auctor ad Herennium 3,28 (*ad thesaurum inventorum atque ad omnium partium rhetoricae custodem transeamus*); Cicero, De oratore 1,18. – ThLL 661,1: Cicero, Part. 3 (*earum rerum omnium custos memoria*) – ThLL 666,10: Cicero, Part. 26 (*confectio*); Quintilian, Inst. or. 1,1,19.
– *motus animorum* (Weckung von Emotionen): ThLL VIII 1532,48. – s.o., § 4 (*ad impellendos animos*) und § 27 (zur unbeschränkten Verwendbarkeit der *amplificatio*).
– *conloquia personarum* (eingeschobene fingierte Zwiegespräche: Prosopopoiia – *fictio personarum*): ThLL III 1652,14 (iuncturae, 2. nominales, a. additur gen. subi./obi.): Cicero, Part. 32; Libri Academici priores 2,6; Phil. or. 2,7; Ep. ad Atticum 12,15.

III. Beweisführung und Widerlegung (§§ 33–57)

33 Schaffung von Vertrauenswürdigkeit: *ad fidem faciendam*, s.o., §§ 9.13.27 u.ö. – Beweisführung – Widerlegung: *confirmatio – reprehensio* (eigtl. ‚Tadel'). – Streitfall: *controversia*. – drei mögliche Fragestellungen: Aus ihnen

leiten sich die drei Begründungsformen für Streitfälle (*status*: Streitstände, griech *stáseis*) her:

1. *id aut sit necne sit* – *coniectura* (griech. *stochasmós*)
2. *aut quid sit* – *definitio* (griech. *hóros*)
3. *aut quale sit* – *ratio/qualitas* (griech. *poiótes*).

Die Statuslehre geht auf Hermagoras von Temnos (2. Hälfte des 2. Jh.s v. Chr.) zurück. „Er hat sich als der dritte große Systematiker um die antike Rhetorik verdient gemacht; er war der letzte, der das rhetorische Lehrgebäude erheblich erweitert und bereichert hat. Nachdem sich Aristoteles der Beweislehre und Theophrast des Stils angenommen hatte, wandte er der Gerichtsrede sein Augenmerk zu: er schuf die Lehre von den Status, den ‚Streitständen', eine Schablone, die, wenn man sie über den je gegebenen Rechtsfall legte, alsbald den Punkt hervortreten ließ, auf den es dort zuallererst ankam. Von seinen Schriften ist nichts erhalten, nicht einmal Zitate, von seiner Person so gut wie nichts bekannt." (M. Fuhrmann, Die antike Rhetorik, S. 40f.)

Beweisführung
(§§ 34–43)

34 Die gesamte Beweistopik geht letztlich auf Aristoteles zurück. – Da es sich bei den Ermittlungen in der Regel zunächst um Mutmaßungen (*coniecturae*) handelt, muß man von Wahrscheinlichkeiten ausgehen. Hierunter fallen Zusammenhänge, die auf Erfahrung beruhen (Beispiel: *adolescentia – libido*; vgl. dazu De senectute 29). – charakteristische Merkmale: Zusammenhänge, die nicht nur erfahrungsgemäß, sondern absolut gesichert sind (Beispiel: *fumus – ignis*). – Personen – Örtlichkeiten – Zeitumstände: vgl. o., § 32 (*personae – tempora – loca*). – Handlungen – Ergebnisse: vgl. o, § 32 (*si cuiusque facti et eventi causa ponetur*). – in der Natur des Geschäftslebens (*negotiorum natura*): Hier scheint Cicero die Grenze zwischen Wahrscheinlichem und

Gesichertem durch Verwendung weiterer Bezeichnungen (*rerum ipsarum natura – negotiorum natura*) in umgekehrter Reihenfolge weiter zu präzisieren: Gesichertes liegt in der Natur der Dinge selbst, Wahrscheinliches kann man im Umgang mit Menschen bestätigt finden, (vgl. dazu *adiunctum negotio:* Cicero, De inventione 1,41).

35 bei den Personen (*in personis*): Die Aspekte werden gegliedert in *in natura* (*in corpore, animi*) und *in fortuna* (Herkunft, Verwandtschaft, Einflußmöglichkeiten); die *contraria* sind nur pauschal angemerkt.

36 bei den Örtlichkeiten (*in locis*): Auch hier wird ein Katalog von Gesichtspunkten geboten.

37 bei den Zeitumständen (*in temporibus*): Vergangenheit, Gegenwart, Zukunft unter Berücksichtigung des zeitlichen Zusammenhangs mit der Tat. Aufgeführt sind weiterhin Jahreszeiten, Daten, Feiertage. Es gibt Vorschläge, in diesem Bereich eine klare Ordnung herzustellen:

Text:	Schütz:
... *quae temporis quasi naturam notant,*	... *quae temporis quasi mensuram notant,*
ut hiemps, ut aestas	*ut annus, ut mensis, ut dies, ut nox, ut hora;*
aut anni tempora,	*ut anni tempora,*
ut mensis, ut dies, ut nox, hora [*tempestas*],	*ut hiems, ver, aestas, autumnus,*
quae sunt naturalia ...	*quae sunt naturalia* ...

Die Überlieferungslage erlaubt es nicht, so stark in den Text einzugreifen.

38 Handlungen und Ergebnisse (*facta et eventus*): Die Unterscheidung in ‚geplant‘ (*consilii sunt*: Vorsatz) und ‚ohne Absicht‘ (*imprudentiae sunt*: Fahrlässigkeit) führt auf die Rolle des Zufalls (*casus*) bzw. des Handelns im Affekt (*in quadam animi permotione*: Affekttat) und letztlich zum Handeln unter äußerem Zwang (*necessitas*); vgl. dazu u., §§ 131.137 und Topica 62. – gute und schlechte Dinge (*res*

bonae et malae): Sie werden nun angesprochen, wie es in der vorweggenommenen Gliederung (§ 34) angekündigt war (vgl. auch u., § 74). Man beobachtet hier die (platonische) Dreiteilung: Sitz im Körper, in der Seele, Einflüsse von außen (s. M. Fuhrmann, Das systematische Lehrbuch, S. 147 mit Anm. 5); vgl. dazu auch o., zu § 19 (Lehrbuchcharakter). – Nachdem man ... herangezogen hat: Abschluß und Überleitung zugleich.

39 Tatspuren (*facti vestigia*): Genannt werden Gegenstände, Geräusche, auffälliges Verhalten, insgesamt sinnlich wahrnehmbare Indizien (*quod sensu percipi possit*); vgl. dazu Topica 52. – Nach *clamor* schreibt Orelli *editus*; die Handschriften haben *aditus*, das Friedrich verwirft; Bornecque entscheidet sich für *eiulatus*, das sich in einer Handschrift als Korrektur findet; Auctor ad Herennium hat an entsprechender Stelle (2,8) *strepitus exauditus*. Unser Text folgt W. Friedrichs Vermutung *clamor crepitus*.- Zur Bedeutung der *signa* im Indizienbeweis s. auch Quintilian, Institutio oratoria 5,9,1–6.

40 Topoi aus der Wahrscheinlichkeit (*veri similia*): Sie waren schon o., § 34, angesprochen; hier werden sie auf ihre Überzeugungskraft hin gemustert. Häufung und Beiziehung von ähnlich gelagerten Fällen (*exempla*) werden empfohlen; vgl. hierzu auch Aristoteles, Rhet. 2,20 1394a9 ff.

41 Verfahren der Begriffsbestimmung (*definitionis ratio*): Cicero geht hier aus von *genus* und *proprietas* und weist auf Auffassungsdifferenzen bez. des *proprium* hin. Damit gelangt er wieder in das Gebiet der Topoi; vgl. o., § 7; s. hierzu M. Fuhrmann, Das systematische Lehrbuch, Index s. v. *communis*.

42 Tat und Benennung einer Tat: Cicero stellt fest, daß der erste Status (*sit necne sit?*) und der zweite Status (*quid sit?*) nunmehr abgehandelt sind. Für die *coniectura* geschah

LOCI

ARTITIONES (§§ 6.7)	PARTITIONES (§ 41)	TOPICA (§§ 8.10.11)
uae infixa sunt in rebus ipsis,		Alii in ipso, de quo agetur, haerent:
. ut definitio	1. definitio/proprium	ex toto – definitio
. ut distributiones generum		ex partibus – partium enumeratio
	7. explicatio vocabuli ac nominis	ex nota – notatio
		Ducuntur etiam argumenta ex iis rebus, quae quodammodo adfectae sunt:
7. quae quasi coniuncta		coniugata
2. ut genera partium		ex genere
3. generumve partes		
		ex forma
3. quae similia		ex similitudine
4. aut dissimilia	3. ex dissimilibus	ex differentia
2. ut contrarium	2. ex contrariis	
		ex adiunctis
5. quasi praecurrentia		ex antecedentibus
	6. enumeratio consequentium	ex consequentibus
8. quae quasi pugnantia inter se		ex repugnantibus
9. causae		ex causis
0. eventus		ex effectis
6. contentiones rerum		ex comparatione
quid maius		maiorum,
quid par	4. ex paribus	parium,
quid minus		minorum.
uae sine arte putantur, remota appello, ut testimonia.		Alii adsumuntur extrinsecus, quae absunt longeque disiuncta sunt: ex auctoritate maxime.
5. aut consentanea (vgl. Nr. 3)		
6. aut dissentanea (vgl. Nr. 4)		
4. primordia rerum (vgl. Nr. 9)		
	5. descriptiones (vgl. Nr. 1)	descriptio (Top. 83; vgl. definitio)

dies in den §§ 34–40, für die *definitio* in § 41. Nun geht es an den dritten Status (*quale sit?*). – Man führt aus…: Wenn der Täter feststeht und dieser weder leugnen kann noch will und wenn seine Tat auch klassifiziert ist, bleibt ihm nur noch der Weg, seine Tat als gerechtfertigt (*iure factum*) hinzustellen.

43 in ordentlichen Prozessen – im freien Ermessen (*legitima iudicia – liberae disceptationes*): Nach moderner Auffassung wirkt sich verminderte Schuldfähigkeit im Strafprozeß zumindest strafmildernd aus. Cicero sieht die Sache anders: „Was infolge einer seelischen Erregung getan wurde, hat in ordentlichen Prozessen keine Verteidigungsgründe gegen den Vorwurf eines Delikts, d. h. mit solchen Einwänden wird man nicht gehört, sie sind kein Rechtfertigungsgrund." (M. Fuhrmann).

Widerlegung
(§ 44)

44 Widerlegung der gegnerischen Beweise: Cicero stellt fest, er habe bisher von der Beschaffung von Argumenten für die eigene Prozeßpartei gehandelt; nun soll es um die Widerlegung (*reprehensio*) von Argumenten des Prozeßgegners gehen. Die Möglichkeiten hierfür:

REPRESENSIO (§ 44)

Aut totum est negandum, quod in argumentatione adversarius sumpserit,	si fictum aut falsum esse possis docere,
aut redarguendum ea, quae pro veri similibus sumpta sint,	primum dubia sumpta esse pro certis, deinde etiam in perspicue falsis eadem posse dici, tum ex eis, quae sumpserit, non effici, quae velit.
Accidere autem oportet singula,	sic universa frangentur.
Commemoranda sunt etiam exempla,	quibus in simili disputatione creditum non est;
conquerenda condicio communis periculi,	si ingeniis hominum criminosorum sit exposita vita innocentium.

Behandlung der Argumente (§§ 45–51)

45 Es geht nun um die Anwendung der durch *inventio* ausfindig gemachten Argumente in der Rede (*quemadmodum in dicendo singula tractentur*). – Definition der *argumentatio*: Entfaltung eines Arguments (*est argumenti explicatio*). Das Wort *argumentatio* wurde schon o., §§ 27.44, verwendet.

46 wie oben gesagt: s. § 45. – zweifelhaft oder weniger einleuchtend: Bezieht sich auf die Ratschläge zur Entkräftung gegnerischer Argumente; s. dazu o., § 44. – zwei Arten der Beweisführung (*argumentandi duo genera*): Sie unterscheiden sich durch die Reihenfolge des Vorgehens. Beim ‚direkten' Verfahren (*derecto*) wird die Beweisabsicht an den Anfang der Ausführungen gestellt, beim ‚indirekten' Verfahren (*retro et contra*) ans Ende; also:

‚direkt':	Beweisabsicht →	Beweismittel →	Schlußfolgerung
‚indirekt':	Beweismittel →	Schlußfolgerung →	Beweisabsicht.

Man läßt also beim indirekten Verfahren gewissermaßen die Katze erst ganz zum Schluß aus dem Sack, wenn Spannung und Stimmung aufgebaut sind (*permotis animis*).

– *derecto/directo*: ThLL V.1 626,48 weist das Wort als ‚proprie' verwendet aus für Caesar, BC 2,9,2; Cicero, leg. agr. 2,44; nat. deor. 1,69; fin. 1,18,20; fat. 22; als ‚translate' bei Cicero, div. 2,127 (Aquila rhet. 8 p. 25,2) und Part. 46; ‚specialiter' apud Ictos (oft). – *directe*: ThLL V.1 1255,58: ‚proprie' bei Caesar, BG 4,17,4; Cicero, ac. 2,66; ‚translate' Cicero, Part. 24 (de conversa oratione et mutata); dann erst wieder bei Augustinus, c.Iul. 4,16,79; c.Iul.op. imperf. 4,118.

47 Varianten bei der Beweisführung (*varietas in argumentando*): Man richtet die Frage an sich selbst (*interrogamus nosmet ipsos*) oder man wendet sich mit einer Bitte um Auskunft, einer Aufforderung, einem Wunsch an den Gegner (*percontamur, imperamus, optamus*). Der damit erziel-

baren Belebung des Vortrags entspricht eine Abwechslung, die in der Vermeidung eines schematischen Vorgehens besteht: Man soll nicht immer beim *propositum* beginnen (vgl. dazu o., § 46), nicht alles und jedes beweisen wollen, sondern sich der Möglichkeiten des Enthymems bedienen, das langatmige Schlußfolgerungen ersparen hilft.

48 kunstlose Beweismittel (*sine arte*): Cicero vermeidet, wie in den Partitiones durchwegs, die griechischen Fachtermini, hier *átechnos* (kunstlos). Die Unterscheidung zwischen gewissermaßen ‚kunstvollen' Topoi und ‚kunstlosen' Argumenten, die sich nicht aus der Sache selbst (*in rebus ipsis*) auffinden lassen, sondern sich von außen (*extrinsecus*) anbieten, findet sich schon bei Anaximenes (7,2).

49 Zeugen (*testes*) und Zeugenaussagen: Cicero begegnet – in diesem Zusammenhang – Zeugenaussagen mit starken Vorbehalten, insbesondere dann, wenn sie gegen ihn eingesetzt werden. – Beispiele heranziehen (*utendum exemplis*): Beispiele für Fälle, in denen Zeugenaussagen keinen Glauben fanden, sollen dieses Beweismittel generell diskreditieren oder wenigstens die aktuelle Aussage erschüttern. – einzelne Zeugen: ein Katalog von Schwachpunkten, die sich aus der Menschennatur herleiten und durch äußere Einflüsse noch verstärkt werden. – höhere Vertrauenswürdigkeit: ein Nachtrag zu den *exempla*, der dadurch verstärkend wirkt, daß selbst vertrauenswürdige Zeugen nicht immer Glauben fanden.

50 Folter (*quaestio*): Die Aussageerzwingung durch Anwendung der Folter (*in tormentis*) galt in der Antike (und leider auch noch weit darüber hinaus) als legitimes Mittel der Wahrheitsfindung, auf das Cicero in §§ 117ff. noch näher eingehen wird. Seine Argumente entstammen uralter Topik. – durch Beispiele belegen (*haec exemplis firmanda sunt*), um im konkreten Fall zum Erfolg zu gelangen; vgl. den gleichen Rat o., §§ 40.44.49.

51 entgegengesetzte Fälle – entgegengesetzte Beispiele: Die Bedenken folgen den prozeßtaktischen Erfordernissen. – Zeugenbefragung ohne Folter: Auch normale Zeugenaussagen sind nicht absolut verläßlich. Schwächeindizien sind Doppeldeutigkeit, Inkonsequenz, Widersprüchlichkeit der Aussagen.

IV. Schlußwort
(§§ 52–60)

52 zwei Teile: Steigerung (*amplificatio*) und Zusammenfassung (*enumeratio*). – Die Steigerung, von der bereits o., §§ 27.30 die Rede war, wird auch hier als keineswegs ausschließlich der *peroratio* zugehörig bezeichnet.

Steigerung
(§§ 53–58)

53 Definition der *amplificatio*: s.o., § 27 (*vehemens quaedam argumentatio*); hier aber: *gravior quaedam affirmatio* (verstärkte Form der Beweisführung). – Stil und Art der Inhalte: Damit ist die Gliederung in *verba* und *res* angegeben. Die aufgeführten sprachlichen Mittel sind dem *lumen inlustre* (§ 20) zuzuordnen. Eine Ausnahme machen die *verba sonantia*, die in § 21 zu den *suavia* gezählt waren. Neu unter die *inlustria* gestellt findet man hier die *verba plena* (‚voll'; nur hier), *facta* (Neubildungen, s. § 23), *cognominata* (Synonyme), *non vulgaria* (nicht aus der untersten Sprachebene). Die *verba iuncta* sind wohl identisch mit den *adiuncta* in § 20.

– *verba facta* ThLL VI.1 125,69 (PPP). – 126,2 (B. de incorporalibus, de oratione, sim.: artificiosus, elaboratus): Cicero, De oratore 3,170 (*aut vetustum verbum aut factum aut translatum*); 3,184 (*oratio polita atque facta*); Brutus 30 (*accurata et facta quodammodo oratio*).

54 und überhaupt: Zusammenfassend wird für die *amplificatio* ein gleichsam natürlicher, ungekünstelter Stil (*oratio naturalis et non explanata)* empfohlen. – Art des Vortrags (*actio*): Auch die o., § 25, behandelte Kunst des Vortragens steht im Dienste der Steigerung. – auf den Zweck achten: Cicero warnt abermals vor einer unreflektierten Befolgung von Rezepten; vgl. o., zu §§ 8.15.47.

AMPLIFICATIO
(verborum genera)
(§§ 53–54)

53	IN SINGULIS-VERBIS	verba ponenda sunt, quae vim habeant inlustrandi	nec ab usu sint abhorrentia	(vgl. §§ 19.20)
			gravia	(vgl. §§ 19.20)
			plena	
			sonantia	(vgl. §§ 17.21)
			iuncta	
			facta	(vgl. § 23)
			cognominata	
			non vulgaria	
			supralata	(vgl. § 20)
			imprimisque tralata	(vgl. §§ 17.20)
	IN CONTIN-ENTIBUS		soluta, quae dicuntur sine coniunctione, ut plura videantur	(vgl. § 21)
54		augent etiam	relata verba	(vgl. § 21)
			iterata	(vgl. § 20)
			duplicata	(vgl. § 21)
			et ea, quae ascendunt gradatim ab humilioribus ad superiora	(vgl. § 12)

55 gleiche Topoi: wie o., §§ 33ff. – Erweckung von Vertrauenswürdigkeit: s. o., §§ 5.9.27.33.40 (*fidem facere*); § 53 (*fidem conciliare*); § 31 (*fidem constituere*). – Aufgezählt werden die folgenden Topoi (vgl. dazu o., §§ 7.33.41):

definitiones globatae	gehäufte Definitionen	(vgl. §§ 7.33.41)
consequentium frequentatio	wiederholte Zusammenstellung von Folgen	(vgl. § 41)
contrariarum et	Zusammentreffen gegensätzlicher,	(vgl. §§ 7.41)
dissimilium et	unähnlicher und	(vgl. §§ 7.41)
inter se pugnantium rerum conflictio	untereinander widersprüchlicher Sachverhalte	(vgl. § 7)
causae	Ursachen	(vgl. § 7)
eaque, quae sunt orta de causis	und deren Folgen/Ergebnisse	(vgl. § 7)
maximeque similitudines	besonders aber ähnlich gelagerte Fälle	(vgl. §§ 7.41)
et exempla	und Präzedenzfälle	

erfundene Personen (*fictae personae*): s. o., § 32 (*conloquia personarum*). – stumme Wesen...sprechen lassen: vgl. z. B. Topica 45 (*ut muta etiam loquantur*).

56 Von den Argumenten, die man für bedeutend hält (§ 55: *quae habentur magna*) werden zwei Arten genannt: von Natur aus (*naturā*) bedeutende und solche, die von den Menschen als bedeutend bewertet werden (*usu*); vgl. dazu griech. *phýsei – thései*. – Auch von den Dingen, die den Menschen nützen oder schaden, werden drei Gruppen gebildet, die für die *amplificatio* brauchbar sind: Gefühl der Verehrung (*caritas*), Gefühl der Zuneigung (*amor*), Gefühl der Bindung an Werte (*honestas*). – Die genannten ‚Gefühle' lassen sich durch die Weckung von Emotionen aktivieren und zu Ermahnungen (*cohortationes*), zur Schürung von Haß (*odia*) und zur Erregung von Mitgefühl (*misericordia*) steigern. – Man beachte, daß die Gliederungsfreudigkeit sich fortsetzt.

57 Der § 57 beginnt in den Handschriften mit dem Satz *Proprius locus est augendi in iis rebus aut amissis aut amittendi periculo* (Ein besonderer, der Steigerung eigentümlicher Topos liegt in Dingen, die verlorengegangen sind oder vom Verlust bedroht sind). W. Friedrich hat diesen Satz als Glosse getilgt, zu Recht, wie auch der glatte Anschluß von *miserabile* an *miseratio* (mittels *enim*) zeigt. – jemand, der aus einem glücklichen Menschen zu einem unglücklichen

wurde (*ex beato miser*): Zu dieser geradezu gnomischen Feststellung werden verschiedene Beispiele angeführt. – Tränen trocknen: Ähnlich Auctor ad Herennium 2,50 und Cicero, De inventione 1,109 (*cito arescit lacrima*); dort gibt Cicero als Quelle Apollonius rhetor an. – nichts zu sehr in Einzelheiten ausführen (*enucleare*): Cicero warnt erneut davor, in einen unangemessenen Stil zu verfallen. Hier werde Großartiges (*grandia;* vgl. § 17) erwartet. Cicero meint damit die höchste Stilebene, das *genus grande* (griech. *hadrón*), im Gegensatz zum *genus medium* (griech. *méson*) und vor allem zum *genus tenue* (griech. *ischnón*).

58 Dem persönlichen Geschmack überlassen (*sit iudicii*): Dennoch folgen Empfehlungen, welcher Topos zu welchem Genus paßt:

AMPLIFICATIO
(quo quaque in causa utamur genere augendi)

CAUSA	GENUS AUGENDI	
in causis, quae ad delectationem exornantur		
(*i.e.* in laudatione)	loci, qui movere possunt	
	exspectationem	(vgl. § 32)
	admirationem	(vgl. § 32)
	voluptatem	(vgl. §§ 9.35)
in cohortationibus		
(*i.e.* in suasione)	bonorum et malorum	vgl. § 38)
	enumerationes et	(vgl. §§ 41.52)
	exempla	(vgl. §§ 40.44.49.50.51.55)
in iudiciis		
accusatori	quae ad iracundiam pertinent	
reo/defensori	quae ad misericordiam pertinent	
Nonnumquam accusator	misericordiam movere debet	
et defensor	iracundiam.	

Zusammenfassung (§§ 59–60)

59 Zur Verwendung der Rekapitulation in den drei Redegattungen: in der Prunkrede (*exornatio, laudatio*) nie, in der Volksrede (*deliberatio, suasio*) nicht oft, in der Gerichtsrede (*in iudicio*) öfter durch den Ankläger als durch den Verteidiger. – Zwei Umstände sprechen für ihre Verwendung: Man mißtraut dem Gedächtnis der Zuhörer, wenn die Rede zu lang war oder wenn zu viel Beweismaterial ausgebreitet wurde.

60 Der Angeklagte nur recht selten: Dem Angeklagten wird von einer *enumeratio* abgeraten, weil er dann auch die schmerzenden Argumente (*aculei*, wörtl. ‚Stacheln') der Anklage erwähnen müßte, was für ihn wenig hilfreich wäre. – kindisch wirken: Wiederum gibt Cicero einen Rat; er besteht darin, man solle sich nicht als Gedächtnisakrobat aufspielen, sondern lieber das Wesentliche kurz ansprechen (*brevi singula adtingere*); vgl. dazu o., § 47.

Dritter Hauptteil: Untersuchung von Problemen (§§ 61–138)

61 Der Fachterminus *quaestio* ist hier (anders als o., § 50, wo er die hochnotpeinliche Befragung bedeutet) Oberbegriff zu *propositum* (Erörterung) und *causa* (Behandlung eines konkreten Falles); s. dazu o., § 4, und Topica 79 ff. – eingangs (*in initio*): § 4. – Personen und Zeitangaben: Durch Beziehung auf *personae* und *tempora* unterscheidet sich die *causa* vom *propositum*. – *propositum* auch ‚Teil' der *causa*: vgl. dazu o., § 9. – Zum Ganzen: vgl. De oratore 2,65 f.; 2,133 f., wo diese Unterscheidung (anders als hier) problematisiert wurde.

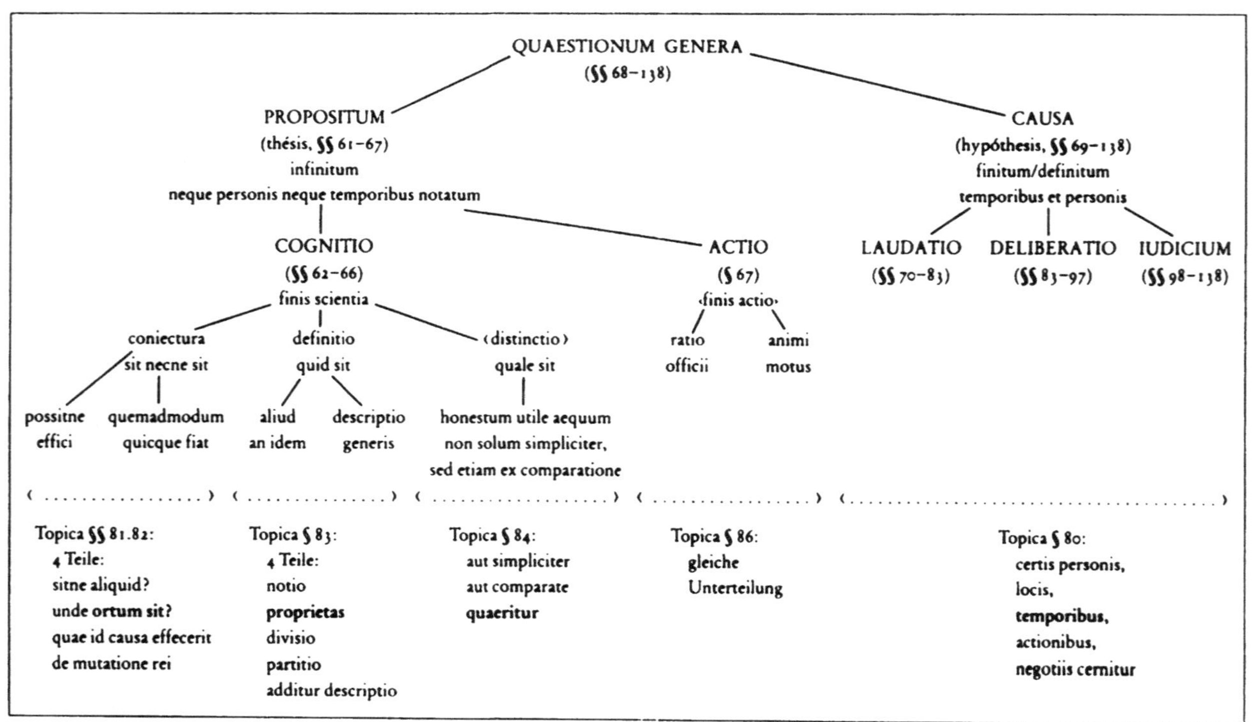
QUAESTIONUM GENERA
(§§ 68–138)
PROPOSITUM
(thésis, §§ 61–67)
infinitum
neque personis neque temporibus notatum
CAUSA
(hypóthesis, §§ 69–138)
finitum/definitum
temporibus et personis
COGNITIO
(§§ 62–66)
finis scientia
ACTIO
(§ 67)
‹finis actio›
LAUDATIO
(§§ 70–83)
DELIBERATIO
(§§ 83–97)
IUDICIUM
(§§ 98–138)
coniectura
sit necne sit
definitio
quid sit
‹distinctio›
quale sit
ratio officii
animi motus
possitne effici
quemadmodum quicque fiat
aliud an idem
descriptio generis
honestum utile aequum
non solum simpliciter,
sed etiam ex comparatione
Topica §§ 81.82:
4 Teile:
sitne aliquid?
unde ortum sit?
quae id causa effecerit
de mutatione rei
Topica § 83:
4 Teile:
notio
proprietas
divisio
partitio
additur descriptio
Topica § 84:
aut simpliciter
aut comparate
quaeritur
Topica § 86:
gleiche
Unterteilung
Topica § 80:
certis personis,
locis,
temporibus,
actionibus,
negotiis cernitur

I. Rede über ein allgemeines Thema (§§ 62–68)

62 zwei Formen des *propositum*: Unterschieden werden die *cognitio* (Behandlung eines rein theoretischen Themas mit dem Ziel des Erkenntnisgewinns, *scientia*) und die *actio* (Behandlung eines theoretischen Themas, das einen gewissen Bezug zur Lebenspraxis hat, mit dem Ziel, etwas zu bewirken, *ad faciendum quid*). Das Wort *actio* ist hier somit nicht bedeutungsgleich mit *actio* o., § 25 (Vortrag). – drei Unterabteilungen: Sie sind identisch mit den drei Status, s.o., § 33, werden aber hier nicht auf Prozeßprobleme angewandt. – Die gegebenen Beispiele verdeutlichen das jeweils Gemeinte. Diese Form der Darstellung entspricht z.B. der in den Topica durchwegs zu beobachtenden.

63 zwei Unterabteilungen der *actio*: Hierfür nennt der Text die Fachtermini: Die eine Form hat den Zweck, etwas zu erreichen oder abzuwenden (*ad persequendum aliquid aut declinandum*), was man von der beratenden Rede (*deliberatio, suasio*) erwartet; die andere beschäftigt sich mit dem Nutzen (*quod ad aliquam commoditatem usumque referatur*), wie es ebenfalls die *suasio* verlangt. Es handelt sich dabei im einen Falle um die alte Unterscheidung zwischen *prohaireîn* und *pheúgein* der aristotelischen Ethik, im anderen Fall um das *utile* im Widerstreit mit dem *honestum*.

Cognitio (§§ 64–65)

64 zwei Arten der *cognitio*: Untersucht wird hier die Frage *sit necne sit?* (s.o., § 33; hier ausgedehnt auf Vergangenheit und Zukunft) nach den Aspekten, ob etwas zu realisieren ist (*possitne aliquid effici*) und wie es zu realisieren ist (*quemadmodum quicque fiat*). – Das Wort *consultatio* (*ex cognitionis consultatione*) ist (wie o., § 4) bedeutungsgleich

mit *propositum;* es zeigt hier an, in welchen weiteren Bereich die *cognitio* gehört.

65 An die Behandlung von Problemen nach dem Muster des ersten Status (*sit necne sit?*) schließt sich die Entsprechung zum zweiten Status (*quid sit?*), die zur Begriffsbestimmung (*definitio*) führt. – zwei Untergruppen: Die eine fragt nach der Identität bzw. Verschiedenheit (*aliud an idem sit?* vgl. Topica 84), die andere verlangt nach einer Beschreibung (*descriptio*; vgl. Topica 83).

66 Nun folgt das Vorgehen nach dem dritten Status (*quale sit?*), bei dem es, was hier nicht ausdrücklich gesagt wird, wieder drei Sorten gibt, nämlich die Frage nach Anstand (*honestum*), Nutzen (*utile*) und Gerechtigkeit im Sinne von Billigkeit (*aequitas*). – eine andere Art der Erörterung (*aliud quoddam genus disputandi*): die Form des Vergleichs durch Verwendung von Komparativ und Superlativ; s. dazu o., § 7 (*rerum contentiones, quid maius, quid par, quid minus sit*). – Das Thema *cognitio* ist damit abgehandelt.

Actio
(§ 67)

67 Auch im Bereich der *actio* werden Gruppen unterschieden, allerdings, wie schon in § 66 beobachtet, ohne ausdrückliche Numerierung: die Unterweisung (*praecipiendi genus*) mit dem Appell an das Pflichtbewußtsein (*quod ad rationem officii pertinet*) und die Beeinflussung der öffentlichen Meinung durch gutes Zureden (*ad sedandos animos*) oder durch Aufheizen (*ad animi motus vel gignendos vel concitandos*), wozu auf das Mittel der Steigerung (*amplificatio*) verwiesen wird (vgl. o., §§ 52 ff.). – Damit ist auch das (kürzer behandelte) Gebiet der *actio* abgeschlossen und – in weiterem Ausgriff – auch die Gliederung der *consultationes: Atque haec fere partitio est consultationum.*

Abschluß und Überleitung (§ 68)

68 Die Frage nach der Stoffauffindung (*inventio*) und Stoffanordnung (*conlocatio*) für den Bereich der *consultationes* wird mit einem Rückverweis auf die §§ 5.8.13.33 ff. bzw. auf §§ 9 ff. beantwortet. – Es zeigt sich, daß die Fachtermini *distributio* und *partitio* austauschbar sind. – Angekündigt wird nun das Gebiet der *causae (causarum genera et praecepta)*, das in etwa die Hälfte der Partitiones oratoriae einnimmt (§§ 68–138).

II. Causae (§§ 68–138)

Der Schlußsatz von § 68 leitete zu den *causae* über, also zu den Reden, die sich mit konkreten Fällen befassen (s. dazu o., § 61), was vor allem, aber nicht ausschließlich auf Gerichtsreden zutrifft.

69 zwei Formen (*formae causarum*): eine Redegattung mit dem Ziel der *delectatio* und eine andere, von der sich erst am Ende des Paragraphen herausstellt, daß sie als Oberbegriff für die beratende und die Gerichtsrede gemeint ist (*ius ut obtineat, probet et efficiat, quod agit*). Gemeinsam ist diesen beiden, daß etwas durchgesetzt werden soll, während es bei der *laudatio* letztlich nur um einen Ohrenschmaus (*delectatio*) geht. Aber auch bei letzterer handelt es sich um einen Oberbegriff zu verschiedenen Arten der *exornatio*, aus der sich dann die sog. Prunkrede als wichtigster Typ herausschält. – jede Auseinandersetzung (*contentio*): Auch damit ist nicht die Gerichtsrede allein gemeint, sondern ein Oberbegriff für sie und die beratende Rede (vgl. § 10: *auscultator – disceptator: delectari – statuere*); beide Redegattungen sind gekennzeichnet durch das Zusammenprallen gegensätzlicher Vorstellungen oder Standpunkte. – kein Gebiet ... nütz-

licher für das Gemeinwesen: Die sog. Streitkultur wird in unseren Tagen wiederentdeckt. – Aufdeckung von Leistung und Versagen: Damit wird auf die Behandlung der *virtutes et vitia* in §§ 74ff. vorausgewiesen. – Zukunft – Vergangenheit: ein wesentlicher Unterschied zwischen der Rede, die über Projekte berät, die verwirklicht oder verhindert werden sollen, und der Gerichtsrede, die sich mit bereits vollendeten Tatsachen zu beschäftigen hat.

70 drei Arten (*genera causarum*): Der Oberbegriff *forma* wird nun in drei *genera* zerlegt: *unum laudationis, deliberationis alterum, tertium iudiciorum* (in bemerkenswerter stilistischer Ausformung!). – In den Topica (s. z. B. 30) ist *forma* stets dem *genus* untergeordnet.

Lobrede
(§§ 70–83)

70 eine (d.h. die erste) Art: die Lobrede (bzw. die tadelnde Rede: *laudandi vituperandique rationes*): Dies wird in einer für die Partitiones oratoriae ungewöhnlichen Breite ausgeführt (§§ 71–83); zudem wird hier großenteils der Inhalt der §§ 10ff. wiederholt. – Vgl. hierzu Aristoteles, Rhet. 1,9 1366a 23 (*metà dè taûta légomen perì aretês kaì kakías kaì kalû kaì aischrû* ...).

71 Zweck (*finis*): Angegeben werden *honestas* und *turpitudo*. – Art der Rede (*genus dictionis*): Kennzeichen sind der Verzicht auf Argumentationen (*sine ullis argumentationibus*) und der nur sanfte Appell an die Affekte (*ad animi motus leniter tractandos*): s. dazu o., §§ 31–32 und 52–58.

72 Unterhaltung des Zuhörers (*ad voluptatem auditoris*): Hierfür werden vor allem sprachliche Mittel in Betracht gezogen:

LAUDATIO
(§ 72)

ad voluptatem auditoris et ad delectationem
utendum erit

…ata oratione
…ngulorum verborum
…nsignibus (vgl. § 53)

quae habent plurimum
suavitatis (vgl. § 21):

id fit,
si factis verbis (vgl. § 23)
aut vetustis
aut tralatis (vgl. §§ 20.53)
frequenter utamur,

…sa constructione
…erborum (vgl. § 21)

ut paria paribus (vgl. § 21)
et similia similibus
saepe referantur,
ut contraria (vgl. § 55),
ut geminata (vgl. § 21),
ut circumscripta numerose
(non ad similitudinem versuum,
sed ad explendum aurium sensum
apto quodam quasi verborum modo;
vgl. § 18).

73 die bekannten Ausschmückungen: Es folgt eine Aufzählung von Möglichkeiten, unter denen *exspectatio*, *admiratio*, *improvisi exitus*, die schon in § 22 anklangen (*invisum*, *inauditum*, *novum*), als besonders spannungerregend gelten.

74 drei Gruppen: In dieser sehr aristotelischen Partie werden die *bona malave* dargestellt (vgl. o., § 38). Ihre Klassifizierung gerät etwas breit, wenn man sie in Beziehung zum Gesamtumfang der Partitiones oratoriae setzt; dies hat jedoch seine Berechtigung, wenn man auf die Funktion im Rahmen einer *laudatio* bzw. *reprehensio* blickt. – In den Handschriften sind die Gruppen angekündigt: *externi et corporis et animi*. Sauppe hat diese Wörter als Glosse zu Recht athetiert. – die äußeren Gegebenheiten (*externa*): Hierzu zählen Herkunft (*genus*), Vermögen (*fortunae*) und *facultates*, unter denen man im Rahmen der Gruppe *externa* nicht die geistigen Fähigkeiten verstehen kann, sondern den wirt-

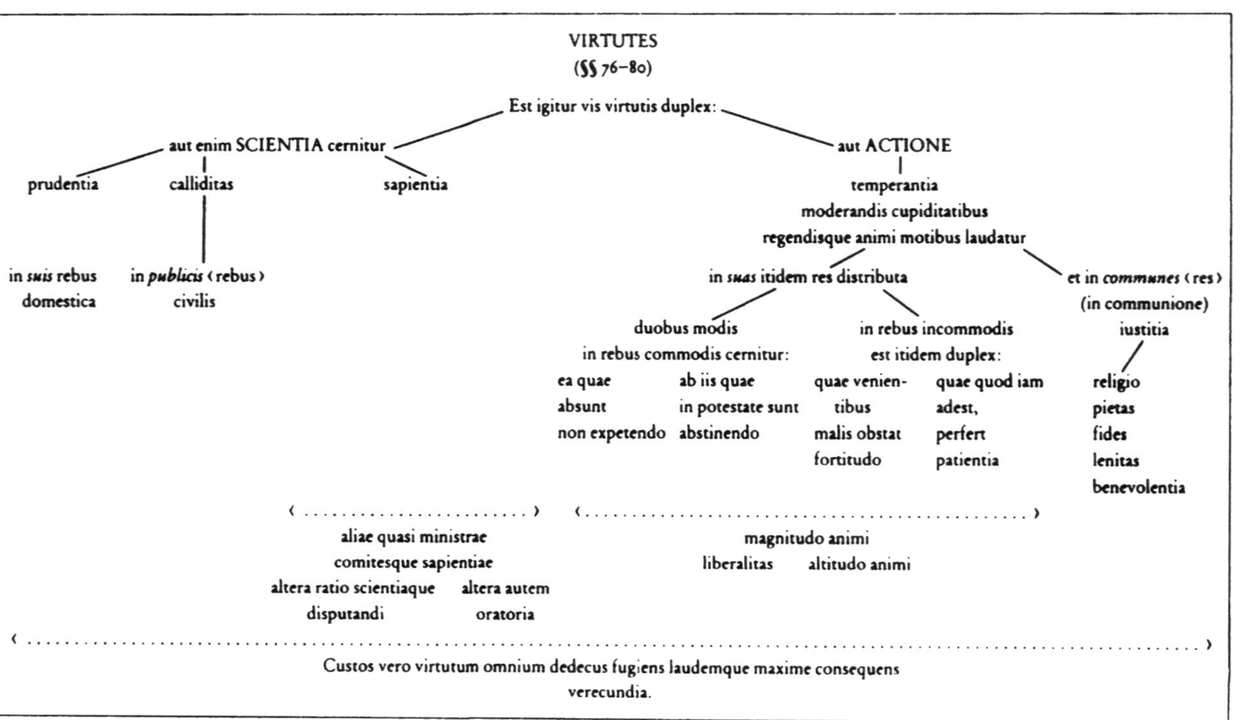
VIRTUTES
(§§ 76–80)
Est igitur vis virtutis duplex:
aut enim SCIENTIA cernitur
aut ACTIONE
prudentia
calliditas
sapientia
in suis rebus domestica
in publicis ‹rebus› civilis
temperantia
moderandis cupiditatibus
regendisque animi motibus laudatur
in suas itidem res distributa
et in communes ‹res› (in communione)
duobus modis
in rebus commodis cernitur:
ea quae absunt non expetendo
ab iis quae in potestate sunt abstinendo
in rebus incommodis
est itidem duplex:
quae venientibus malis obstat fortitudo
quae quod iam adest, perfert patientia
iustitia
religio
pietas
fides
lenitas
benevolentia
aliae quasi ministrae
comitesque sapientiae
altera ratio scientiaque disputandi
altera autem oratoria
magnitudo animi
liberalitas
altitudo animi
Custos vero virtutum omnium dedecus fugiens laudemque maxime consequens
verecundia.

schaftlichen Rückhalt im weitesten Sinne. – Vorzüge des Körpers (*corporis bona*): Sie bilden die zweite Gruppe; hier erscheint nur die Schönheit (*forma*), die als Ausdruck innerer Werte gesehen wird. In De fato 10 widerspricht Cicero dieser Theorie der Entsprechung von Innen und Außen am Beispiel des Sokrates.

75 Die dritte Gruppe (*facta*) gliedert sich zunächst nicht inhaltlich, sondern nach Möglichkeiten der Darstellung: chronologisch (*temporum servandus est ordo*) oder der Aktualität folgend (*in primis recentissimum quidque dicendum*) oder nach Kategorien (*varia facta in propria virtutum genera sunt dirigenda*), womit der Übergang zu § 76 vorbereitet ist. – Im übrigen begründet Cicero die Breite der Darstellung mit der Absicht, ein kontrovers diskutiertes Problemfeld überschaubar abzuhandeln.

76 Das Wesen der Tugend ist zweigeteilt (*aut scientia cernitur virtus aut actione*): Cicero folgt hierin Aristoteles, Eth. Nic. 1,13. Der *scientia* sind zugeordnet *prudentia, calliditas, sapientia*, der *actio* die *temperantia*. Hierbei wird die Klugheit noch aufgespalten in eine *prudentia domestica* (Hausverstand) und eine *prudentia civilis* (politische Klugheit).

77 Die Selbstbeherrschung (*temperantia*) wird nun weiter analysiert: Wie die Klugheit (*prudentia*) o., § 76, unter zwei Aspekten betrachtet wurde (*in suis rebus domestica – in publicis civilis appellari solet*), so erscheint nun auch die Selbstbeherrschung (*temperantia*) zweigegliedert: *in suas itidem res – in communes* ⟨*res*⟩. – Hinzu kommt eine weitere Zweiteilung in bezug auf den Umgang mit Gütern (*res commodae*): Verzicht auf das Erstreben dessen, was nicht zu haben ist, und Abstinenz gegenüber dem, was zur Verfügung steht (*ea, quae absunt, non expetendo – ab iis, quae in potestate sunt, abstinendo*), sicher eine schwer durchzuhaltende Abstinenz. – im Unglück … gleichfalls zwei Arten:

Tapferkeit (*fortitudo*) und Geduld (*patientia*) als Fähigkeit, Leid zu ertragen. – Hochherzigkeit (*magnitudo animi*): hier als Sammelbegriff zu den eben behandelten Tugenden (*virtutes*) zu verstehen. – Seelengröße: Die Übersetzung von *altitudo animi* mit ‚Hochherzigkeit' eignet sich hier mit Rücksicht auf den Kontext nicht, wie auch oben *magnitudo animi* treffender mit ‚Hochherzigkeit' (statt mit ‚Seelengröße') wiederzugeben war. – Für alle geforderten Tugenden finden sich in den Werken Ciceros, namentlich in den philosophischen, ungezählte Parallelen; verhältnismäßig selten ist aber *altitudo animi* vertreten: De officiis 1,88; vgl. auch De finibus 5,71.

78 für das Zusammenleben: Hier bildet die Gerechtigkeit (*iustitia*) den Oberbegriff zu den im einzelnen benannten Tugenden *religio, pietas, fides, lenitas, amicitia*. Zu beachten ist, daß *pietas* nicht auf die Götter, sondern auf die Eltern bezogen ist (vgl. Vergils *pius Aeneas*). – Abschließend wird alles bis hier zu den Tugenden Ausgeführte unter der Rubrik *in agendo* (s.o., § 76) zusammengefaßt. – Begleiterinnen der Weisheit: Cicero reiht hier die Dialektik (*ratio scientiaque disputandi*) und die Rhetorik (*virtus oratoria*) unter die Tugenden ein, worin sich sein Bestreben, Philosophie und Rhetorik wieder in eins zusammenzuführen, deutlich manifestiert.

79 Beachtenswert ist hier die Definition der Rhetorik als ‚mit großer Wortfülle sprechende Weisheit' (*nihil est enim aliud eloquentia nisi copiose loquens sapientia;* vgl. auch u., § 139 gegen Ende). – Wächter über alle Tugenden: das Ehrgefühl (*verecundia*), die Selbstachtung also. Vergleichbares hierzu findet sich vor allem in De officiis (z.B. 1,122: *caveant intemperantiam, meminerint verecundiae*). – jede Tat: Die Tugend als Voraussetzung und Gradmesser des sittlichen Wertes einer Handlung.

80 Vorstufen zur Tugend: Unterschieden werden Engagements im privaten (*in suis rebus*) von solchen im zwischen-

menschlichen Bereich (*in communibus*); vgl. o., § 77. – Beschäftigung mit der Literatur (*studia litterarum*): Möglicherweise ist hier die Grammatik gemeint, die mit der Musik (*numeri ac soni*), der Geometrie (*mensura*) und der Astronomie (*sidera*) zu den eines Freien würdigen Beschäftigungen, den ‚Freien Künsten' (*artes liberales*), zählt. Hingegen sind Freude an Pferden, an der Jagd (gemeint ist: mit Hunden) und Übung im Waffengebrauch zwar Beschäftigungen der jungen *nobiles*, aber gewiß keine *artes liberales* im kanonischen Sinn. – Soviel zum Topos der ‚Tugenden': Abschluß und Überleitung zur Behandlung der Laster (*vitiorum autem genera contraria*).

81 Laster ... täuschen: Der Katalog der Laster ist auf der Antithese ‚Richtig – Falsch' aufgebaut, wobei ‚Falsch' hier soviel bedeutet wie ‚übertrieben': *sunt in eodem genere nimia*. Beispiele: *prudentia – malitia, temperantia – immanitas in voluptatibus aspernandis* usw. – leer dahinfließendes Geschwätz (*inanis quaedam profluentia loquendi*): Anknüpfung an die Bemerkung von § 78, welche die Dialektik und die Rhetorik in den Kreis der *ministrae comitesque sapientiae* aufnimmt und damit an den Begriff ‚Tugend' anbindet.

82 im Gesamtzusammenhang einer (Lob-)Rede: Cicero kehrt damit zu den Gedanken in §§ 74f. zurück, wo von den drei Beurteilungsbereichen *externa, corporis, animi bona* die Rede war und bereits Einzelheiten zu *genus* (Herkunft), *fortunae* (Vermögen), *facultates* (wirtschaftlicher Hintergrund) und *forma* (Schönheit) vorgetragen wurden. Nun folgen die *bona animi* (Erziehung, Charakter) im einzelnen. – ob Unglaubliches begegnet ist: Man darf annehmen, daß hieraus auch eine Anleitung zur Legendenbildung zu gewinnen war. Wenn man sich etwa gewisse Züge der Cäsarbiographie ins Gedächtnis ruft (z. B. die mysteriösen Vorgänge vor der Überschreitung des Rubico), erkennt man das Strickmuster. – Rückgriff auf die Topoi der Stoffauffindung (*inventio*):

s. o., §§ 4 – 8; hier werden herausgegriffen: Ursachen (*causae rerum*), Ergebnisse (*eventus*) und Folgen (*consequentia*). – Vorgänge beim Tod: Man findet solche Topoi in Biographien verwendet, z. B. in der Vita Vergili.

83 Cicero Sohn zeigt sich beeindruckt und faßt gute Vorsätze (oder richtiger: Cicero Vater legt ihm solche – sicherlich mit gutem Grund – unter); vgl. hierzu De officiis 2,1–8, eine Stelle die auch für die Datierung der Partitiones oratoriae von Interesse ist.

Beratungsrede (§§ 83–97)

83 Zweck der Beratungsrede: Nutzen (*finis utilitas;* vgl. o., § 62: *cognitionis scientia est finis*). Cicero engt damit den Zweck der Beratungsrede stark ein. In ihnen sind auch das *honestum* und das *legitimum* sehr wichtig (vgl. die *telikà kepháleia* u. a. bei Anaximenes 2). Die Einbeziehung des *honestum* (im Konflikt mit der *utilitas*) erfolgt erst u., §§ 86 ff. – Rat – Gutachen (*in consilio dando sententiaque dicenda*): Damit ist die Bedeutung der Beratungsrede auch für den politischen Raum angesprochen. – machbar – notwendig: Diese beiden Kriterien präzisieren und relativieren das Ziel *utilitas*. Der Mechanismus, der sich hieraus je nach Rolle des Redners als *suasor* oder *dissuasor* ergibt, wird u., § 85, herausgearbeitet. – Definition des Notwendigen: Der tiefe Ernst, der in diesem Satz spürbar ist, läßt erkennen, daß Cicero hier eine ihn bedrängende Sorge äußert: Wie kann man in diesem Staat (des Jahres 46 v. Chr.) unversehrt (*salvus*) und frei (*liber*) bleiben? Dieser Satz kann auch zur Bestimmung des Entstehungsdatums der Partitiones beitragen.

84 Es gibt Grade der Machbarkeit und der Notwendigkeit. Was zu schwierig ist (*perdifficilia*), kann als nicht machbar eingestuft werden; was nicht notwendig ist, kann den-

noch als notwendig bezeichnet werden, wenn es von sehr großem (öffentlichen) Interesse ist (*quod permagni interest*). Bei der Beratung ist also die Wichtigkeit (*quam sit magnum*) zu prüfen.

85 Es ergibt sich zwangsläufig, daß derjenige, der zu etwas rät, in schlechterer Position ist als derjenige, der widerrät; denn letzterer muß nur einen der beiden Gesichtspunkte (*utile est – fieri potest*) aushebeln, um Erfolg zu haben, während der *suasor* den Nachweis für beide Kriterien zu erbringen hat (*et ... et ...*).

86 Unterscheidung von Empfehlenswertem und nicht Empfehlenswertem: Cicero nennt vier Kriterien für die Beurteilung, nämlich die Gegensatzpaare ‚notwendig – nicht notwendig' und ‚sittlich relevant – sittlich nur bedingt relevant'. Damit ist die *honestas* in die Betrachtung einbezogen (vgl. o., zu § 83).

87 über die soeben gehandelt wurde: §§ 76ff. – Die Stelle ist textkritisch problematisch. Die Handschriften haben: *partim non necessaria [quorum alia sunt per se expetenda, ut ea, quae sita sunt in officiis atque virtutibus, alia quod aliquod commodi efficiunt, ut opes, ut copiae]. Horum [autem] partim [quae] propter se [expetuntur partim] honestate ...*; vgl. ‚Zur Textgestaltung', S. 247. – körperliche Vorzüge – sonstige Glücksgüter: vgl. o., § 74. – Schönheit: s. o., § 74. –. Reichtum: hier als sittlich irrelevant (*diversa*) bezeichnet, sonst oft als Auslöser von Begehrlichkeiten (*cupiditates*) gerügt ... – Gefolgsleute (*clientelae*): Wer politischen Einfluß hatte, ihn gewinnen oder sichern wollte, brauchte eine Klientel, der gegenüber er als *patronus* bestimmte Verpflichtungen eingehen mußte.

88 Freundschaften: Die Überleitung ergibt sich aus der Nennung der *clientelae*. Die Schrift Laelius de amicitia entstand erst zwei Jahre später (März bis Mai 44 v. Chr.). –

Denn die Verehrung ...: Man möchte eher ‚auch' (*etiam*) als ‚denn' (*nam*) erwarten. – Hochschätzung – Liebe (*caritas – amor*): In der Freundschaft treten beide Bindungen auf; gegenüber der Familie (im weitesten Sinne) handelt es sich mehr um *amor*, gegenüber Eltern, Vaterland und verdienten Menschen um *caritas*, die somit durch eine achtungsvolle Distanz von *amor* abgehoben erscheint.

89 Die gedankliche Verknüpfung mit dem Thema *suasio* ergibt sich mit der Feststellung, die Zeitumstände, ‚das wirkliche Leben' (*tempora*) sähen oft beträchtlich anders aus als die ‚reine Lehre'. – Nützlichkeit – Anstand (*utilitas honestas*): Dieser Widerstreit stellt ein oft diskutiertes Problem dar, auf das Cicero hier ausführlicher eingeht. Vgl. dazu z. B. De officiis 1,9; 2,9; 3,111.19.40.46.47.50.83.101.114.120. Da das Werk De officiis erst in der zweiten Hälfte des Jahres 44 v. Chr. (nach den Topica) geschrieben wurde, wird es sich hier allenfalls um vorbereitende Gedanken handeln; vgl. dazu o., § 88, zu Laelius de amicitia. – Regeln zur Lösung dieser Schwierigkeiten: Für einen Anwalt, der im Grunde seines Herzens Philosoph ist, stellt sich ein schwieriges Problem, zumal seine Mandanten in der Regel keine Engel waren.

90 Wahrheit – Ansichten der Zuhörer: Das Wort *veritas* (Wahrheit) spielt in den Partitiones kaum eine Rolle (außer hier noch § 32: *veritas orationis;* als *verum* s. o., § 50, und u., §§ 102.130.139; als *vera* o., § 78); an der vorliegenden Stelle freilich konnte Cicero am Grundsätzlichen kaum vorbei. Seine Lösung besteht darin, daß er dem Redner bzw. Anwalt rät, dem Publikum bzw. dem Mandanten, der eine opportunistische Behandlung seines Anliegens erwartet, die Folgen für sein Renommee deutlich aufzuzeigen und ihm damit einen Stachel ins Gewissen zu pflanzen. In diesem Punkte hatte Cicero seine Prinzipien, und diese „hat er in seinen Reden befolgt; dies läßt sich aus Unterschieden in Redenpaaren (De lege agraria, In L. Catilinam) ersehen."

(M. Fuhrmann). – zwei Arten von Menschen: Diese anthropologische These ist gewagt; denn man wird mit Recht fragen, ob sich die Scheidung in ‚ungebildet und grob' = ‚materiell orientiert', und ‚gebildet und kultiviert' = ‚durch ideelle Werte gesteuert' so eindeutig ergeben kann. Zuzustimmen ist jedoch, daß die Rücksicht auf die Reputation (*dignitas*) unterschiedlich stark ausgeprägt sein kann. – für diesen Menschenschlag: Nun wird es gesagt: Der *suasor* kommt oft gar nicht darum herum, sogar das Streben nach Lustgewinn (*voluptas*) zu loben, obwohl das der Tugend im höchsten Maße feindlich ist (*maxime inimica virtuti*). Die Trennung von Philosophie und Rhetorik, die Cicero zeitlebens zu überwinden suchte, erscheint ihm hier als geradezu von der Menschennatur gefordert.

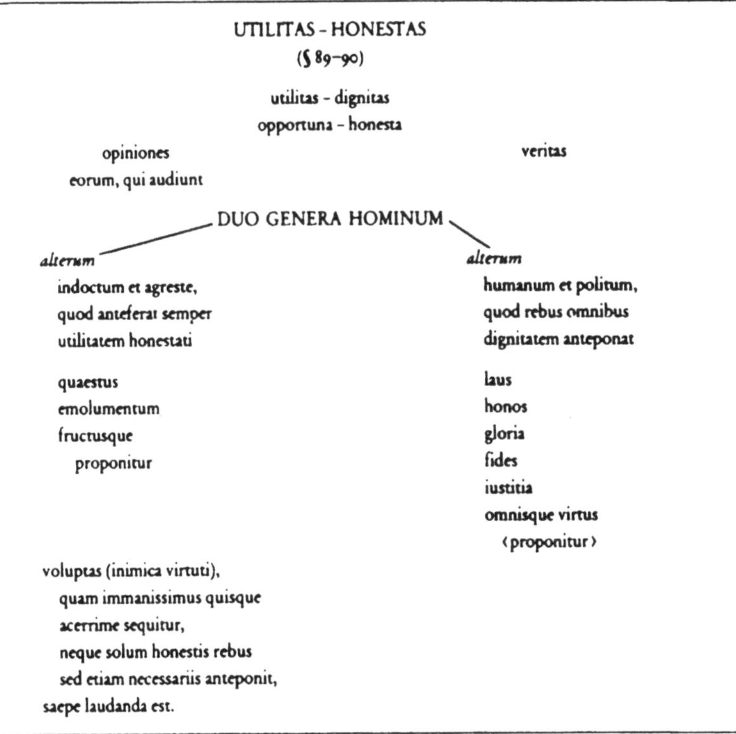
UTILITAS - HONESTAS
(§ 89–90)
utilitas - dignitas
opportuna - honesta
opiniones
eorum, qui audiunt
veritas
DUO GENERA HOMINUM
alterum
indoctum et agreste,
quod anteferat semper
utilitatem honestati
quaestus
emolumentum
fructusque
proponitur
alterum
humanum et politum,
quod rebus omnibus
dignitatem anteponat
laus
honos
gloria
fides
iustitia
omnisque virtus
‹proponitur›
voluptas (inimica virtuti),
quam immanissimus quisque
acerrime sequitur,
neque solum honestis rebus
sed etiam necessariis anteponit,
saepe laudanda est.

91 die bekannte Tatsache: Nun führt Cicero eine zweite anthropologische These ins Feld, die eine Brücke zwischen den in § 90 scharf geschiedenen Charaktertypen schlagen soll: Wenn das *genus indoctum et agreste* schon nicht nach dem Anständigen (*honestum*) strebt, so scheut es doch wenigstens vor dem zurück, was Schande bringt (*turpe*). Hieraus zieht er den Schluß, das Menschengeschlecht sei von Natur aus zum Anstand geboren (*ad honestatem natum*), aber durch schlechte Erziehung und falsche Einflüsterungen (*malo cultu pravisque opinionibus*) verdorben (*esse corruptum*). Bornecque gibt das so wieder: par la mauvaise éducation et des idées perverses. – Dieser im Grunde optimistische Ansatz öffnet dem Redner einen Ausweg, der an das bekannte Wort *Dixi et salvavi animam meam* (Hesekiel 3,19) erinnert: Dem Hörer bzw. Mandanten wird gesagt, wie man echte Güter erlangen und Übel vermeiden kann (*qua re bona consequi malaque vitare possimus*).

92 vor Ungebildeten und Unwissenden: Der Rückgriff auf § 90 dient der Anwendung des in § 91 vorgestellten Rezepts (*referamus praecepta*); wenn man diesen Zuhörern schon entgegenkommen muß, so nur mit dem erhobenen Zeigefinger „Vor Schaden wird gewarnt!" (*addantur etiam contumeliae atque ignominiae*), denn damit bremst man doch so manchen. Man sieht sich da an die kleingedruckten Zusätze zur Tabakwerbung erinnert. – Das Thema *utilitas* wird nun für exkursartige Ausführungen über den Begriff ‚Ursache' (*causa*) verlassen.

93 Zum Thema ‚Ursache' vgl. die Darstellungen in den 45/44 v. Chr. entstandenen Werken Topica (58–60) und De fato (34–36), die weithin auf peripatetischem Gedankengut beruhen.

94 Am Ende von § 94 stellt Cicero eine Verknüpfung zwischen dem Aspekt der Nützlichkeit und dem der Machbarkeit in der Weise her, daß er dem Menschen eine Freude

daran zuschreibt, etwas bewirken zu können (*spes efficiendi*); so gelangt er von den ‚Wirkursachen' zurück zur Frage der Machbarkeit (§ 95: *ratio efficiendi*).

95 Die Hilfsmittel werden nach Art einer Chrie aufgezählt: *quo tempore, quo loco, quibus facultatibus* ... – Zum Ganzen finden sich Parallelen bei Anaximander und Aristoteles. – Die Umsicht verlangt, nicht nur auf die eigenen Ressourcen (*quae nobis suppetant*) zu schauen, sondern auch nach dem zu forschen, was dagegen eingesetzt werden könnte (*quae adversentur*). Offensichtlich ist dabei an eine kriegerische Auseinandersetzung gedacht. Entsprechende Erfahrungen hatte Cicero während seiner Statthalterschaft in Kilikien (51 v. Chr.) sammeln können, was möglicherweise für die Datierung der Partitiones oratoriae von Belang ist. – vergleichende Betrachtung: So ist *contentio* hier gemeint; vgl. aber o., §§ 7.69 und u., §§ 99.104.108.124. – Aufgaben des Redners in der Beratungsrede: Wer zurät, muß nicht nur aufzeigen, daß die von ihm vertretene Sache machbar ist, sondern auch daß sie sogar auf angenehme Weise machbar erscheint (*iucunda videatur*); wer widerrät, braucht hingegen nur entweder die Nützlichkeit oder die Machbarkeit überzeugend zu bestreiten. Dabei sollen beide Interessenvertreter vom Mittel der Steigerung (*amplificatio*) Gebrauch machen. Der o., § 85, gegebene Rat ist insofern nicht konsequent fortgeführt, als der Gesichtspunkt der Nützlichkeit (*et utile est*) in dem Ausdruck *iucunda* nicht deutlich wird; auch *proclivia* betrifft eher die Machbarkeit. – dieselben Topoi: offenbar nach dem Grundsatz *in contrariis contraria*.

96 Steigerung (*amplificatio*): Die Anwendung der Steigerung wird nun noch ausführlich erklärt. Zunächst bieten sich Beispiele (im Sinne von ‚Präzedenzfällen') dafür an: Alte wie neue haben ihren je spezifischen Wert. – eine Rangordnung aufstellen: Hier wird ganz offen die Möglichkeit genannt, das Nützliche (und Notwendige) über das sittlich Vertret-

bare zu stellen (*honestis anteferre*), wobei als besonders bedenklich erscheint, daß dies sogar oft (*saepe*) der Fall sein kann. Die richtige Reihenfolge wird allerdings mit *vel haec illis* nachgetragen, so daß es sich auch um die (besonders bei Griechen zu beobachtende) Lust an der vollständigen Darstellung aller Möglichkeiten handeln kann. – Mit der Weckung von Emotionen steht es freilich nicht viel anders: Man greife in den Vorrat, je nach Zweck: *si incitandi erunt ... sin autem reprimendi* ... Dabei wird das Schlußwort (*peroratio*) als der passende Ort in der Rede bezeichnet; s. dazu o., §§ 52 ff., wo auch die geeigneten sprachlichen Mittel genannt sind.

MOTUS ANIMI
(§ 96)

ad commovendos animos proficient

si incitandi erunt,	sin autem reprimendi,
huiusmodi sententiae, quae	
aut ad explendas cupiditates	de incerto statu fortunae
aut ad odium satiandum	dubiisque eventis rerum futurarum
aut ad ulciscendas iniurias	et retinendis suis fortunis,
pertinebunt.	si erunt secundae,
	sin autem adversae,
	de periculo commovendi.

97 Einleitung (*principia*): Der Anleitung für die Orientierung am Redeschluß entspricht der Rat für den Redebeginn; vgl. o., §§ 28 ff. – kurz (*breviter*): s.o., § 19 (bei den *lumina*). – nicht als Bittsteller (*non supplex*): Damit wird der Blick bereits auf die ab § 98 zu behandelnde Gerichtsrede gelenkt.

Gerichtsrede
(§§ 98–138)

98 Diese Art der Rede steht noch aus: Einen Ausdruck, der den Begriffen *laudatio* und *deliberatio* direkt entspräche, verwendet Cicero weder hier noch in De inventione noch in den Topica. Statt dessen wählt er Umschreibungen wie *quae*

iudiciis accommodata sint (§ 98), *genus iudicii* (§ 10), *in iudicio* (§ 11), *in iudiciis* (§ 14), *alterum iudicii* (§ 69); *genus iudiciale* z. B. in De inventione 1,7. – Ziel: das was recht und billig ist (*finis est aequitas*); vgl. dazu *eius* (*cognitionis*) *scientia est finis* (§ 62); *finis alterius* (i. e.*laudationis*) *est honestas, alterius* (i. e. *vituperationis*) *turpitudo* (§ 71). – aus dem Vergleich (*ex comparatione*): Dieser Vergleich ergibt sich nicht aus den Beispielen, sondern aus der Erklärung dazu, nämlich *quid aequius atque aequissimum sit.* – Berechtigung, als Ankläger aufzutreten: Diese Frage ist Gegenstand der Vorverhandlung (*ante iudicium*, s. u., §§ 99–109); eine Rede Ciceros in einem solchen Verfahren ist in der Divinatio in Caecilium überliefert, die zum Komplex der Reden gegen C. Verres gehört. Zum Begriff s. Gellius, Noctes Atticae 2,4; vgl. auch Cicero, Ad familiares 8,7(8),3 K. – Besitzeinweisung in eine Erbschaft: Die Besitzeinweisung nimmt der Prätor vor; *bonorum possessor* wird derjenige, den der Prätor einweist. Diese Einweisung ist dann unproblematisch, wenn ein gültiges Testament vorgewiesen werden kann; s. z. B. Modestinus, pandectarum liber II: *Testamentum est voluntatis nostrae iusta sententia de eo, quod quis post mortem suam fieri velit* (Digesta 28,1,1). – Zur *bonorum possessio secundum tabulas* s. auch Topica 50.90. – später: s. u., §§ 129 ff.

ante iudicium: contentio (§§ 99–109)

99 vor der Prozeßeröffnung: Die als Beispiele angeführten Fragen betreffen die Festlegung des Streitgegenstandes; sie werden vor dem Prätor ausdiskutiert; erst danach wird dem Antrag auf Erteilung einer bestimmten *actio* nähergetreten; s. hierzu M. Kaser, RPrR § 82 II. – zum Wort *contentio* s. o., bei § 95. – auch wenn ... nicht diskutiert: Es kann nicht gemeint sein, daß der Gerichtsmagistrat dem Antrag auf eine *actio* fahrlässig stattgegeben hat, sondern daß im eigentlichen Prozeß, dem ‚Verfahren *in iure*', Fragen auftau-

chen, die man in der Vorverhandlung noch nicht erkennen konnte; so können im Verfahren *in iure* Einreden wie z. B. die der Verjährung noch vorgebracht werden (nach M. Fuhrmann). – Die Beispiele verdeutlichen die große Bedeutung solcher Fragen (*permagnum saepe habent pondus*). – Zum Ganzen: Es handelt sich um römische Verfahrensregelungen, die nicht aus einer griechischen Vorlage übernommen sein können. (M. Fuhrmann).

100 Bürgersatzung: Diese Übersetzung von *ius civile* soll dem hier möglichen Irrtum vorbeugen, es handle sich um einen Vorläufer unseres BGB; *ius civile* ist vielmehr Gegenbegriff zu *ius gentium*/*ius naturale* und zu *ius honorarium* (prätorisches Recht); s. dazu auch die Definition, die Cicero selbst gibt, und o., §§ 9.28. – Die Klage über die Vernachlässigung der Rechtskenntnisse durch die Redner begegnet öfter. In den Topica (85) wird die Befassung des Redners mit dem *ius civile* nachdrücklich gefordert. – vor dem Verfahren: Cicero kommt noch einmal auf die Feststellung des § 99 zurück, daß Vorfragen nicht in die Hauptverhandlung gehören. Für diesen Mißstand macht er, ohne es ausdrücklich zu sagen, die schwindende Kenntnis des *ius civile* verantwortlich. – mehr wegen des Zeitpunkts ...: Diese Bemerkung soll die gewählte Gliederung rechtfertigen; vgl. o., § 11. – Qualität des Streitgegenstandes (*quale id sit*): Das ist der dritte Status (*tertius status*), bei dem es um Fragen von Recht und Billigkeit geht (*quae in aequitate et iure maxime consistit*); s.o., §§ 62.68. – Darüber werden wir gleich sprechen: s.u., §§ 129 ff.

– *ius civile:* ThLL VII. 679,17: Auctor ad Herennium 2,19 (*ius constat ex his partibus: natura, lege, consuetudine, iudicato, aequo et bono, pacto; natura est ...*); Cicero, De inventione 2,65.67; Ulpian, Digesta 1,1,1 pr. – ThLL 683,57: Cicero, De oratore 2,66 (*iuri civili studere*); In C. Verrem II 1,115 (... *discatur*, vgl. Pro L. Murena 19; De oratore 1,131.171); De oratore 1,40 (*rudem in iure civili*); 1,65 (*de historia, de antiquitate, de ...*); Brutus 161; De officiis 1,19; De oratore 1,170 (*in iure civili satis illi arti facere*); Orator 142 (*ius civile docere*).

Status: Begründungsformen des Streitfalls (§§ 101–103)

101 Drei Schritte (*tres gradus*): Die Erörterung setzt erneut bei den drei Begründungsformen (*status*; hier *gradus*) an: die Tat abstreiten (*factum neges*), die Klassifizierung der Tat bestreiten (*neges eam vim habere ...*), die Tat als gerechtfertigt hinstellen (*rectum esse, quod feceris*). – Wenigstens für eine der drei Begründungsformen (Status) muß man sich entscheiden, wenn man einer Klage mit Aussicht auf Erfolg Widerstand leisten will.

102 Die drei Status werden nun je einer Methode zugeordnet: der Mußmaßung (*coniectura*), der Begriffsbestimmung (*definitio atque informatio verbi*), der Unterscheidung von Recht und Unrecht (*aequi et veri et recti et humani ad ignoscendum disputatio*). – Der Verteidiger: Das in § 101 im allgemeinen Ausgeführte wird nun konkretisiert. – Hauptargument: Das vieldeutige Wort *ratio* ist hier als terminus technicus verwendet; es entspricht dem griechischen Ausdruck *krinómenon*; vgl. z. B. Topica 95, wo *krinómenon* mit *qua de re agitur* erklärt wird. – beim ersten Status: An die Stelle von ‚mit Hilfe einer Mutmaßung' (womit meistens nur der Ankläger operieren kann) tritt nun die direkte Zurückweisung eines Vorwurfs als unbillig (*iniqui criminis negatio*) und das Abstreiten der Tat (*infitiatio facti*). – beim zweiten Status: Entsprechend tritt an die Stelle von ‚mit Hilfe einer Definition und der Klärung der Wortbedeutung' nun die Behauptung, der Wortlaut der gegnerischen Formel decke sich nicht mit dem Sachverhalt (*quod non sit in re, quod ab adversario ponatur*). – beim dritten Status: Hier ist die ausführlichere Fassung des § 101 („Erörterung dessen, was recht und billig, wahrheitsgemäß, richtig und menschlich verzeihbar ist") durch die Anweisung ersetzt, man solle die Tat zwar zugeben, und das ohne jede Diskussion über ihre Bezeichnung, sie aber als rechtlich einwandfrei verteidigen. – Der Angeklagte hat sich damit festgelegt; nun ist der Ankläger am Zuge.

103 Ankläger: In § 102 war das Procedere aus der Sicht des Beklagten bzw. seines Verteidigers betrachtet worden; nun wird gezeigt, was der Kläger zu unternehmen hat. – Es versteht sich, daß ein Prozeß erst gar nicht in Gang zu setzen wäre, wenn der Kläger das Hauptargument (*ratio*) des Angeklagten hinnähme. – Kernpunkte (*continentia*): Der terminus *continens* entspricht griechisch *synéchon* (D. Matthes, Hermagoras von Temnos, S. 173 ff.); vgl. dazu auch Topica 95: *Sed quae ex statu contentio efficitur, eam Graeci krinómenon vocant; mihi placet id ..., qua de re agitur vocari. Quibus autem hoc ‚qua de re agitur' continetur, haec continentia vocentur, quasi firmamenta defensionis, quibus sublatis defensio nulla sit* („Die Auseinandersetzung aber, die sich aus dem ⟨Beziehen⟩ eines Status entwickelt, bezeichnen die Griechen als *krinómenon*; ich will sie, da ich ja an dich ⟨sc. an Trebatius⟩ schreibe, den ‚strittigen Punkt' ⟨*qua de re agitur*⟩ nennen. Die Gesichtspunkte aber, die den Kern des Streitfalles umschließen, seien ‚Hauptpunkte' ⟨*continentia*⟩ genannt; sie sind gewissermaßen die Bastion der Verteidigung, nach deren Fall weiterer Widerstand zwecklos wird.") – in gleichem Maße: Hieraus ist ersichtlich, daß jede der beiden Parteien bestrebt sein muß, ihr *krinómenon* (Bornecque: le point litigieux) durchzusetzen. – Um der Sauberkeit der Terminologie willen verlangt Cicero, die ‚Kernpunkte' so zu bezeichnen, daß sie als der jeweiligen Prozeßpartei eindeutig zugeordnet erkennbar sind, nämlich *ratio* der Verteidigung, *firmamentum* der Anklage.

Die zu entscheidende Frage (§§ 104–109)

104 die zu entscheidende Frage: Aus dem Aufeinanderprallen von *ratio* und *firmamentum* entwickelt sich die Frage, die vom Gericht zu entscheiden ist (*disceptatio, krinómenon*). Cicero führt anhand von Beispielen vor, wie sich das zunächst nur verschwommen erkannte Problem (*diffusa*

quaestio) in der Auseinandersetzung klärt, so daß man es auf den Punkt bringen kann: *rationum et firmamentorum contentio adducit in angustum disceptationem.* –

Zu den in den §§ 104–106 genannten Personen:

Norbanus: C. Iunius Norbanus, Volkstribun im Jahre 103 v. Chr. Er klagte Q. Servilius Caepio, den Konsul des Jahres 106 v. Chr., an, er habe in seinem Konsulatsjahr aus dem Apollotempel der gallischen Stadt Tolosa (nahe bei der heutigen Stadt Toulouse) einen Goldschatz (*aurum Tolossanum*) geraubt und im Jahre darauf die vernichtende Niederlage der Römer gegen die Kimbern bei Arausio (h. Orange) verschuldet. Seinerseits wurde Norbanus im Jahre 94 v. Chr. von P. Sulpicius Rufus *maiestatis* angeklagt und von M. Antonius, dem v.a. aus De oratore bekannten Redner, mit Erfolg verteidigt. Hierzu: Cicero, De oratore 1,40.58.227.228.239.240; 2,9.262; 3,28; De natura deorum 3,74; Kl. Pauly 4,157,1 ff. (Nr. 1).
Caepio: Q. Servilius Caepio, Konsul im Jahre 106 v. Chr. und Prokonsul in Gallien 105 v. Chr., wurde im Jahre 103 v. Chr. wegen des *aurum Tolossanum* (s. o.) *de repetundis* vor Gericht gezogen und im Jahre darauf erneut von Norbanus wegen der von ihm verschuldeten Niederlage bei Arausio (105 v. Chr.) *perduellionis* angeklagt: Er hatte als Prokonsul der Gallia Narbonensis dem von ihm als *homo novus* verachteten, freilich auch seiner Aufgabe kaum gewachsenen Konsul Mallius Maximus den Gehorsam verweigert. Caepio wurde verurteilt: Man erkannte ihm das Prokonsulat ab, konfiszierte sein Vermögen und stieß ihn aus dem Senat aus. Den politischen Hintergrund bildete die Rückübertragung der Gerichtsbarkeit von den Rittern an den Senat, die Caepio als Konsul des Jahres 106 v. Chr. durchgesetzt hatte. Hierzu: Cicero, De inventione 1,92: *Offensum est, quod eorum, qui audiunt, voluntatem laedit: ut, si quis apud equites cupidos iudicandi Caepionis legem iudiciariam laudet* („Anstoß erregt, was die Hörererwartung beleidigt, wie z. B. wenn einer vor den Rittern, die auf die Ausübung der Gerichtsbarkeit aus sind, das von Caepio eingebrachte ‚Gesetz über die Gerichtsbarkeit' lobt.") Kl. Pauly 5,141,38 ff. (Nr. 14).
Decius: P. Decius, Volkstribun im Jahre 120 v. Chr. Er klagte L. Opimius, den Konsul des Jahres 121 v. Chr., wegen der gewaltsamen Unterdrückung der gracchischen Reformen an, die im Jahre 122 v. Chr. im Totschlag an C. Gracchus gipfelten. – Über einen

Bestechungsskandal ist nichts Sicheres bekannt. Hierzu: Cicero, De oratore 2,132.134f.; Brutus 108.115; Kl. Pauly 1,1410,10ff. (Nr. 3).
Opimius: L. Opimius, Konsul im Jahre 121, entschiedener Gegner des C. Gracchus. Opimius wurde im Jahre 120 von dem Volkstribun P. Decius wegen des Totschlags an C. Gracchus angeklagt, aber – von C. Papirius Carbo verteidigt – vom Gericht freigesprochen. Hierzu: Cicero, De oratore 3,106.132.134.165.169.170; Kl. Pauly 4,313,21 (Nr. 2).
C. Gracchus: Gaius, der jüngere Bruder des Tiberius Sempronius Gracchus. Die Reformpläne der beiden Gracchen wurden von der Nobilität bekämpft. Tiberius, Volkstribun im Jahre 133 v. Chr., kam im Jahre 132 ums Leben, Gaius, Volkstribun der Jahre 122/121 v. Chr., als der Aventin von den Nobiles erstürmt wurde. Hierzu: Kl. Pauly 2,861, 6ff. (Nr. 8) und 2,859,16ff. (Nr. 1).

So etwas ...: Beim *status coniecturalis* gibt es keine *disceptatio,* wofür Cicero den Grund benennt: Die *prima quaestio* und die *disceptatio* fallen hier in eins zusammen. – Bestechlichkeit des Decius: Cicero bezeichnet in De oratore 2,135 den gegen Decius erhobenen Vorwurf als umstritten (*de facto ambigitur*). – Die Frage: „Hat Norbanus die *maiestas populi Romani* geschmälert?“ gehört in den Prozeß, den P. Sulpicius Rufus im Jahre 94 gegen C. Iunius Norbanus anstrengte. Der Vorgang ist durch die Darstellung Ciceros in De oratore (s. o.) gut bekannt. – In dem Prozeß, den Decius gegen Opimius wegen des gewaltsamen Todes des C. Gracchus führte, ging es darum, ob Opimius, dessen Verantwortung außer Frage stand, mit seiner Tat im Recht war (was den dritten Status bildet: *iurene fecerit?*).

105 Die Verteidigung setzt der Anklage als Hauptargument (*ratio* im Sinne von o., § 103) entgegen, Norbanus habe die *maiestas populi Romani* nicht nur nicht gemindert, sondern sogar gemehrt (*maiestas aucta potius quam deminuta*); denn er habe dafür gesorgt, daß das römische Volk ein Grundrecht wahrnehmen konnte. Hiergegen setzt der Ankläger als Gegenargument (*firmamentum*), die *maiestas* sei mit Tumult nicht vereinbar; ihr Kennzeichen sei vielmehr

Würde und Selbstachtung (*dignitas*), die sich in einem entsprechenden Verhalten manifestieren müsse. Hieraus ergibt sich als die zu entscheidende Frage (*disceptatio*): Stellt die gewaltsame Durchsetzung einer in den Augen des römischen Volkes guten und gerechten Sache (*res grata et aequa*) eine Minderung der *maiestas populi Romani* dar? Die Entscheidung hierüber setzt eine Definition des Begriffs *maiestas* voraus. Es handelt sich also um ein Verfahren auf der Grundlage des zweiten Status (*definitio: quid sit?*).

106 Der Prozeß des Decius gegen Opimius ergab sich aus dem Tod des C. Gracchus. – ein den Sachverhalt rechtfertigendes Argument: Das Beispiel betrifft den dritten Status (*quale sit?*), der dann vorliegt, wenn die Tat als solche außer Frage steht und auch zugegeben wird, der Täter sich jedoch auf ein Recht höherer Ordnung beruft. – Opimius stellt sich auf den Standpunkt, er habe in einem Staatsnotstand gehandelt (*conservandae rei publicae causa*); Decius hält dagegen, es sei das wichtigste Grundrecht eines römischen Bürgers mißachtet worden, nämlich die Unantastbarkeit seines Lebens, solange kein Gericht gegen ihn entschieden (und die *provocatio ad populum* ihn nicht gerettet) hat. – Die zur Entscheidung stehende Frage ist klar formuliert; *eversor* und *indemnatus* sind ohne Namensnennung hart gegeneinander gesetzt, womit der Fall ins Grundsätzliche gehoben wird: Aus der Behandlung eines konkreten Falles (*causa*) wird eine Erörterung (*consultatio*, i.e. ein *propositum*). Damit ist Bezug genommen auf o., § 61: *propositum quasi pars causae*.

107 die schlagkräftigsten Gegenargumente der Anklage: Das sind Schriftstücke; genannt werden Gesetz (*ex scripto legis* – womit das *genus legale* der Statuslehre angesteuert wird), Testament (*ex scripto testamenti*), schriftliche Feststellungen in Prozeßakten (*ex scripto ipsius iudicii*), Stipulationen (schriftlich festgehaltene bindende Schuldverpflichtungen) und Kaution (ein schriftlich geschlossener Vertrag).

Mit solchen Beweismitteln (*firmamenta*) in der Hand ist die Anklage in einer starken Position. – Der Status der Mutmaßung (*status coniecturae*, s.o., §§ 102.104) scheidet hier ebenso aus wie der Status der Definition (*status definitionis*, s.o., § 102). – Die Unterscheidung, es gehe bei der *definitio* um das *scripti genus* (d.h. um das Faktum der Schriftlichkeit im Gegensatz zu Mündlichem), bei der *interpretatio* aber um ein Wort (*si verbum aliquod ex scripto definiendum est*, also um die genaue Festlegung der Wortbedeutung, die mit der Schriftlichkeit nur zufällig verbunden ist), wirkt zunächst etwas haarspalterisch, sie ist jedoch scharfsinnig und durchaus ernst gemeint: Die *controversia* (Auseinandersetzung) betrifft hier ausschließlich den Wortsinn.

108 Mehrdeutigkeit eines Wortes (*verbi ambiguitas*): Für diesen in der Praxis sichtlich häufigen Fall gibt es verschiedene Erscheinungsformen: Mehrere Bedeutungen ergeben sich aus der Undeutlichkeit eines geschriebenen Wortes oder geschriebener Wörter (*propter verbi aut verborum ambiguitatem*); oder es wird versucht, die Mehrdeutigkeit in den Text hineinzutragen, indem man eine Diskrepanz zwischen geschriebenem Wort (*scriptum*) und wirklicher Absicht (*sententia*) des Schreibers konstruiert (*a verbis ad voluntatem et sententiam scriptoris abducere*); oder man bringt ein anderes Schriftstück bei, das in gleicher Sache Gegensätzliches (*leges contrariae*) aussagt (*alio se eadem de re contrarie scripto defendere*). In diesen Fällen entsteht die Festlegung des Streitpunktes tatsächlich aus der Diskussion um das geschriebene Wort (*ex scripti contentione*). – Die drei möglichen Fälle (es fehlt die *ratiocinatio;* vgl. Auctor ad Herennium 1,23; De inventione 2,148) werden abschließend noch einmal klar formuliert und mit Entscheidungsfragen verbunden:

1. *in ambiguis, quid maxime significetur,*
2. *in scripti sententiaeque contentione, utrum potius iudex sequatur,*
3. *in contrariis scriptis, utrum magis comprobandum sit.*

Spezielle Beweismittel (in iudicio: argumenta certarum causarum propria) (§ 109–131)

109 In diesem Zwischenkapitel stellt Cicero fest, daß dem Redner bzw. Anwalt nun alles klar sein müßte, jedenfalls wenn er mit den Topoi umzugehen versteht, die er in seiner Schatzkammer (*thesaurus*) parat haben sollte. Dennoch will er noch Hinweise für das Vorgehen in den verschiedenen *causae* liefern. Die Topoi (*loci*) werden so zu Argumenten für bestimmte Fälle (*argumenta certarum causarum propria*), womit sie den Charakter von *loci communes* (d. h. von allgemein anwendbaren Topoi) einbüßen. Im übrigen führt die Ankündigung Ciceros zwangsläufig zu Wiederholungen. So wird z. B. auch die Passage über die Schriftlichkeit ausführlich wiederkehren (s. u., §§ 132 – 138). – Zu diesem „zweiten Durchgang" vgl. Topica 25 ff.

Erster Status: in coniectura (§§ 110–122)

110 Cicero beginnt mit dem Status der Mutmaßung (*coniectura*), in dem der Angeklagte aufs Leugnen angewiesen ist (*cum est in infitiando reus*). Er benutzt die Gelegenheit, die Fälle in der Weise zu verallgemeinern, daß er das Wort ‚Ankläger' stellvertretend für jeden Kläger oder Antragsteller einsetzt (*pro omni actore et petitore*). – Nun unterscheidet er im weiteren zwischen dem Tatmotiv (*causa* – dieses Wort hat auch in den Partitiones oratoriae viele Bedeutungen) und dem aus dem Motiv und dem Vollbringen der Tat entspringenden, bleibenden Ergebnis (*eventum, -i /eventus, -us*). – Der Rückverweis auf die Gliederung meint §§ 93 f.

111 Beschlußfassung für die Zukunft ist Gegenstand der Beratungsrede (*suasio*); s. o., § 13 (*suasio autem futurarum*

⟨*rerum*⟩). Bei der Untersuchung einer Tat, die notwendigerweise bereits vollbracht ist und damit in der Vergangenheit liegt, sind dennoch dieselben Gesichtspunkte anwendbar wie bei der Beratungsrede, sofern zu zeigen ist, daß der Täter die Tat ausführen konnte und daß sie für ihn auch von Nutzen war. Darin steckt der Gedanke *Cui bono?* – Furcht vor Übeln: In einem weiteren Sinn liegt für den Täter, sofern er unentdeckt bleibt, auch in der Abwehr von Übeln ein Nutzen, wenn er z. B. durch einen Mord einer für ihn ungünstigen Testamentsänderung zuvorkommt. – wirkt um so nachdrücklicher: Es geht darum, den Anfangsverdacht, also die bloße Mutmaßung (*coniectura*), mit allen Mitteln zu erhärten.

112 Affekte: Die Überlegungen des Täters, ob die Tat durchführbar und nützlich sein wird, liegen noch überwiegend im Bereich der Berechnung (*ratio*), die Verstärkung aber bei den Affekten (*motus animorum*), von denen nun ein Katalog geboten wird. Sie mündet doch wieder in eher rationale Motive; diese reichen von der Hoffnung, sich der Verantwortung entziehen zu können, bis zur Güterabwägung zwischen zu erwartender Strafe und Befriedigung über die Tat.

113 Cicero faßt die Ausführungen über mögliche Motive zusammen. Neu kommt hinzu der Gesichtspunkt, man müsse den Willen zur Tat (*voluntatis causae*) aufdecken, also die kriminelle Energie nachweisen.

114 Nach längerem Schweigen kommt Cicero Sohn wieder zu Wort. Er fragt nach den bleibenden Wirkungen, also nach den Ergebnissen (*eventus*) einer Tat. Zuletzt hatte er (in § 98) mit einer Bitte zur Behandlung der Gerichtsreden übergeleitet. Wenn man dieses Intervall von 15 Paragraphen mit der Kurzschrittigkeit des Frage-Antwort-Spiels zu Beginn der Partitiones oratoriae vergleicht, erkennt man, daß Cicero Vater zunehmend ausführlicher und damit auch

monologischer wird; sichtlich entfernt er sich damit auch von seiner griechischen Vorlage, die auf abfragbares Wissen abgestellt war. – jene Ergebnisse (*illi eventus*): Im bisher Ausgeführten war die Abfolge *causa – eventus* unter kausallogischem Aspekt betrachtet worden. Nun wird diese Abfolge auf die Praxis angewandt: Tatspuren (*facti vestigia*) können als ‚stumme Zeugnisse' (*tacita criminum testimonia*) zur Aufklärung eines Delikts beitragen. Im Eifer der Argumentation relativiert Cicero dabei seine bisherige Darstellung von der Wichtigkeit der Motiv-Aufklärung: Motive könne man vielen Personen unterstellen, Indizien hingegen schränken den Kreis der Tatverdächtigen erheblich ein (*proprie adtingunt eos ipsos, qui arguuntur*). – Es folgt ein Katalog von Indizien materieller und immaterieller Art, welcher der Motiv-Liste in § 112 entspricht; vgl. dazu auch Topica 52.

115 Die Darstellung kehrt zu den Motiven zurück: Wenn es keine Indizien gibt, muß man sich eben an die Motive halten. Hieran ist die Spekulation geknüpft, ob der Täter vielleicht so raffiniert war, Tatspuren zu vermeiden. Auch dagegen wird ein *locus communis* (hier eher soviel wie ‚Gemeinplatz' im heutigen Sinn) angeführt: Verwegenheit (*audacia*) verbinde sich nicht mit kluger Berechnung (*prudentia*), sondern eher mit blindem Draufgängertum (*temeritas*). Somit kommt es letztlich darauf an, was der Anwalt aus einem Argument zu machen versteht.

116 Für die Steigerung (*amplificatio*) kann Cicero nur ein Argument empfehlen: Man könne nicht warten, bis sich der Beklagte zu einem Geständnis bequemt, sondern müsse die Verfehlungen durch Argumente nachweisen (*argumentis peccata convincere*). Dabei sei es nützlich, Beispiele anzuführen (*et hic exempla ponentur*). Diese Rückkehr zu den Argumenten liegt ganz auf der Linie, die Cicero auch sonst verfolgt (vgl. o., §§ 6.48: *quae ‚sine arte' appellantur* sind letztlich minderen Ranges). Man kann auch in unserer Zeit beob-

achten, daß die Öffentlichkeit Indizienprozesse mit Mißtrauen verfolgt. – Die Behandlung der Argumente ist damit abgeschlossen (*atque haec quidem de argumentis*).

117 Cicero wendet sich nun (erneut: vgl. o., §§ 49 – 51) dem Zeugenproblem zu. Hierbei tritt deutlich zu Tage, daß die Bewertung von Zeugenaussagen ganz von der Position des Redners abhängt: Ist er Ankläger (s.u., § 118 Ende: *atque haec accusationis fere membra sunt*), so lobt er sie (*primum genus* ⟨*testium*⟩ *erit ipsum laudandum*), ist er Verteidiger, so sagt er gerade das Gegenteil (s.u., § 120 Ende: *testiumque et quaestionum genus omne refellet*). Eine ähnliche Bewertung ist o., §§ 49, festzustellen. Als Anwalt ist der Redner nicht der Wahrheit verpflichtet, sondern dem Interesse seines Mandanten. Damit kommt man freilich in die Nähe der alten sophistischen Maxime *tòn hétto lógon kreíto poieîn*; auch an Karneades ist zu denken: *in utramque partem disputare*. – durch Beweismittel nicht zu fassen: Daß die Argumente des Anklägers nicht greifen, wird dem Angeklagten angelastet, eine kuriose Argumentation, die auch schon o., § 115, nahelag (*non fuisse illum tam amentem ...*). – Das vorsichtige Vorgehen (*cautela*) des Täters: Begründung der Notwendigkeit, doch auf Zeugen zurückzugreifen. – Das Lob der Zeugenaussage geht mit einer Abwertung des Argumentierens einher: Auch einem noch so starken Argument dürfe man, da es sich doch oft als falsch erweise (*quia tamen saepe falsum est*), nicht recht trauen; vgl. dazu o., § 114, wo die Bedeutung der Motive relativiert wurde (*quod causae communiter videntur insimulare et arguere omnis posse*). Es entbehrt nicht einer gewissen (wohl in feiner Selbstironie absichtlich erzeugten) Komik, daß selbst die fragwürdigsten Zeugen in ein günstiges Licht gerückt werden – aus den *obscuri testes* werden flugs *locupletissimi testes* –, woraus realistische Anwaltserfahrung spricht.

118 Folter (*quaestio*): Die Behandlung der hochnotpeinlichen Befragung zeigt wieder die rein instrumentelle Bewer-

tung einer Möglichkeit. Immerhin bemüht sich Cicero um eine Rechtfertigung, indem er sich auf die Meinung der Vorfahren (*opinio maiorum*) beruft und die wesentlich rigoroseren Praktiken der Athener und der Rhodier zum Verfahren in Rom in Kontrast setzt. Hierbei kommt er auch auf sein Konsulat (63 v. Chr.) zu sprechen, in dem er gegen die Verschwörung des L. Sergius Catilina einschritt. – Einwände gegen die Folter werden (hier) als an den Haaren herbeigezogen und kindisch (*disputatio meditata puerilisque*) lächerlich gemacht. Eine ganz andere Beurteilung steht o., § 50; sie entspricht dem Umgang mit der normalen Zeugenaussage. – Immerhin hat der Ankläger ein Interesse daran, die bei der Folterung gestellten Fragen als objektiv (*diligenter et sine cupiditate*) gestellt erweisen und versichern zu können, daß die erzwungenen Antworten im Gesamtzusammenhang des Beweismaterials gewichtet werden (*dictaque quaestionis argumentis et coniectura ponderanda*). – Damit schließt die Darstellung aus der Sicht des Klägers im Rückbezug auf § 110 (*in coniectura igitur accusatori haec prima duo sunt*). Dementsprechend folgt im weiteren nicht eine Entkräftung der für die Folter vorgetragenen Argumente, sondern eine Gesamtdarstellung des ersten Status (*status coniecturae*) aus der Sicht des Verteidigers.

IN CONIECTURA

argumenta	accusatoris	defensoris
causa et eventus	§§ 110	§ 119
causae (*Motive*)	110.115	
utilitatis coniectura	111.113	
facultas efficiendi	111.115	119
voluntatis in reo causae	113	
eventus (*Indizien*)	110.114	
consequentia	114	120
loci communes	115	
testes	116.117	120
quaestiones	117.118	120

119 Entkräftung der Motive: Die aufgeführten Möglichkeiten entsprechen den o., §§ 11 ff., aufgestellten Katalogen nur in etwa. Immerhin ist die Gliederung in Motive (*causae*), Möglichkeiten der Ausführung (*facultates efficiendi*), Indizien (*consequentia*) und Zeugenaussagen (*testes*), ggf. unter der Folter (*quaestiones*) klar durchgehalten. – viele Augenzeugen (*arbitri*): Gemeint sind nicht Mitwisser, sondern zufällig hinzukommende Passanten, also potentielle Tatzeugen. – nicht so unvorsichtig (*non se tam apertum*): vgl. dazu o., § 115 (*ut ita apertus esset, ut locum crimini relinqueret*). – Zum Argument *neque tam amentem, ut poenas ac iudicia contemneret* vgl. o., § 112 (*aut si iudicii poena levior quam facti praemium*).

120 mit der Tat zusammenhängende Spuren (*consequentia*): Die hier empfohlenen Argumente gehen nicht auf den o., § 114, gebotenen Katalog ein, sondern wischen die Indizien gewissermaßen vom Tisch, da sie ja auch ohne Tatzusammenhang auftreten und jeden, selbst den Ankläger, belasten könnten, so daß sie letztlich eher als entlastend einzustufen wären. Damit wird die o., § 114, aufgebaute Argumentation gänzlich umgedreht; dort hieß es von den *consequentia*: *haec proprie adtingunt eos ipsos, qui arguuntur.* Ciceros Rezepte bewegen sich also auch hier auf der Ebene sophistischer Gedanken. – Zum Umgang mit Zeugen und mit Aussagen, die unter der Folter erzwungen wurden, gibt es (hier) keine Detailanweisung, sondern nur den Rückverweis auf die *loci reprehensionis* in §§ 33.44. Ins Detail gingen jedoch die Einwände gegen die Folter, die in § 50 genannt wurden (*saepe etiam quaestionibus resistendum est ...*).

121 Die Darstellung des ersten Status ist nun hinsichtlich der verwendbaren Argumente und der sie stützenden Aussagen abgeschlossen. Es folgt die Einordnung in die vier Hauptteile der Rede (vgl. o., §§ 28–60), jeweils getrennt nach den Aufgaben des Anklägers und denen des Verteidigers:

PRIMUS STATUS
⟨officia accusatoris et defensoris⟩
(§§ 121–122)

		accusator	defensor/reus
121	principia:	Harum causarum principia suspiciosa ad acerbitatem ab accusatore ponentur denuntiabiturque commune insidiarum periculum excitabunturque animi, ut adtendant.	A reo querela conflati criminis collectarumque suspicionum et accusatoris insidiae et item commune periculum proferetur animique ad misericordiam adlicientur et modice benevolentia iudicum conligetur.
	narratio:	Narratio autem accusatoris erit quasi membratim gesti negotii suspiciosa explicatio sparsis omnibus argumentis, obscuratis defensionibus.	Defensori aut praeteritis aut obscuratis suspicionum argumentis rerum ipsarum eventus erunt casusque narrandi.
122	confirmatio:	In confirmandis autem nostris argumentationibus infirmandisque contrariis saepe erunt accusatori motus animorum incitandi,	 reo mitigandi.
	peroratio:	Atque hoc quidem utrique maxime in peroratione faciendum ⟨est⟩: alteri frequentatione argumentorum et coacervatione universa.	 alteri, si plane causam redarguendo explicuerit, enumeratione, ut quidque diluerit, et miseratione ad extremum.

Zweiter Status: de definitione (§§ 123–128)

123 Die Darstellung wendet sich dem zweiten Status zu: Cicero Sohn erkundigt sich, wie bei der Begriffsbestimmung (*definitio*) zu verfahren ist. – Hier erhalten Ankläger und Verteidiger den gleichen Rat: Wer bei der Definition eines Wortes näher an die Auffassung des Richters (*ad sensum iudicis opinionemque*) und an die Vorstellung der Zuhörer von der Wortbedeutung (*ad communem verbi vim*) herankommt, obsiegt notwendigerweise. – in den Zuhörern von vornherein angelegt (*quam eius verbi praeceptionem inchoatam habebunt in animis ii, qui audient*): Zu diesem philoso-

phischen Problem vgl. u.a. Topica 31: *Notionem appello, quod Graeci tum énnoian, tum prólepsin. Ea est insita et in animo praecepta cuiusque formae cognitio enodationis ingens* („Als ‚Begriff' bezeichne ich hierbei das, was die Griechen bald *énnoia*, bald *prólepsis* nennen. Das ist eine eingepflanzte und von der Seele eines jeden im voraus erfaßte Vorstellung, die der Bewußtmachung harrt.") – Es bleibt offen, ob in dem anschließend dargestellten Streit um den Begriff *praevaricatio* (Parteiverrat) auch tatsächlich derjenige obsiegt, der sich an die allgemein übliche, vom Hörer erwartete Vorstellung vom Sinne dieses Wortes hält.

124 Beim zweiten Status soll nicht argumentiert (d.h. nicht mit den *loci inventionis* hantiert), sondern allein die Wortbedeutung herausgearbeitet werden (*non argumentando, sed tamquam explicando excutiendoque verbo*). Wie sich bald zeigen wird, gelingt dies zumindest nicht lupenrein. – Es geht um den Fall eines Angeklagten, der durch Bestechung des Anklägers freigekommen war, aber erneut vor Gericht gezogen wurde (*in reo pecunia absoluto rursusque revocato*). In diesem Wiederaufnahmeverfahren ist der Ankläger selbstverständlich nicht identisch mit dem ursprünglichen Ankläger.

Zum Begriff *praevaricator* s. Ulpianus, Ad edictum praetoris (Dig. 47,15,1); Ders., De officio proconsulis IX (Dig. 47,15,2); Macer, Publica iudicia I (Dig. 47,15,3); Ders., Publica iudicia II (Dig. 47,15,4); Paulus, De iudiciis publicis liber singularis (Dig. 47,15,6); Ulpianus, De censibus IV (Dig. 47,15,7); Marcianus, Ad senatus consultum Turpillianum liber singularis (Dig. 48,16,1). – Bei Cicero: Divinatio in Q.Caecilium (Fall Verres, 70 v.Chr.); Pro A.Cluentio Habito (Fall Oppianicus 74/66 v.Chr.); Pro M.Caelio 24; Ad Atticum 4,20 (18),1 K. und Ad Quintum fratrem 3,4,1 (Fall A.Gabinius, 54 v.Chr.).

Der Streit zwischen dem neuen Ankläger und dem Verteidiger geht um die Definition des Begriffs *praevaricatio*. Für den Ankläger, der natürlich obsiegen will, ist unter *praevaricatio* jedwede unzulässige Einflußnahme des Angeklagten

auf das Gerichtsverfahren (*omnis iudicii corruptela ab reo*) zu verstehen; der Verteidiger hingegen will *praevaricatio* nur dann gelten lassen, wenn der Angeklagte den Ankläger allein bestochen hat (*non omnem, sed tantummodo accusatoris corruptelam ab reo*). – Soweit bewegt man sich auf der Ebene des Streits um die Wortbedeutung (*contentio verborum*), also der Definition. Die Chancen des Verteidigers stehen bis hierher gut, weil er mit seiner Auffassung näher an der Wortbedeutung liegt, die allgemein üblich ist, weil nämlich in aller Regel der Ankläger umgedreht wird. Damit erfüllt er die o., § 123, genannte Voraussetzung für einen Sieg im Rechtsstreit. – Der Ankläger stützt sich auf den Sinn des Gesetzes (*sententia legis*, im Gegensatz zu seinem uns unbekannten, aber sichtlich nicht genügend deutlichem Wortlaut; s. dazu u., § 125).

125 Aus der Logik des Kontextes ergibt sich, daß der Ankläger versucht, durch eine Aufspaltung der *corruptela* in einen unerheblichen und einen gesetzeswidrigen Fall, woraus sich absurde Konsequenzen ergäben, die Position des Verteidigers zu erschüttern. – Dieser Prämisse folgend, wurde der Text, der besonders viele Probleme stellt, in der vorliegenden Ausgabe wie folgt gestaltet: *negat enim probari oportere eos, qui leges scripserit, ratum haberi* ⟨*voluisse*⟩ *iudicium, si totum corruptum, si unus accusator corruptus sit, rescindi iussisse*. Es wäre in der Tat absonderlich, daß man mit einer Totalkorruption (*si totum* ⟨sc. *iudicium*⟩ *corruptum*) durchkäme, mit einer Teilkorruption (*si unus accusator corruptus* sit) jedoch straffällig würde. – In seiner weiteren Argumentation führt der Verteidiger die Topoi Billigkeit (*aequitas*) und Brauchbarkeit (*utilitas*) an. Sie stehen in den Partitiones oratoriae sonst nie in engerer Beziehung zueinander. – Ein zweites Textproblem ergibt sich aus der Passage *quasi scribenda lex sit*. Der Ankläger versetzt sich – so nimmt die vorliegende Ausgabe an – in die Rolle des Gesetzgebers und meint, im Gesetzestext hätte es – zur Vermeidung von Zweideutigkeit – eigentlich heißen müssen *iudiciis*

corruptis (was der umfassendere Ausdruck gewesen wäre), doch habe der Gesetzgeber das Gemeinte seinerzeit bedauerlicherweise in dem einen Wort *praevaricatio* zusammengefaßt (*ea verbo uno praevaricationis comprehendisse dicit* sc. *legis latorem*). Dementsprechend ist der Text wie folgt gefaßt: *quasi scribenda lex ⟨sibi⟩ sit, quaeque tum complecteretur lex IUDICIIS CORRUPTIS, ea verbo uno PRAEVARICATIONIS comprehendisse dicit.* Zu den zahlreichen Konjekturen s. unter „Zur Textgestaltung" (S. 259–261).

126 Nun ist der Verteidiger am Zuge. Er bezieht sich erneut auf den üblichen Sprachgebrauch (*consuetudo sermonis*), und der ging davon aus, daß der Fall einer Korrumpierung des Anklägers am häufigsten vorkommt, wozu nicht immer Geld eingesetzt werden muß; auch politischer Druck kann seine Wirkung tun. – Sodann geht der Verteidiger der Sache mit den Mitteln der Topik zu Leibe, womit er gegen den zu Beginn von § 124 erteilten Rat (*non enim argumentando* ...) verstößt. Die Topoi: *ex contrario* (s.o., §§ 7.41.51.55); *ex consequentibus* (s.o., §§ 41.114); *ex nomine ipso* (s.o., § 41). – Ein Textproblem besteht darin, daß die Handschriften ERW *ex vero accusatore* schreiben, Pp aber *converso accusatore*. Das Gegenbild zum *praevaricator* kann jedoch nur der *verus accusator* abgeben (*cui contrarium est nomen praevaricatoris* – Der Buchstabe ‚P' steht für P(raevaricator) wie z. B. ‚N.L.' für *non liquet* (nicht zu entscheiden). Die Handschriften haben *ea littera.* Wir folgen einer Vermutung von Fr. Hotoman. – von Fall zu Fall (*quasi varie*): Die von Orelli als *ingeniosa coniectura* bezeichnete Lesung *vare* läßt sich auf kein belegtes Wort zurückführen. – seine Zuflucht nehmen zu den *loci* (die hier eher ‚Gemeinplätze' in heutiger Bedeutung als ‚Topoi' im technischen Sinn darstellen und nach § 124 eigentlich nicht verwendet werden sollten): Billigkeit (*aequitas*), Präzedenzentscheidungen (*res iudicatae*); Interesse an der Beendigung der Gefahr für den Mandanten.

127 Der Ankläger wird nun doch noch mit einem speziellen Rat versorgt: Er solle nicht zulassen, daß ein in der Sache Geständiger sich durch Wortinterpretation herauswindet. Der Verteidiger hingegen solle den *locus* der Billigkeit ins Feld führen und sich darüber beklagen, daß man ihn nicht in der Sache angreife, sondern ihm mit Wortverdrehungen (*depravatio verbi*) zusetze. Er solle sich dabei aus den *loci inveniendi* bedienen, und inbesondere *similia*, *contraria* und *consequentia* (vgl. o., § 126) verwenden. Diese Mittel stehen zwar beiden Parteien offen, doch werde der Beklagte sie häufiger anwenden müssen. – Die Widersprüche in den *praecepta* ergeben sich wohl vor allem daraus, daß Wirklichkeit und Idealfall sich nicht so sauber trennen lassen, wie die Theorie es gerne hätte: Wer mit dem Definieren beginnt, ist eigentlich auch schon im Argumentieren begriffen.

128 Sichtlich ist vorausgesetzt, daß sich das in den §§ 123–127 Vorgetragene in den Hauptteilen der Rede *principia, narratio, confirmatio* abspielt (s. z. B. § 126 Ende: *definitionem suam confirmet*); denn jetzt geht es um die Steigerung (*amplificatio*), die ihren Ort in der *peroratio* hat (... *aut cum perorabunt*). Hierbei sind die bekannten Register zu ziehen (*ad omni modo animos iudicum movendos*). Allerdings warnt Cicero auch hier vor einem schematischen Vorgehen: Sache und Aufwand müssen im rechten Verhältnis zueinander stehen. – Der Rückverweis bezieht sich auf § 52 ff.: *amplificatio* im Rahmen der *peroratio*.
Während beim ersten Status (*status coniecturalis*) Ratschläge für die einzelnen Hauptteile der Rede gegeben wurden (s.o., §§ 121–122), ist beim zweiten Status (*status definitionis*) die Zuweisung zu den Hauptteilen der Rede in die Entwicklung der Argumente hineinverwoben, so daß sie nur undeutlich durchschimmert (vgl. o., zu § 127). Nur für die Steigerung (*amplificatio;* s.o., §§ 27.20.52.53.55.67 und u., §§ 134.135) gibt es explizite *praecepta*. Anwendbar sind sie in Exkursen (*digressiones*: vgl. o., §§ 14.15) und im Schlußwort (*peroratio*; s.o., §§ 4.15.27.30.52.96 und u., § 135). Ziel ist die

SECUNDUS STATUS
‹officia accusatoris et defensoris›
(§§ 123–128)

		accusator	defensor/reus
		communia praecepta:	
123	principia:	Uter magis ad sensum iudicis opinionemque penetrarit et uter ad communem verbi vim propius accesserit, is vincat necesse est.	
124	narratio:	Non enim argumentando tractatur hoc genus, sed tamquam explicando excutiendoque verbo.	
125			Testatur consuetudinem sermonis
126			verbique vim ex contrario repetit et ex consequentibus et ex nomine ipso.
		Nititur aequitate, utilitate.	Sed huic tamen ipsi confugiendum est ad aequitatis locos, ad rerum iudicatarum auctoritatem, ad finem aliquem periculi.
	confirmatio:	commune sit hoc praeceptum, ut similibus exemplisque suam definitionem sententiamque confirmet.	
127		Atque accusatori in hoc genere causarum locus ille communis, minime esse concedendum, ut is, qui confiteatur, verbi se interpretatione defendat.	Defensor autem ad ea, quae proposui, aequitate nitatur, et ea cum secum faciat, non re, sed depravatione verbi se urger queratur. Quo in genere percensere poterit plerosq inveniendi locos.
		Nam quamquam uterque et similibus utetur et contrariis et consequentibus	Nam quamquam uterque et similibus utetur et contrariis et consequentibus tamen reus frequentius.
128	peroratio:	Amplificandi autem causa, quae aut cum digredientur a causa, dicere volent, aut cum perorabunt, ea	
		vel ad odium	vel ad misericordiam
		vel ad omni modo animos iudicum movendos ex his, quae sunt ante posita, sumentur.	

Weckung von Emotionen, je nach Partei im Prozeß Haß (*odium*) oder Mitleid (*misericordia*) der Richter. – aus obiger Zusammenstellung: insbesondere § 52. – Erneut warnt

Cicero davor, sich an ein starres Schema zu binden; man müsse alles nach Einschätzung der jeweiligen Situation dosieren (*si modo rerum magnitudo hominumve aut invidia aut dignitas postulabit*)

Dritter Status (quale sit quippiam) (§§ 129–131)

129 Der dritte Status: vgl. dazu o., §§ 33.62.101.102. – Das Problem ist bereits o., §§ 42ff. dargestellt. Da der Beklagte sich in einem solchen Falle auf das Recht beruft (*iure se fecisse*), gibt Cicero nun einen kurzen Abriß der Rechtssystematik (*omnis ratio iuris nobis explicanda*). „Ein sehr unrömisches System, aber unter *lex* findet man das Römische" (M. Fuhrmann); vgl. damit die in Topica 89–90 beschriebene Rechtssystematik.

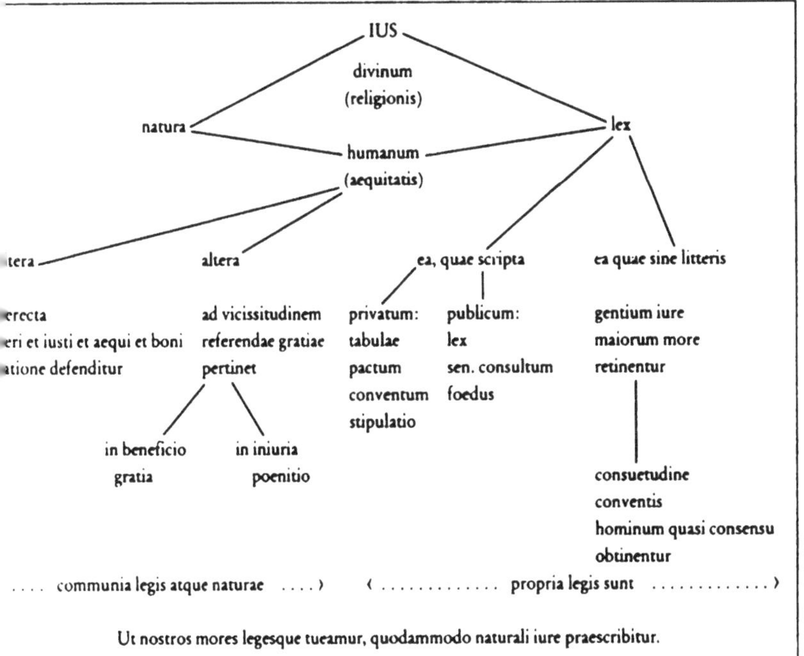
IUS
divinum
(religionis)
natura
lex
humanum
(aequitatis)
tera
altera
ea, quae scripta
ea quae sine litteris
erecta
eri et iusti et aequi et boni
ation e defenditur
ad vicissitudinem
referendae gratiae
pertinet
privatum:
tabulae
pactum
conventum
stipulatio
publicum:
lex
sen. consultum
foedus
gentium iure
maiorum more
retinentur
in beneficio
gratia
in iniuria
poenitio
consuetudine
conventis
hominum quasi consensu
obtinentur
.... communia legis atque naturae ....)
(............. propria legis sunt ....)
Ut nostros mores legesque tueamur, quodammodo naturali iure praescribitur.

130 dem Naturrecht und dem gesetzlich festgelegten Recht gemeinsam: Das entspricht der Einteilung o., § 129: *quorum aequitatis est unum* … – Das Spezifische des gesetzlich festgelegten Rechts: Neben den schriftlich fixierten Gesetzen gibt es die ungeschriebenen Gesetze (*sine litteris*, griech. *ágraphoi nómoi*), die das *ius gentium* (Völkerrecht) und den *mos maiorum* (die Sitte der Vorfahren) umfassen.

– *tabulae* (Dokumente): De oratore 2,118. – (Urkunden.): De oratore 2,119.173. – (im Zusammenhang mit einem Testament): Auctor ad Herennium 1,23.24; 3,33; Cicero, De inventione 2,149; De oratore 2,100.116. – (Rechnungsbücher): De oratore 1,250.280.281; 2,97.281; Orator 158. – *tabulae, testimonia, pacta, conventa, stipulationes:* Cicero, De oratore 2,100. – *tabulae, testimonia, pacta, conventa, quaestiones, leges, senatus consulta, res iudicatae, decreta, responsa, reliqua, si quae sunt* …: Cicero, De oratore 2,116.
– *pactum* (Vertrag, Vereinbarung): ThLL XI 209,17ff.: Auctor ad Herennium 2,19.20 (*sunt item pacta, quae sine legibus observantur ex convento, quae iure praestare dicuntur*); Cicero, De inventione 2,67.68.162. – ThLL 210,44 Quintilian, Inst. or. 7,5,6 (*de testamentis, pactis, stipulationibus, omni denique scripto*).
– *conventum* (Vertrag, Übereinkunft): ThLL IV 843,50ff.: Auctor ad Herennium 2,20; Cicero, Part. 130, De officiis 1,23.32; 3,95. – ThLL 843,68 (additur pactum): Cicero, De oratore 2,100.116; Part. 130. – Cod. Iust. 2,55,5,3 (a. 530): *generaliter definiamus conventum.*
– *lex:* (Gesetz): ThLL VII. 2.2 1238,31: Auctor ad Herennium 2,13 (*lege ius est id, quod* …); Cicero, De inventione 2,16 (*lege ius est*); Part. 130; Topica 96; Quintilian, Inst. or. 3,6,43; Cicero, De inventione 1,68; 2,137. – Junkturen: ThLL VII. 2.2 1252,58: Ad Atticum 16,16,8/15,31 K.): *lege et senatus consulto*; vgl. Ad familiares 15,9,2: *senatus consulto et lege.*
– *senatus consultum* (Senatsbeschluß): ThLL IV 587,40ff. (s. v. consulo B. 1. speciatim senatus consultum): Cicero, Part. 130; Topica 28. – Junkturen: Cicero, In C. Verrem 1,13 (*lex – s.c.*); 4,42; 4,42 (*edictum – s.c.*); In L. Pisonem (*lex – potestas – s.c.*). – vgl. Lex Iul. munic. (CIL I 206 52): *utei legibus pl{ebis}ve sc{itis} s{enatus}ve c{onsultis} oportet oportebit.* – Lex Rubr.(?) frg. Atest. (CIL I[2] 600) 11: *lege foedere pl{ebi}ve sc{ito} s{enatus}ve c{onsulto} institutove.*

– *foedus* (Staatsvertrag; Bündnis mit anderen Völkern): Cicero, Pro L. Balbo 29 (*ut quaeque civitas nobiscum societate, amicitia, sponsione, pactione, foedere est coniuncta*).
– *ius gentium* (Völkerrecht, zum Unterschied vom *ius civile*, das nur für die römischen Bürger gilt): vgl. Gaius, Institutiones 1,2.
– *mos maiorum* (die von den Vorfahren ererbten ethischen Vorstellungen): Sie zu bewahren ist durch das Naturgesetz „in gewisser Weise ebenfalls vorgeschrieben" (*quodammodo praescribitur*).

131 Quellen 〈des Rechts〉 (*quasi fontes quidam aequitatis*): kurze Rekapitulation von § 130. Der Ausdruck ‚Rechtsquellen' ist auch im Deutschen geläufig. – Cicero verlangt vom Redner, daß er das in § 130 dargestellte System des Rechts präsent habe (*meditata nobis esse debebunt*), wenn es um den dritten Status geht (*ad hoc genus causarum*). Dabei greift er bestimmte Themen heraus: *de natura* (gemeint ist das Naturrecht), *de legibus, de more maiorum, de propulsanda iniuria, de ulciscenda iniuria*, kurz: *de omni parte iuris*. – Nachgetragen wird der Fall subjektiver Schuldlosigkeit bzw. verminderter Schuldfähigkeit. Schuld setzt voraus, daß der Täter *sua sponte et voluntate* gehandelt hat und damit für sein Tun verantwortlich gemacht werden kann. Da das ältere Recht jedoch strikt am Tatbestand orientiert ist, ermöglicht erst der im Vormarsch befindliche und von Cicero nach Kräften geförderte Gedanke der Billigkeit (*aequitas*) einen Gnadenakt (*ignoscendi petenda venia est*). Die dazu erforderliche Darstellung der Schuldausschlußgründe (*deprecatio* facti) ist Sache des als Anwalt fungierenden Redners. Das notwendige Arsenal von Argumenten steht in den *loci aequitatis* bereit (vgl. o., §§ 98.126.129); vgl. hierzu auch o., § 38. – Damit ist die Darstellung der Formen der gerichtlichen Auseinandersetzung abgeschlossen, die in den §§ 110–131 unter der Rubrik *certarum causarum argumenta propria* behandelt wurde. Cicero Sohn wird jedoch sogleich noch auf eine Lücke hinweisen.

Interpretation von Texten (disceptatio versatur in scriptis) (§§ 132–138)

132 Cicero Sohn verlangt nun noch Aufschluß über das Vorgehen beim Vorliegen von Texten, deren Inhalt unterschiedlich ausgelegt wird. Ansätze zu diesem gewissermaßen vierten Status, dem *genus legale,* finden sich bereits o., §§ 107–108 sowie in § 124f. – Cicero unterscheidet drei Fälle: Verteidigung des Wortlauts (§§ 133, zweite Hälfte, bis 135), Verteidigung des Sinns (§§ 136–137, erste Hälfte) und objektiv gegebene Widersprüchlichkeit eines Textes (§ 137, zweite Hälfte bis 138). – Zunächst werden Ratschläge gegeben, die für beide Parteien gelten (*sunt ambigui duobus adversariis praecepta communia*). Sichtlich ist alles auf Polemik abgestellt.

133 Ab der Mitte des § 133 führt Cicero vor, wie der Verfechter des Wortlautes (eines Gesetzes, wie sich zunehmend herausstellt) vorgehen soll. Seine Anweisung geht geradezu in ein Plädoyer über, in dem man die Hauptteile der Rede *narratio* (*re exposita* ...), *confirmatio* (*hac confirmatione usus* ...), *infirmatio* (*deinde infirmet defensionem,* § 134) und *peroratio* (*in perorando,* § 135, Ende) erkennt. – Zum Problem s. auch die *causa Curiana*, einen Erbschaftsprozeß, den M'. Curius (KlP 1,1344 Nr. 3) im Jahre 93 v. Chr. gegen M. Coponius (KlP 1,1303 Nr. I.3) geführt hat. Crassus übernahm die Verteidigung und machte dabei die „formaljuristische Argumentation" (H. Merklin) seines Amtskollegen zur Zielscheibe seines Spottes. Nachzulesen bei Cicero, De inventione 2,122; De oratore 1,80.238.242f.; Brutus 144.194.195.197.198.256. (Hierzu: K.-J. Mette, Der junge Zivilanwalt Cicero. In: Gymnasium 72,1965, 10–27).

134 Bei der *infirmatio* verfällt Cicero geradezu in den Ton einer Rede (*Cur...? Cur... ? Cur...? Quid...?*). – Gegen Ende von § 134 geht es um die *exceptio* (Ausnahme-

klausel), die im Privatvertrag etwa unserem Kleingedruckten entspricht. Allgemein gültige *exceptiones* (z. B. *doli mali, rei iudicatae*) werden in der Regel nicht in die Texte aufgenommen; wird gegen sie verstoßen, so nimmt der Kläger die *exceptio* im Sinne einer begründeten Einrede in Anspruch.

– *exceptio*: Ulpianus, Ad edictum IV: *Exceptio dicta est quasi quaedam exclusio, quae opponi actioni cuiusque rei solet ad excludendum id, quod in intentionem condemnationemque deductum est* (Digesta 44,1,2 pr.). –
Im Gesetzestext z. B. Gaius, Ad legem Iuliam et Papiam:
In legibus, quibus excipitur, ne gener aut socer invitus testimonium dicere cogeretur, generi appellatione sponsum quoque filiae contineri placet; item soceri sponsae patrem (Digesta 22,5,5). – Im Privatvertrag z. B. Iulianus: *Qui fundum excepto aedificio legat, appellatione aedificii aut superficiem significat aut solum quoque, cui aedificium superpositum est. Si de sola superficie exceperit, nihilo minus iure legati totus fundus vindicabitur, sed exceptione doli mali posita consequetur heres id, ut habitare in villa liceat* ... (Digesta 30,81,3).

135 Dem Kläger wird geraten, Beispiele (*exempla*) anzuführen für Fälle, in denen der Verfasser des Gesetzes, ggf. auch andere Verfasser, eine *exceptio* in den Text gesetzt haben. Es werde sich auch ein Grund finden lassen, warum von der Einbringung einer *exceptio* abgesehen wurde, z. B. weil ein von Ausnahmen durchlöchertes Gesetz entweder ungerecht (*iniqua*) oder nutzlos (*inutilis*) würde: Man könne es befolgen oder nicht bzw. gleich wieder abschaffen: *alia causa obtemperandi, alia abrogandi*. – Die Steigerung (*amplificandi causa*) treibt die Argumentation auf den Gipfel: Alles werde zusammenbrechen, wenn man sich über schriftlich Festgelegtes hinwegsetze. – Der Hinweis auf die Steigerung bestätigt die Vermutung, daß im Hintergrund der Ausführungen die üblichen Hauptteile der Rede mitgedacht sind; vgl. o., zu § 133.

136 Es folgen Ratschläge für den Verteidiger, der sich auf den Sinn des Gesetzes stützen will (*qui se sententia legis*

voluntateque defendet). Er soll mit den gegenteiligen Argumenten arbeiten, im Grunde aber ebenso vorgehen, wie es dem Verteidiger des Wortlauts empfohlen wurde; ganz deutlich wird dies in der Vision eines totalen Zusammenbruchs der Gerechtigkeit, falls man sich an den Buchstaben eines Gesetzes klammern wollte.

137 Zum Abschluß, sichtlich für die *peroratio* gedacht, sollen Emotionen geweckt (*trahatur in odium iudicum*) und ein Unwillen erregendes Klagelied angestimmt werden. – Merkwürdigerweise bringt Cicero nun noch einmal einen Hinweis auf die Behandlung der Fälle von *imprudentia, casus* und *necessitas*; vgl. dazu o., §§ 38.131, wo *imprudentia, necessitas, casus* parallel gestellt sind, während in § 137 *imprudentia* einen Oberbegriff bildet: *imprudentiae causa, quae non ad delictum, sed ad casum necessitatemque pertineat.* –
Als ‚dritte Möglichkeit' (*genus tertium*) wird zum Schluß noch der Fall behandelt, in dem die Probleme nicht aus irgendeinem Interesse in den Text hineingetragen werden, sondern in ihm objektiv gegeben sind. Hier faßt Cicero sich sehr kurz: Er verweist auf bereits bekannte Empfehlungen: *quae paulo ante* (§ 132) *praecepta dedimus ambigui quaeque proxime* (§ 136) *sententiae et scripti.* Im übrigen komme es auf das Geschick des Redners an.

– *leges contrariae*: ThLL IX 1240,15: Auctor ad Herennium 1,19.20 (*ex contrariis legibus controversia constat, cum alia lex iubet aut permittit, alia vetat*); Cicero, De inventione 1,17; 2,116; Part. 138; Top. 96.

138 Die Rückverweise werden noch verdeutlicht und fast wortgleich wiederholt. Dabei sagt Cicero ganz offen, der Redner müsse beides können, nämlich je nach Interessenlage Wortlaut oder Sinn als richtig hinstellen. Man kann daraus schließen, daß es in den beiden erstbehandelten Fällen (§§ 133–136) im Grunde darum ging, der *aequitas* Geltung zu verschaffen.

Abschließende Bemerkungen (§§ 139–140)

139 Die Behauptung Ciceros, alles, was er in den Partitiones oratoriae ausführt, sei auf Leistungen der Akademie zurückzuführen, ist sehr pauschal formuliert, im Grunde aber richtig, wenn man *e media illa nostra Academia* versteht als ‚hervorgegangen aus der Akademie in ihrem gegenwärtigen Entwicklungszustand', also aus der sog. Neuen Akademie, die vor allem durch den Einfluß des ANTIOCHOS VON ASKALON (geb. um 120 v. Chr., also wenige Jahre älter als der 106 v. Chr. geborene Cicero) geprägt wurde. – Den Dialektikern (Spezialisten für Logik) wird nachgerühmt, sie verstünden es, Probleme auf den Punkt zu bringen (*anguste* bzw. *subtiliter disserere*), den Rednern aber, daß sie ihre Sache breit auszuführen (*late expromere*) verstehen. – Zwei nicht übersetzbare griechische Wörter stehen in diesem Schlußteil: *Academia* und *dialecticus*. Sonst aber ist der gesamte Text mit puristischer Strenge (wie o., § 1, angekündigt) griechischfrei gehalten, mitunter freilich auf Kosten der Verständlichkeit.

140 Während sich die der Akademie nachgerühmten Verdienste in § 139 auf die Logik bezogen, im Verhältnis zu der ein Redner fast nur als ein Fachmann für Umsetzung erscheint, betrifft der nun in § 140 gegebene Katalog die Ethik (*de bonis et malis* usw.). Und auch hier ist der Redner als der Nehmende gekennzeichnet. Damit will Cicero die Leistung des Redners selbstverständlich nicht herabsetzen, sondern auf die Untrennbarkeit von Philosophie und Rhetorik verweisen, wie es einem seiner Grundanliegen entspricht.

Im Schlußsatz wendet sich Cicero wieder seinem Sohn zu (der zuletzt in § 132 als Stichwortgeber in Erscheinung trat): Bescheiden untertreibend stellt er seine Darlegungen nur als einen Hinweis auf die wahren Quellen hin (*quasi indicia fontium illorum*) und ermuntert seinen Sohn zu weiterem Streben. – Artig antwortet der Sohn (bzw. läßt der Vater ihn

antworten), er werde es an Eifer sicher nicht fehlen lassen, doch könne er sich gar nicht vorstellen, daß es nach dem eben Gebotenen noch etwas Bedeutenderes geben sollte.

Zur Epistula ad Quintum fratrem 3,3,4

Cicero tuus: Quintus jun., der Sohn des Bruders Quintus und Neffe des Redners Marcus. – *Paeonius:* Paionios, ein nur hier genannter Redelehrer; s. auch Einführung, S. 122. – meine Art der Unterweisung: Cicero hielt auch Seminare für angehende und fortbildungswillige Redner. Seine Methode unterschied sich von der der Rhetoren (*rhetores*); sie war, wie er sagt, „ein wenig theoretischer und gründlicher" als die der Lehrer der „Schulberedsamkeit". – den Winter verbringen: Quintus befand sich 54 v. Chr. bei Caesar in Gallien. – 21. Oktober bzw. 24. September: Datumsangabe nach dem ‚alten' und dem ‚neuen', von Caesar allerdings erst 46 v. Chr. eingeführten Kalender.

ZUR SYSTEMATIK DER STATUS-LEHRE

(nach Quintilian, Institutio oratoria 3,6,29 ff.)

§§	Anzahl der Status	Namen	System	Status rationales				Genus legale				
				coniectura	definitio	qualitas	sonstige	scriptum/ voluntas	leges contrariae	ambiguitas	sonstige	iuridicialis
29	1	A (placuisse quibusdam)	signa			×						
31	2	Archedemos aus Tarsos (2. Jh. v.) [KIP 5,576,26 Nr. 2] – s. auch 33	status: de eodem et alio	×	×							
32		B (sententia eorum, qui ...)	status: infitialis, iuridicials	×								×
34		Pamphilos (2. Jh. v.) [KIP 4,440,37 Nr. 2]				××						
		C (plurimi deinceps)	res de qua non constet/ de qua constet	×			×					
35		Apollodoros v. Pergamon (1. Jh. v.) [KIP 1,439,37] – s. auch 2	quaestio posita: in rebus extra positis/ in nostris opinionibus	×			×					
		D (idem, qui dicunt)	dubium/praesumptum									
36		Theodoros v. Gadara (1. Jh. v.) [KIP 5,694,24] – s. auch 51	kepháleia: an sit/accidentia ei, quod esse constat reliqua	×			a.c					

§§	Anzahl der Status	Namen	System	Status rationales				Genus legale				
				coniectura	definitio	qualitas	sonstige	scriptum/ voluntas	leges contrariae	ambiguitas	sonstige	iuridicialis
		Apollodoros – s. auch 35	reliqua: de nomine, qualitas		×	×						
37		E (sunt et, qui ...)	de eodem et alio		×	×						
		Poseidonios v. Apameia (2./1. Jh. v.) [KIP 4,1080,8 Nr. 2]	vox an significet .../ res	(×)	(×)	(×)	c					
		F (unde et illa divisio ...)	scripta/inscripta	(×)				×				
38		Cornelius Celsus (1. Jh. n.) [KIP 1,1102 Nr. 8] – s. auch 13	duo status generales	×		×		×				
39		G (est etiam illa ... ratio)	de substantia/ de qualitate		(×)	×	a					
40		H (melius quam quod iis placuit)	status facti									
44	3	**M. Tullius Cicero** [Orator 45]	status generales	×	×	×						
45		Iatrokles (Patrokles?)	(idem sentit)	×	×	×						
		M. Antonius (2. Jh. v.) [KIP 1,410,37 Nr. 7]	factum/non factum ius/iniuria bonum/malum	(×)	(×)	(×)						
		I (secuti Antonium)	(status)	×	×							×

§§	Anzahl der Status	Namen	System	Status rationales: coniectura	definitio	qualitas	sonstige	Genus legale: scriptum/ voluntas	leges contrariae	ambiguitas	sonstige	iuridicialis
		Verginius (1. Jh. v.) [KIP 5,1206,7 Nr. 2]	(et Verginio placent)	×	×					(f)	(g)	×
47	**4**	Athenaios (1. Jh. v.) (Konkurrent des Hermagoras)	stáseis: protreptiké, synteliké, hypallaktiké	×	×							×
48		K (sunt, qui ...)	hypallaktiké								g	
		Caecilius v. Kaleakte (1. Jh. v./n.) [KIP 1,988,36 Nr. 2]	totidem status, sed alios	×	×	×	a					
		Theon	totidem status, sed alios	×	×	×	a					
49		**Aristoteles** – s. auch 23.60 [Rhet. 1416b20; 1374a2]		×	(×)	×	a.b					
50		**M. Tullius Cicero** [De inventione 1,10]		×	×	×				g *(subiecit iuri)*		
51	**5**	L (fuerunt, qui ...)	status	×	×	×	a.c					
		Theodoros – s. auch 36	generalia capita	×	×	×	a.c.d				g	
53	**6**	M (alii ...)	status	×	×	×	a.d				g	
54	**7**	N (aliis placuit)	(status)	×	×	×		*quattuor legales*				
55	**8**	O (alii ...)	(status)	×	×	×		*quattuor legales*			g	

§§	Anzahl der Status	Namen	System	Status rationales: coniectura	definitio	qualitas	sonstige	Genus legale: scriptum/ voluntas	leges contrariae	ambiguitas	sonstige	iuridicialis
		P (a quibusdam ...)	status rationales: de re quaestiones legales: de scripto									
		Q (quidam in diversum ...)	status legales, quaestiones rationales									
56		R (sed alii ...)	status rationales tres	×	×	×						
		Hermagoras v. Temnos (2. Jh. v.) [KlP 2,1064,11 Nr. 1] – s. auch 3.21.53	status rationales quattuor (solus)	×	×	×	(g)	×	×	×	e.g	h
58		**M. Tulllius Cicero** [De inventione 1,14]	alia loci negotialis interpretatio									h
62		Albutius/Albucius (2./1. Jh. v.)	eadem divisione usus	×	×	×		×	×	×	g	(→ *iuridicialis*)
63 ff.		Quintilianus (1. Jh. n.) [KlP 4,1308,24 Nr. 1] (Inst. or. 3,5,63 ff.)	tris status rationales/ generales, quattuor speciales	×	×	×		×	×	×	f.g	

Zu den Namen: A–R: Anonymi.
Zu den status rationales („sonstige"): a = quantum/quantitas; b = quam multum; c = ad aliquid; d = comparativum genus/comparatio.
Zum genus legale („sonstige"): e = ratiocinativus/syllogismós; f = collectivus; g = translatio/metálempsis/metástasis/hypallaktiké; h = negotialis.
Zum Ganzen: × = zutreffend.

ZUR TEXTGESTALTUNG

Der vorliegende lateinische Text folgt im wesentlichen der kritischen Ausgabe von *W. Friedrich*, Leipzig 1891, auf deren Apparat verwiesen sei. Zum Vergleich wurden herangezogen die Textausgabe von *A. S. Wilkins*, Oxford 1903, ^{6}1964 und die zweisprachige Edition von *H. Bornecque*, Paris (Les belles Lettres) 1924. ^{2}1960, sowie die Ausgabe von *J. C. Orelli*, Zürich, Band I 1826, die auch Einblick in ältere Editionen ermöglicht.

§§	Handschriften und ältere Ausgaben	J. O. Orelli 1826	W. Friedrich 1891	A. S. Wilkins (1903) 1964	H. Bornecque (1924) 1960	Tusculum 1994
01	aveo *W*	Studeo,	Studeo,	Studeo,	Studeo,	Studeo,
	tu mihi *La.*	mihi tu	mihi tu	mihi tu	mihi tu	mihi tu
	modo *P¹pW*, si modo *cett.*	si modo	si modo	si modo	si modo *ERW*	si modo
	primum summum est *Ma.* primum et summum est *Iu.*	primum est summum,	primum est summum,	primum est summum,	primum est summum,	primum est summum,
02	his de rebus *La.*	eisdem de rebus	isdem de rebus	isdem de rebus	eisdem de rebus	iisdem de rebus
	si *om. eb*, sane *Sch.*	si placet.	si placet.	si placet.	si placet.	si placet.
03	requiris *Iu. Ma.*	requires.	requires.	requires.	requires.	requires.
		in partes	in partis	in partis	in partes	in partis
	in *am. La.*	In tres.	Tris.	Tris.	Tris.	Tris.
	et in verbis *Sch.*	et verbis.	et in verbis.	et in verbis.	et uerbis.	et in verbis.
	locanda *Pp*	collocanda.	collocanda.	collocanda.	collocanda.	conlocanda.
	tamen *La.*	autem	autem	autem	autem	autem
	inveniri *Pp*	invenire,	invenire,	invenire,	invenire,	invenire,
	commune est *La.*	est commune,	est commune,	est commune,	est commune,	est commune,
		comes est,	comes est;	comes est;	comes est;	comes est;

	earumque *E*, rerum *om.Iu.*	earumque rerum	earum rerum	earum rerum	[si] earum rerum	earum rerum
	omnium rerum *E*	omnium	omnium	omnium	omnium	omnium
	est *om. Sch.*	custos est	custos	custos	custos	custos
04	pellendos *pW*	impellendos	impellendos	impellendos	impellendos	impellendos
		partes?	partis?	partis?	partes?	partis?
	controversiam causam *Gu.*	causam	causam	causam	causam	causam
	controversiam seu c. *La.*					
05	primum est inv. or. *N.Iu.*	primum est invenire	invenire primum est	invenire primum est	inuenire primum est	invenire primum est
	inv. or.primum est *Gr.*	oratoris,	oratoris,	oratoris,	oratoris,	oratoris,
	volet *E*	volet	velit	velit	uolet	velit
	animis eorum *W*	eorum animis	eorum animis	eorum animis	eorum animis	eorum animis
		afferat.	afferat.	adferat.	adferat.	adferat.
	fit argumentis *P*	fit? C. P. Argumentis,	fit? P. Argumentis,	fit? P. Argumentis,	fit? P. Argumentis,	fit? P. Argumentis,
	fit argumentisque *p*					
		assumptis.	assumptis.	adsumptis.	adsumptis.	adsumptis.
	eos *om.La.*	Eos, in quibus	In quibus	In quibus	In quibus	In quibus
06		testimonia.	testimonia;	testimonia;	testimonia,	testimonia;
	Quid insita ... re *del.La.* Assumpta, quae sine arte putantur esse, remota appello, ut testimonia; insita, quae inhaerent in ipsa re. *Sch.susp.*	C. F. Quid insita? C. P. Quae inhaerent.	insita, quae inhaerent	insita, quae inhaerent	insita quae inhaerent	insita, quae inharent
		in ipsa re.	in ipsa re.	in ipsa re.	in ipsa re.	in ipsa re.
	est *om.R.*	divinum,	divinum est	divinum est	Diuinum est,	divinum est,
		ut oracula,	ut oracula	ut oracula	ut oracula,	ut oracula,
	ut *RE*	ut auspicia,	auspicia,	auspicia,	auspicia,	auspicia,
	ut *eb*, et *Iu.M.La.*	ut responsa	et responsa	et responsa	et responsa	et responsa
	et ex vol. et *del.La.*	et ex voluntate, et ex	ex voluntate, ex	ex voluntate, ex	ex uoluntate, ex	ex voluntate, ex

§§	Handschriften und ältere Ausgaben	J. O. Orelli 1826	W. Friedrich 1891	A. S. Wilkins (1903) 1964	H. Bornecque (1924) 1960	Tusculum 1994
07	iura *PW*, iure *R*; *om.E* [tum ... minorum] *secl.La.*	Quae infixa sunt rebus ipsis,	Quae [iura] infixa sunt rebus ipsis,	Quae [iura] infixa sunt rebus ipsis,	Quae [iura] infixa sunt rebus ipsis [tum ex toto, tum ex partibus, tum ex nota, tum ex iis rebus quae quodam modo affectae sunt ad id de quo quaeritur. Sed ad id totum de quo quaeritur tum definitio adhibeatur tum partium enumeratio, tum notatio uerbi. Ex iis autem rebus quae quodam modo affectae sunt ad id de quo quaeritur, alia coniugata appellantur, alia ex genere, alia ex similitudine, alia ex differentia, alia ex contrario, alia ex coniunctis, alia ex antecedentibus, alia ex consequentibus, alia ex repugnantibus,	Quae infixa sunt rebus ipsis,

					alia ex causis, alia ex effectis, alia ex comparatione maiorum aut parium aut minorum],	
		ut definitio,	ut definitio,	ut definitio,	ut definitio, (*Top.8.9.11*)	ut definitio,
	aut *om.E*	ut ea,	ut ea,	ut ea	ut ea	ut ea,
	ipsis *R*, ipse *z*	quae sunt ipsi	quae sunt aut ipsi	quae sunt aut ipsi	quae sunt aut ipsi	quae sunt aut ipsi
	aut contrariove *Wc*	contrariove *E*	aut contrario *PR*	aut contrario	aut contrario	aut contrario
	ut *L.*, aut *codd.*	aut ea, quae sunt	ut ea, quae sunt	ut ea quae sunt	ut ea quae sunt	ut ea, quae sunt
		quasi coniuncta	quasi coniuncta	quasi coniuncta	quasi coniuncta	quasi coniuncta
	aut quae *P*,	aut ea,	aut	aut	aut	aut
	aut ea quae *pE*	quae sunt quasi	quae sunt quasi	quae quasi	quae quasi	quae quasi
		pugnantia	pugnantia	pugnantia	pugnantia	pugnantia
	aut ut ea quae *La.*					
	sunt *RZ*, *del.Sch.*					
	aut *RE*, ut *La.*	aut causarum eventus,	ut causarum eventus,	ut causarum eventus,	ut causarum euentus,	ut causarum eventus,
	id est … de causis *secl. Bornecque*	id est, quae sunt effecta de causis;	id est, quae sunt effecta de causis;	id est, quae sunt effecta de causis;	[id est quae sunt effecta de causis],	*del.*
	in quibus … argumenti *secl. Bornecque*	in quibus inest aliquid argumenti;	in quibus inest aliquid argumenti;	in quibus inest aliquid argumenti,	[in quibus inest aliquid argumenti],	*del.*
08	ex istis locis *Gu.*	ex his locis	ex istis locis	ex istis locis	ex istis locis	ex istis locis
		reiiciamus	eiciamus,	eiciamus,	reiciamus,	eiciamus,
	et *om.p*; *gloss.?* *Or.*	et non necessaria.	et non necessaria.	et non necessaria.	et non necessaria.	et non necessaria.
	loco tu *RE*; tu *om.Gr.*	Loco tu	Tu loco	Tu loco	Tu loco	Tu loco
		planius	plenius	plenius	plenius	plenius,
		quum	cum	cum	cum	cum
09	cuius *del.Sch.*	cuius	cuius	cuius	cuius	cuius
	in *om.Pp*	in	in	in	in	in

§§	Handschriften und ältere Ausgaben	J. O. Orelli 1826	W. Friedrich 1891	A. S. Wilkins (1903) 1964	H. Bornecque (1924) 1960	Tusculum 1994
	quaestio est *PpW*	infinita quaestione,	infinita quaestione	infinita quaestione	infinita quaestione	infinita quaestione
	ordo est *Rz*, est ordo *E*	ordo est idem fere,	ordo idem fere,	ordo idem fere	ordo idem fere	ordo idem fere,
	motum *Ern.*	ad motum animorum	ad motus animorum	ad motus animorum	ad motus animorum	ad motus animorum
	aut ad metum aut ad c. *E*	aut ad metum, aut ad	aut ad c. aut ad	aut ad c. aut ad	aut ad metum aut ad	aut ad c. aut ad
		c.:	metum	metum	c.	metum
		(tot enim sunt	– tot sunt enim	– tot sunt enim	– tot sunt enim	– tot sunt enim
	motus *om.PRW*	motus genera,	[motus] genera,	[motus] genera,	genera,	genera,
		Nam est in proposito	Nam est in proposito	Nam est in proposito	Nam est in consulta-	Nam est in proposito
					tione	
	et *om.PW*	in causa et	in causa [et]	in causa [et]	in causa et	in causa
	qua *RE*	in qua	in quo	in quo	in quo	in quo
	est *RE*, *om.z*	est propositum,	inest propositum,	inest propositum,	inest propositum,	inest propositum
	in qua est utrumque					
	propositum *Sch.*					
10	si iam genere *Pp*	eam genere	eam genere	eam genere	[si] eam genere *ERW*	eam genere
	modo *om.Ern.*	est modo	modo est	modo est	modo est	modo est,
	qui delectetur *PpR*	ita, ut aut delectetur,	ita aut ut delectetur	ita aut ut delectetur	ita aut ut delectetur	ita aut ut delectetur,
	audit *om.E*		qui audit	qui audit	qui* audit,	qui audit
		aut statuat	aut ut statuat	aut ut statuat	aut ut statuat	aut ut statuat
		aliquid.	aliquid.	aliquid.	aliquid.	aliquid.
	senatus *EW*	senatus.	senator;	senator;	senatus.	senator.
	causarum genera *La.*	Sic tria sunt genera,	sic tria haec genera	sic tria haec genera	Sic tria haec genera,	Sic tria haec genera
		iudicii,	iudicii	iudici	iudicii,	iudicii,
	in laudationis *P*,	in laudationes	in laudationes	in laudationes	in laudationis	in laudationes
	-ne *p*, -em *R*	maxime	maxime	maxime	maxime	maxime
	confertur *REW*	confertur,	conferatur,	conferatur,	conferatur,	conferatur,
	iam *Stangl*, tamen *P*,	habet iam	iam habet	iam habet	iam habet	iam habet
	inde *R*, *om.EW*					

	ex se iam *E*	ex eo	ex eo	ex eo	ex eo	ex eo
11	res *om.Pp*	Quas res	Quas res	Quas res	Quas res	Quas res
	proponet *E*	proponet	proponit	proponit	proponit	proponit
	autem *del.Sch.*	in suasione [autem,] aut	in suasione aut	in suasione aut	in suasione, aut	in suasione aut
		exponis hoc loco	hoc loco exponis	hoc loco exponis	hoc loco exponis	hoc loco exponis
	controversiarum *WE*	genera controversiarum?	genera causarum? *PpR*	genera causarum?	genera controuersiarum?	genera causarum?
12	in exornatione *add.Bo.*	Nam aut	Nam aut	Nam aut	Nam in exornatione aut	Nam aut
	servabitur *Pp*	servantur	servantur	servantur	seruantur *ERW*	servantur
		adscendimus,	ascendimus	ascendimus	ascendimus,	ascendimus
	inaequali *pRWE*	inaequabili	inaequabili	inaequabili	inaequabili	inaequabili
	incredib. probab. *om.Pp*	incredibilia probab.	incredibilia probab.	incredibilia probab.	incredibilia probab.	incredibilia probab.
	probab. incred. *W*					
13	nulla sunt.Sunt W^1	nulla. Sunt enim	nulla. Sunt enim	nulla. Sunt enim	nulla. Sunt enim	nulla. Sunt enim
	est *om.P*	narrandum est. Est	narrandum [est]. Est	narrandum [est]. Est	narrandum. Est	narrandum. Est
	aut *Ern.*	aut praeteritarum	praeteritarum	praeteritarum	praeteritarum	praeteritarum
14	prosequitur *Wz*, per- *Iu.*	prosequitur,	persequitur	persequitur	prosequitur,	persequitur
	hasta *Wz; Piderit*	quasi hasta	quasi hastas	quasi hastas	quasi hastas	quasi hastas
	collocata *E; Piderit*	in manu collocata,	in manu collocat,	in manu conlocat,	in manu conlocat,	in manu conlocat,
	perorationisque *WE*	perorationisque	iis orationis	eis orationis	eis orationis	iis orationis
	orationis *P*	praeceptis,	praeceptis, *(scripsit)*	praeceptis,	praeceptis,	praeceptis,
	paululum *RWE*	paullulum	paulum	paulum	paululum	paulum
	degrediens *La.*	degrediens	digrediens	digrediens	digrediens	digrediens
	ei propositum *La.*	propositum,	propositum,	propositum,	propositum	propositum,
	ut i. eff. iratum *La.*	ut iratum eff. i.	ut iratum eff. i.	ut iratum eff. i.	ut iratum eff. i.	ut iratum eff. i.

§§	Handschriften und ältere Ausgaben	J. O. Orelli 1826	W. Friedrich 1891	A. S. Wilkins (1903) 1964	H. Bornecque (1924) 1960	Tusculum 1994
15	contraria *Pp*	contra reo?	contra reo?	contra reo?	contra reo? *ERW*	contra reo?
	sumenda principia *ez* sumenda. Principium est sumendum *W*	Sumenda principia	Principia sumenda	Principia sumenda	Principia sumenda	Principia sumenda
		benevolentiam	benivolentiam	benevolentiam	beneuolentiam	benevolentiam
	autem putandae *Pp*	aut amputandae,	aut amputandae,	aut amputandae,	aut amputandae, *ERW*	aut amputandae,
		degressionibus	digressionibus	digressionibus	digressionibus	digressionibus
		auditorum	auditoris	auditoris	auditorum	auditoris
		et quod respuunt,	eae quod respuunt	eae quod respuunt	eae quod respuunt	eae quod respuunt,
	sit *p*	immutandum est.	immutandum est.	immutandum est.	immutamdum est.	immutandum est.
16	quae in ipsius *Pp*	quae ipsius	quae ipsius	quae ipsius	quae [in] ipsius	quae ipsius
	sint *om. Iu.*	praecepta sint.	praecepta sint.	praecepta sint.	praecepta sint.	praecepta sint.
		Unum igitur	Unum	Vnum	Vnum	Unum
	Illius prima vis *Sch.*	Prima vis	Prima vis	Prima vis	Prima uis	Prima vis
		coniuncta	coniunctio	coniunctio	coniunctio	coniunctio
		collocanda	collocanda	conlocanda	conlocanda	conlocanda
	sunt *om. La.*	[sunt].	est.	est.	est.	est.
	ex iis *P*; ex his *cett.*	ex his facta	ex iis facta	ex eis facta	ex eis facta	ex iis facta
17	in nervis *Pp*	in verbis:	in verbis;	in verbis;	in uerbis,	in verbis:
	altera *Pp*	ut sint alia	ut sint alia	ut sint alia	ut sint alia	ut sint alia
	consonantiora *N.*	sonantiora,	sonantiora	sonantiora	sonantiora,	sonantiora,
	graviora *Iu.*	grandiora,	grandiora	grandiora	grandiora,	grandiora,
	leniora *Ma.*	laeviora	leviora	leviora	leuiora	leviora
	ue incredibiliter *E*	quae	quae	quae	quae	quae

	ui incredibiliter *P*	incredibiliter	incredibiliter	incredibiliter	incredibilter	incredibiliter
		mirabilius,	admirabilius	admirabilius	admirabilius	admirabilius
	oramus *Pp*	ornamus.	ornamus.	ornamus.	ornamus.	ornamus.
18	linitum *P*, linum *p*	Latinum:	Latinum,	Latinum,	Latinum,	Latinum,
19		illustre,	inlustre	inlustre	illustre,	inlustre
	fit *Wz*	fit	fiet	fiet	fiet	fiet
	aut *om.P*	dispositis, aut	dispositis, [aut]	dispositis, [aut]	dispositis aut	dispositis,
	circumscriptionem,	circumscriptione	circumscriptione	circumscriptione	circumscriptione	circumscriptione
	concisa *P*, conicam *p*	conclusa,	conclusa	conclusa	conclusa	conclusa
	inflexibile *Pp*	inflexione	inflexione	inflexione	inflexione	inflexione
	dicendi *Pp*	dicenda,	dicenda,	dicenda,	dicenda,	dicenda,
		et pondus	ac pondus	ac pondus	et pondus	ac pondus
	ac *La*.	et moribus.	ac moribus.	ac moribus.	ac moribus.	ac moribus.
20		autem oratio est,	est autem oratio,	est autem oratio,	est autem oratio,	est autem oratio,
	grandia et lecta *La.susp*.	gravitate delecta	gravitate delecta	gravitate delecta	grauitate delecta	gravitate delecta
	translata *P*, tralata *p*	et translata,	et translata	et translata	et translata	et translata
	et superlata *R*, *om.P*	et superlata,	et supralata	et supralata	et supralata,	et supralata
	atque imitatione *om.PR*	atque imitatione	atque imitatione	atque imitatione	atque imitatione	atque imitatione
	is *P*, iis *p*, his *cett*.	is enim	is enim	is enim	is enim	is enim
	maximis *Pp*[2]	maxime	maxime	maxime	maxime	maxime
	sed et ceteri *Ern.susp*.	sed ceteri	sed et ceteri	sed et ceteri	sed et ceteri	sed et ceteri
	sunt *om.P*	dicta sunt	dicta sunt	dicta sunt	dicta sunt	dicta sunt
	intelligamus *p*	intelligamus,	intellegamus,	intellegamus,	intellegamus,	intellegamus,
	vero *om.Gu.Sch*.	altero vero, ut	altero ut	altero ut	altero ut	altero ut
21	primum *om.P*	primum	primum	primum	primum	primum
		iucunditate	iocunditate	iucunditate	iucunditate	iucunditate
	lenium *ceteri praeter La*.	laevium:	levium;	levium:	leuium,	levium;
	diiunctos *Em.susp*.	disiunctos	diiunctos	diiunctos	disiunctos	diiunctos

§§	Handschriften und ältere Ausgaben	J. O. Orelli 1826	W. Friedrich 1891	A. S. Wilkins (1903) 1964	H. Bornecque (1924) 1960	Tusculum 1994
	hiantis *p*, -tes *P*	hiantes:	hiantis	hiantis	hiantis,	hiantis
	tum *Pp*, cum *ERW*, quum *N*.	tum ex contrariis	cum ex contrariis	cum ex contrariis	cum ex contrariis	cum ex contrariis
	sumptam *Sch*., verba *P*	sumpta verbis,	sumpta verbis	sumpta verbis	sumptam uerbis,	sumpta verbis
	tum ut *add.Sch*.	crebra crebris,	verba	verba	tum ut uerba	verba
	crebra crebris *vulg*.	paria paribus	paribus paria	paribus paria	paria paribus	paribus paria
	atque duplicata *del.Sch*.	atque duplicata,	ac duplicata	ac duplicata	ac duplicata	ac duplicata
	quasi relaxetur *codd.Or*.	relaxetur.	relaxetur.	relaxetur.	relaxetur.	relaxetur.
22	fit *Wz*	Fit	Fiet	Fiet	Fit	Fiet
		quum aliquid	quom aliquid	cum aliquid	cum aliquid	cum aliquid
	inusitatum *W*	aut invisum,	aut inusitatum	aut inusitatum	aut inuisum	aut inusitatum
	invisum tuum *R*, tuum *Pp*	aut inauditum,	aut inauditum	aut inauditum	aut inauditum	aut inauditum
	tu versus *z*					
	etiam *PR*, enim *Wz*	enim	etiam	etiam	etiam	etiam,
	sit *Pp*	quidquid est	quidquid est	quicquid est	quicquid est	quidquid est
	animi scit *Pp*,	animi miscet,	animis ciet, *(scripsit)*	animis ciet	animis ciet	animis ciet,
	animi ciet *Müller*					
		quaeque	quaeque	quaeque	quaeue *(scripsit)*	quaeque
		amabiles	amabilis	amabilis	amabilis	amabilis
	exprimentur *p*	exprimuntur	exprimuntur	exprimuntur	exprimuntur	exprimuntur
	significando *RWz*	significando iudicio	signando iudicio	signando iudicio	signando iudicio	signando iudicio
	indicia *N*.					
	ex animo *Wz*	ex animo	et animo	et animo	et animo	et animo
		quum aut augendi	si aut augendi *(scripsit)*	si aut augendi	si aut augendi	si aut augendi
	magis fieri *p*, f.magis *P*	fieri magis,	fieri magis	fieri magis	fieri magis	fieri magis
		Sed multa sunt	Sed sunt multa	Sed sunt multa	Sed sunt multa	Sed sunt multa

	eminus *Pp*	aut minus	aut minus	aut minus	aut minus	aut minus
	faciant *Ern.*	faciunt.	faciunt.	faciunt.	faciunt.	faciunt.
	etiam hoc z, hoc in *W*	etiam hoc loco	hoc etiam loco	hoc etiam loco	hoc etiam loco	hoc etiam loco
23	quidem *PR*, ita neque *z*	Est itaque	Est quidem	Est quidem	Est quidem	Est quidem
	ut genus *Pp*, genus id *z*	id genus	id genus	id genus	id genus	id genus
	totum situm *Wz*	totum situm in	totum in	totum in	totum in	totum in
	deducitur *p*, di- *P*	diducitur:	diducitur;	diducitur;	diducitur.	diducitur;
	contractione *N.*	ex oratione,	ex oratione	ex oratione	Ex contractione,	ex contractione,
	definitio *P*, -one *p*	aut definitio	aut definitio	aut definitio	aut definitio	aut definitio
	aut in circuitus	aut in circuitus	aut circuitus	aut circuitus	aut circuitus	aut circuitus
	dirigitur *Sch.*	diriguntur,	diriguntur	diriguntur	diriguntur	diriguntur
24	duplex *Piderit*	triplex	triplex	triplex	duplex	triplex
		potest commutatio,	commutatio potest	commutatio potest	potest commutatio,	commutatio potest
		sed ordinis tantum-	sed tantummodo	sed tantum modo	sed ordinis tantum-	sed tantummodo
		modo:	ordinis,	ordinis,	modo,	ordinis,
	tulerat *Ern.susp.*	tulerit,	tulerit,	tulerit,	tulerit,	tulerit,
	versus *p*, versum *P*, *om.z*	versus	versus	versum	uersum	versum
	convertandi *p*	convertendi	convertendi	convertendi	conuertendi	convertendi
25	aut *Pp*	ut opinor.	ut opinor.	ut opinor.	ut opinor.	ut opinor.
	ita *om.Pp*	ita:	ita:	ita:	ita;	ita:
	orationi *Pp*	oratori	oratori	oratori	oratori	oratori
	tum *Pp*	et cum	et cum	et cum	et cum	et cum
	comitatu *Pp*	commutanda	commutanda	commutanda	commutanda	commutanda
		vocum,	vocis	vocis	uocum	vocis
	ac voltus *Pp*, vultu *ERW*	vultu,	voltu,	vultu,	[ac] uoltu	habitu vultu
		eiusque vim	et eius vim	et eius vim	eiusque uim	et eius vim
	subsequetur *W*	subsequentur.	subsequentur.	subsequentur.	subsequentur.	subsequentur.

§§	Handschriften und ältere Ausgaben	J. O. Orelli 1826	W. Friedrich 1891	A. S. Wilkins (1903) 1964	H. Bornecque (1924) 1960	Tusculum 1994
26	quidnam *P*, aliquis *p*	quidnam	quidnam	quidnam	quid iam *ERW*	quidnam
	oratori *W*	de oratore	tibi de oratore	tibi de oratore	tibi de oratore	tibi de oratore
	ipsi *W*	ipso	ipso	ipso	ipso	ipso
	aliquid *p*, *om. WE*	restat?	restat aliud?	restat aliud?	restat aliud?	restat aliud?
	gemina *N.*, germana *alii*	gemina	gemina	gemina	gemina	gemina
	et *om. p*	et in dissimili	et in dissimili	et in dissimili	et in dissimili	et in dissimili
		illae notae:	ipsae notae,	ipsae notae,	illae notae, *ERW*	illae notae
27		esse eius partes:	eius partis esse,	eius partis esse,	eius partis esse,	eius partis esse,
	valent *La.*	valet.	valet –	valet –	ualet;	valet;
		initiis est	est initiis	est initiis	est initiis	est initiis
	concitandis *Pp*	concitandus.	concitandus –,	concitandus –	concitandus.	concitandus,
	et *om. PpRbz*	et tertia,	et tertia,	et tertia,	et tertia,	et tertia,
	faciunt *La.*	facit	facit	facit	facit	facit
	vel *om. Ppb*	vel plurimum	[vel] plurimum	[vel] plurimum	vel plurimum	plurimum
	illa *Pp*^{2}, haec *p*^{1}	ut illa	ut illa	ut illa	ut illa	ut haec
	sit *WE*	causa sit, haec	causa, sic haec	causa, sic haec	causa, haec	causa, sic illa
	commovendi sit *P*^{2}*p*	commovendi.	commovendi.	commovendi.	commouendi.	commovendi.
28	istas mihi *Gu.*	mihi istas partes	mihi istas partis	mihi istas partis	istas mihi partis	mihi istas partis
	e *om. PR*	e quibus	e quibus	e quibus	E quibus	e quibus
		officii,	officii	offici	officii,	officii,
	-que *om. M. L. Gr.*	contrariisque	contrariisque	contrariisque	contrariisque	contrariisque
		et cum iis,	et cum iis,	et cum eis	et cum eis,	et cum iis,
	capiant *Pp*	qui disceptant,	qui disceptant,	qui disceptant	qui disceptant,	qui disceptant,
	coniunctio *P*	coniunctionis	coniunctionis	coniunctionis	coniunctionis	coniunctionis
	aliquod *P*, aliquid *cett.*	aliquod	aliquod	aliquod	aliquod	aliquod

	offensione *Pp*	offensiove	offensiove	offensiove	offensioue	offensiove
	collocata *Ppz*;	collata	collata	conlata	collata	conlata
	concitata *Sch*.					
	vel facta vel collata *N*.					
		tollenda ea	ea tollenda	ea tollenda	ea tollenda	ea tollenda
29		et attente,	et item attente,	et item attente,	et attente,	et item attente,
	ipsis rebus *P*	a rebus ipsis	ab ipsis rebus	ab ipsis rebus	a rebus ipsis	ab ipsis rebus
		auditor discit,	discit auditor	discit auditor	discit auditor	discit auditor
	in *P*, a *ceteri*	a principio	in principio	in principio	in principio	in principio
	naturamque *om.Em*.	naturamque	naturamque	naturamque	naturamque	naturamque
	ferri *PpW*, referri *R*,	referri.	traferri. *(Stroebel)*	transferri.	referri.	transferri.
	conferri *E*					
30	agitur *PRW*, agetur *E*	agetur.	agetur.	agetur.	agetur.	agetur.
	etiam hoc *Pp*	hoc etiam	hoc etiam	hoc etiam	hoc etiam	hoc etiam
	aliquid *RWz*	dictum aliquod,	dictum aliquod	dictum aliquod	dictum aliquod,	dictum aliquod
	occasionem dederit *Sch*.	dederit occasionem	dederit occasionem	dederit occasionem	dederit occasionem	dederit occasionem
	aliquam *om.Sch*.	nobis aliquam,	nobis,	nobis,	nobis	nobis,
	sin *L*.	ut dicamus	ut dicamus	ut dicamus	ut dicamus	ut dicamus
	ad te *Pp*	apte,	apte,	apte,	apte, *ERW*	apte,
	derelinquamus *RW*,	derelinquamus:	relinquamus;	relinquamus;	relinquamus;	relinquamus;
	delinquamus *z*					
		ex his	ex iis	ex eis	ex eis	ex iis
31	conservanda *WE*	conservanda	observanda	observanda	observanda	observanda
	assumpta *N*., sumpta *Gu*.	partim assumpta	partim assumpta	partim adsumpta	partim adsumpta	partim adsumpta
	sunt assumpta *Iu*.					
	sed si *codd.dett*.	sed	sed	sed	sed	sed
	assumamus *eb*, -emus *W*	assumimus	assumimus	adsumimus	adsumimus	adsumimus

§§	Handschriften und ältere Ausgaben	J. O. Orelli 1826	W. Friedrich 1891	A. S. Wilkins (1903) 1964	H. Bornecque (1924) 1960	Tusculum 1994
32		explicandi	explanandi	explanandi	explanandi	explanandi
		brevitas: eaque	brevitas ea, quae	brevitas ea quae	breuitas ea quae	brevitas ea, quae
		de qua supra dictum	de qua supra dictum	de qua supra dictum	[de qua supra d.	de qua supra d.
		est.	est.	est.	est].	est.
	probabit *Pp*	Probabilis	Probabilis	Probabilis	Probabilis	Probabilis
	vel auctoritate *Sch.*	auctoritate,	auctoritate,	auctoritate,	auctoritate,	auctoritate,
	si antiquitatis	si antiquitas,	si antiquitas,	si antiquitas,	si antiquitas,	si antiquitas,
	memoria *(Or.(app.)*	si memoria, si	si memoria, si	si memoria, si	si memoria, si	si memoria, si
	si interpositos *PRWz*	interpositos	interpositos	interpositos	[si] interpositos	interpositos
	interposita colloquia personarum, motus *Sch.*					
	iracundiae *Pp*	iracundias	iracundias	iracundias	iracundias,	iracundias,
	transeamus *N.*	pergamus.	pergamus.	pergamus.	pergamus.	pergamus.
33	in *om. La.*	in reprehensionem	in reprehensionem	in reprehensionem	in reprensionem	in reprehensionem
	id an aut sit *V.*	id aut sit,	id aut sit	id aut sit	id aut sit	id aut sit
	sit *del. Sch.*	necne sit,	necne sit	necne sit	necne sit	necne sit
	coniectura locosque *Pp*	coniecturae locos	coniecturae locos	coniecturae locos	coniecturae locos	coniecturae locos
34	simillimis *Pp*	similibus,	similibus	similibus	similibus	similibus
		posita est tota.	posita tota est.	posita tota est.	posita tota est.	posita tota est
	notatur *Pp*, notae *R*,	Propriae autem	proprie autem	proprie autem	propriae autem	proprie autem
	notatum *eb*	notae	notatum	notatum	notae	notatum
	fit *RWE*	aliter fit,	aliter sit	aliter sit	aliter fit	aliter sit
	declarat *E*, declaratur *W*	declarat,	declaret,	declaret,	declaret,	declaret,

35	viris *Pp*	vitiis,	vitiis,	vitiis,	uitiis, *ERW*	vitiis,
	spectantur *om. V.*	in natura spectantur.	in natura spectantur;	in natura spectantur;	in natura.	in natura spectantur;
	et *om. p*	et ea, quae sunt	et ea quae sunt	et ea quae sunt	et ea, quae sunt	et ea, quae sunt
36	alia *Pp*, ista *R*, illa *EW*	illa	illa	illa	illa	illa
	montosi *La.*	montuosi:	montuosi,	montuosi,	montuosi,	montuosi,
		laeves	leves	leves	leues	leves
37		et praeterita et	praeterita	praeterita	praeterita,	praeterita,
	vetustate *p*	vetusta,	vetusta	vetusta	uetusta,	vetusta,
	temporis *EW*, -oribus *Pp* et temporis *EW*[2], -orum *R*	quae temporis	quae temporis	quae temporis	quae temporis	quae temporis
		hiems,	hiemps,	hiemps,	hiemps,	hiemps,
	aestas, ver, autumnus *R*	ver, aestas, atumnus:	ut aestas,	ut aestas,	ut aestas	ut aestas,
	ut anni *Pp*, aut anni *R*	aut anni tempora,	aut anni tempora,	aut anni tempora,	aut anni tempora,	aut anni tempora,
	et *p*, *om. P*; menses *PpR*	ut mensis,	ut mensis,	ut mensis,	ut mensis,	ut mensis,
		tempestas;	tempestas,	tempestas,	[tempestas],	tempestas,
	insunt etiam in temporibus illa, quae temporis quasi mensuram notant, ut annus, ut mensis, ut dies, ut nox, ut hora; aut anni tempora, ut hiems, ver, aestas, autumnus, quae sunt naturalia: fortuita autem sacrificia festi dies, nuptiae. *Sch.*	quae sunt naturalia; fortuita autem, sacrificia, festi dies, nuptiae.	quae sunt naturalia; fortuita autem sacrificia, festi dies, nuptiae.	quae sunt naturalia; fortuita autem sacrificia, festi dies, nuptiae.	quae sunt naturalia; fortuita autem sacrificia, festi dies, nuptiae.	quae sunt naturalia; fortuita autem sacrificia, festi dies, nuptiae.
38	factae *Pp*	facta et	facta et	facta et	facta et *ERW*	facta et
	accidit *Iu.*, cecidit *V.*	aliter cecidit,	aliter cecidit	aliter cecidit	aliter cecidit	aliter cecidit,

§§	Handschriften und ältere Ausgaben	J. O. Orelli 1826	W. Friedrich 1891	A. S. Wilkins (1903) 1964	H. Bornecque (1924) 1960	Tusculum 1994
	quam *P*, ac *cett.*	ac putatum sit:	ac putatum est;	quam putatum est;	quam putatum est,	ac putatum est;
	ac putatum ac superatum (*i.e.*speratum) sit *N.*					
	aut metus aut aliqua *RWE*	aut metus, aut aliqua	aut aliqua metus	aut aliqua metus	aut aliqua metus	aut aliqua metus
	cupiditas *eb*	cupiditatis causa	aut cupiditatis causa	aut cupiditatis causa	aut cupiditatis causa	aut cupiditatis causa
	est *WE*	Est etiam	Sit etiam	Sit etiam	Sit etiam	Sit etiam
	ponderanda *N.Gu.*	ponenda	ponenda.	ponenda.	ponenda.	ponenda.
	sunt genera *z*	sunt genera.	genera sunt;	genera sunt;	genera sunt.	genera sunt:
	materiae *RWz*	Huius igitur materiae,	Hac igitur materie	Hac igitur materie	Hac igitur materie	Hac igitur materie
	subiectae *RWz*	subiectae,	subiecta	subiecta	subiecta,	subiecta
	agitur *Pp*	agetur,	agetur,	agetur	agetur *ERW*	agetur,
39	aditus *W'eb*, auditus *PpR*	clamor editus,	clamor [auditus]	clamor [auditus]	clamor, eiulatus, *W*"	clamor, crepitus *(Fr.)*
	et eorum *R*, eorum *cett.*	tremor, et eorum	tremor [eorum],	tremor [eorum],	tremor [eorum]	tremor
	aliorum quidquid *P*	aliquid, quod	aliorum quid, quod	aliorum quid quod	aliorum quidquid	aliorum quidquid
	aliorum quid quod *p*					
	inditum *Pp*	indicatum.	indicatum.	indicatum.	indicatum.	indicatum.
40	e *om.RWE*	suo pondere,	e suo pondere,	e suo pondere,	e suo pondere,	e suo pondere,
		facit fidem	fidem facit	fidem facit	fidem facit	fidem facit
	est *WE*	etsi sit	etsi sit	etsi sit	etsi sit	etsi sit
41	quod *La.*	quid sit,	quid sit	quid sit	quid sit	quid sit,
	luceat *Pp*	eluceat.	eluceat.	eluceat.	eluceat.	eluceat.
	deflendum *Pp*	definiendum est saepe	definiendum saepe est	definiendum saepe est	definiendum est saepe	definiendum saepe est
42	et *E*; ex facto *P*	et factum	et factum	et factum	et factum	et factum
	constet *R*, constat *Gu.*	constet,	constat	constat	constat	constat

	nomine *Ppeb*	et nomen,	et nomen,	et nomen,	et nomen,	et nomen,
	defenditur aut ulc. *La*, depellitur aut ulc. *Iu*.	depellendi	depellendi	depellendi	depellendi	depellendi
	aut proprietatis *b*; *om.P*	aut pietatis,	aut pietatis	aut pietatis	aut pietatis	aut pietatis
	inscientia *La*, iustitia *RW*	inscientia,	inscitia *P*	inscitia	inscitia,	inscitia,
43	defensiones *WE*	defensionem	defensiones	defensiones	defensionem	defensiones
		in legitimis	in legitimis	legitimis	legitimis	in legitimis
	qualis *Pp*	quale	quale	quale	quale *ERW*	quale
	et controversia *P*	ex controversia,	ex controversia,	ex controversia,	[ex controuersia]	ex controversia,
	et recte *Pp*, et r. ne *RWE*	iure, et rectene	iure necne *(Stroebel)*	iure necne	iure necne	iure necne
	factum *La*.	factum sit,	actum sit	actum sit	factum sit	actum sit,
	ex ea *Pp*, colorum *pR*	ex locorum	ex locorum	ex locorum	ex locorum	ex locorum
	disceptatione *EW*	descriptione	descriptione	descriptione	descriptione	descriptione
44	de istis ergo *R*, *om.Pb*	Agesis ergo,	Agesis [ergo],	Agesis [ergo],	Agesis,	Agesis,
	orationis *om.La*.	orationis	orationis	orationis	orationis	orationis
	redarguendo p^2R	redarguenda ea,	redarguendum ea,	redarguenda ea	redarguendum ea	redarguenda ea,
	sint *Ern*.	sumpta sunt:	sumpta sunt:	sumpta sunt:	sumpta sunt,	sumpta sunt:
	dicitum *ERW*, dictum *Pp*	dici: tum	dici; tum	dici; tum	dici, tum	dici; tum
	sumpserint *Iu*.	quae sumpserit,	quae sumpserit,	quae sumpserit	quae sumpserit	quae sumpserit,
	quae velit *La*., quae velint *Iu*.	quod velit.	quod velit.	quod velit.	quod uelit.	quod velit.
	accedere *RWE*	Accidere	Accidere	Accidere	Incidere *(Piderit)*	Accidere
	ut *P*, de *p*, ad *ERW*	singula *(Schütz)*	ut singula,	ut singula,	singula;	singula,
	quibus sit *Pp*	quibus simili in	quibus in simili	quibus in simili	quibus in simili	quibus in simili
	sit *RE*	creditum non sit:	creditum non est;	creditum non est;	creditum non est;	creditum non est;
	conquirenda *Pp*	conquerenda	conquerenda	conquerenda	conquerenda *ERW*	conquerenda
45	inveniantur pR^2	inveniuntur	inveniuntur,	inveniuntur	inueniantur	inveniuntur,
	attinent *N*.	pertinent,	pertinent,	pertinent	pertinent	pertinent,
	argumentationem *secl.Ern*.	Argumentationem	Argumentationem	Argumentationem	Argumentationem	Argumentationem

§§	Handschriften und ältere Ausgaben	J. O. Orelli 1826	W. Friedrich 1891	A. S. Wilkins (1903) 1964	H. Bornecque (1924) 1960	Tusculum 1994
	quae ... est *om.eb*, sit *Gr.*	quae est	quae est	quae est	quae est	quae est
	quae ... est *secl.Ern.*	quae sumpta ex iis locis	[;quae sumpta ex locis	[;quae sumpta ex locis	[quae, sumpta ex locis	*del.*
	qui sunt *om.P*	qui sunt expositi, conficienda et distinguenda dilucide est.	iis, qui sunt expositi, conficienda et distinguenda dilucide est].	eis qui sunt expositi conficienda et distinguenda dilucide est].	eis expositis, conficienda et distinguenda dilucide est].	
	ipsum igitur est tunc *P*	istuc ipsum	ipsum istuc *N.*	ipsum istuc	ipsum istuc	ipsum istuc
	requiro *P*, desidero *cett.*	desidero.	requiro.	requiro.	desidero.	requiro.
46		duo sunt genera,	duo genera sunt,	duo sunt genera,	duo genera sunt,	duo genera sunt,
		directo spectat;	derecto spectat,	derecto spectat,	derecto spectat,	derecto spectat,
	modum *Pp*	ad motum.	ad motum.	ad motum.	ad motum, *ERW*	ad motum.
	de re igitur *PR*	Dirigitur,	Derecto igitur, *(scripsit)*	Derecto igitur,	Derecto igitur,	Derecto igitur,
	aliquis *Purgold*	aliquid,	aliquid,	aliquid	aliquid	aliquid,
	assumpsitque *Sch.*	sumpsitque	sumpsitque	sumpsitque	sumpsitque	sumpsitque
	uteretur *Iu.*, monstr. *N.*	niteretur,	niteretur,	niteretur,	niteretur,	niteretur,
	atque *om.P*, iis *Pp*	atque his	atque his	atque his	atque, his *ERW*	atque his
	se retulit *Sch.* sese *om.Gr.*	sese retulit,	sese rettulit	sese rettulit	se rettulit	sese rettulit
47	autem *Iu.*	Est etiam	Est etiam	Est etiam	Est etiam	Est etiam
	ut *om.P*, quae *p*,	ut, quum interrogamus	[ut] quom interrogamus	[ut] cum interrogamus	cum interrogamus	cum interrogamus
	ipsi *Ern.*	ipsos	ipsos	ipsos	ipsi	ipsos
	imploramus *Heusing.*	imperamus,	imperamus	imperamus	imploramus	imperamus
	ornamenta *E*, argu- *cett.*	ornamenta.	ornamenta.	ornamenta.	ornamenta.	ornamenta.

	confirmando disputabimus *Iu.Ma.* ponemus . . . non *om.eb* aptum sit *z*	disputando confirmabimus, ponemus: quoque ex his efficietur, si id apertum sit, non	disputando confirmabimus, ponemus; quodque ex iis efficietur, si id apertum, non	disputando confirmabimus ponemus; quodque ex eis efficietur, si id apertum, non	disputando confirmabimus, ponemus, quodque ex eis efficietur, si id apertum, non	disputando confirmabimus ponemus; quodque ex iis efficietur, si id apertum, non
48	iam *om.Piderit* quonam modo *P*, ecquo- *p* ex q. modo et q. loco *RW* sint *Gu.*	iamdudum ecquonam modo, ecquonam loco *z* artis indigent? quod ita sunt,	iam dudum ecquonam modo [ecquonam loco] artis indigent? quod ita sint.	iam dudum ecquonam modo [ecquonam loco] artis indigent? quod ita sint,	iamdudum ecquonam modo indigent artis? quod ita sint,	iam dudum ecquonam modo *del.* artis indigent? quod ita sint,
49	et *om.Iu.M.L.Ma.La.* si et *Pp* est exemplis *RWz*, si quis *P*; si quis quibus *RWeb*	Nam et dicendum est: et testimonia, voluntatum: utendumque est exemplis, quibus testibus	Nam et dicendum est et testimonia autem voluntatum; utendumque exemplis, si quis testibus,	Nam et dicendum est et testimonia autem voluntatum; utendumque exemplis, si quis testibus	Nam et dicendum est, [si] et testimonia autem uoluntatum; utendumque exemplis, si quis testibus	Nam et dicendum est et testimonia autem voluntatum; utendumque exemplis, si quis testibus,
	si invidia, si misericordia *(E ap.Orelli)* cum superiore *Gu.*	si misericordia superiore cum	si misericordia cum superiore	si misericordia cum superiore	si misericordia cum superiore	si misericordia cum superiore
50	mentiti *La.* verum *om.Rz*, verum inferendo *mg.R* vera inferendo *La.* dolore *Pp*	ementiti infitiando dolere. neglexerunt,	ementiti verum infitiando dolere; neglexerint,	ementiti verum infitiando dolere; neglexerint,	ementiti uerum dicendo dolere; *ERW* neglexerint,	ementiti verum dicendo *(Fr.)* dolere; neglexerint,

§§	Handschriften und ältere Ausgaben	J. O. Orelli 1826	W. Friedrich 1891	A. S. Wilkins (1903) 1964	H. Bornecque (1924) 1960	Tusculum 1994
	quis *Pp*	qui his	qui iis	qui eis	qui his *ERW*	qui iis
	aut mortis *Iu.La.*	ac mortis,	ac mortis	ac mortis	ac mortis	ac mortis
		pertulerunt:	pertulerint;	pertulerint;	pertulerint;	pertulerint;
		ementiti sunt	ementiti sint	ementiti sint	ementiti sint	ementiti sint
51	in utraque parte *N.Iu.*	in utramque partem	in utramque partem	in utramque partem	in utramque partem	in utramque partem
		sint sumenda.	sumenda sint.	sumenda sint.	sumenda sint.	sumenda sint.
52		pars restat	restat pars	restat pars	restat pars	restat pars
	facile *Pp*, facilis *N.*	Facilior	Facilior	Facilior	Facilior *ERW*	Facilior
		reprehensa	reprehensa	reprehensa	reprensa	reprehensa
53	grandia *La.*	grandia,	gravia	gravia	grauia,	gravia,
	ficta *N.*	facta,	facta	facta	facta,	facta,
	coagmentata *Ma.*	cognominata,	cognominata	cognominata	cognominata,	cognominata,
	vulgata *RWE*	vulgata,	vulgaria,	vulgaria	uulgaria,	vulgaria,
		superlata,	supralata	supralata	superlata,	supralata
	haec *P*, nec *cett.*, nec solum *Sch.*	nec in singulis	Haec in singulis	Haec in singulis	Haec in singulis	Haec in singulis
54	relativa *Pp*	relata	relata	relata	relata *ERW*	relata
	verbis *om.b*, *secl.Sch.*	verbis ad	[verbis] ad	[verbis] ad	[uerbis] ad	ad
		semper quasi	semper est quasi	semper est quasi	semper est quasi	semper est quasi
	non naturalis *Sch.*	naturalis	naturalis	naturalis	naturalis	naturalis
	explananda *Pp*	non explanata	non explanata	non explanata	explanata	non explanata
	et grandibus *La.*	grandibus	gravibus	gravibus	grauibus	gravibus
	vobis et gestus *P*	vocis, vultus, et gestus	[vocis et gestus]	[vocis et gestus]	[uocis et gestus]	*del.*

	voce, vultu et gestu *La.*	congruens,	congruens	congruens	congruens	congruens
	accommodanda *V.La.*,	accommodanda est.	accommodata est.	accommodata est.	accommodata est.	accommodata est.
	accommodata *Iu. Ma.*					
	et *om.Sch.*	Sed et	Sed et	Sed et	Sed et	Sed et
	auctione *Pp*	et in actione	et in actione	et in actione	et in actione *ERW*	et in actione
	ponderata *Pp*,	causa erit tenenda,	causa erit ponde-	causa erit ponde-	causa erit ponde-	causa erit ponde-
	tenenda *ERW*		randa.	randa	randa.	randa
	et ... agendum *om.V.N.*	et pro re agendum.	et pro re agendum.	et pro re agendum.	et pro re agendum.	et pro re agendum.
	quia haec *La.*; haec *om.Sch.*	haec, quia	haec quia	haec quia	haec quia	haec quia
	quae *Sch.*	quum graviora	cum graviora	cum graviora	cum grauiora	cum graviora
	quemque *RWz*,	quid quemque deceat,	quid quamque deceat	quid quamque deceat	quid quamque deceat	quid quamque deceat,
	quamque *La.*					
55		Rerum	Rerum autem	Rerum autem	Rerum autem	Rerum autem
	ex quibus *La.*	quibus illa,	e quibus illa,	e quibus illa	e quibus illa	e quibus illa,
	quae valere dicta sunt	quae dicta sunt	quae dicta sunt	quae dicta sunt	quae dicta sunt	quae dicta sunt
	et def. valent *W*,	maximeque definitio-	maximeque valent	maximeque valent	maximeque ualent	maximeque valent
	valent def. et *N.*	nes valent	et definitiones *(trp.)*	et definitiones	et definitiones	et definitiones
	conflictatio *P*, *N.La.*	conflictio:	conflictio	conflictio	conflictatio	conflictio
		causae et ea, quae	causae eaque, quae	causae eaque quae	causae, eaque quae	causae eaque, quae
		sunt de causis orta,	sunt orta de causis,	sunt orta de causis,	sunt orta de causis,	sunt orta de causis,
	multa *Pp*	muta	muta	muta	muta	muta
		magna habentur:	habentur magna,	habentur magna,	habentur magna,	habentur magna,
56	omnes *Pp*	homines,	homines,	homines,	homines, *ERW*	homines,
	ut *om.P*; familiarum *P*	ut familiarium:	ut familiarium;	ut familiarium;	ut familiarium; *ERW*	ut familiarium;
	etiam *La.*	Ex iis et	Ex iis et	Ex his et	Ex his et	Ex iis et
	concitantur *La.*	incitantur,	incitantur,	incitantur,	incitantur,	incitantur,
	ex miseratione *p*,	et miseratio	et miseratio	et miseratio	et miseratio *ERW*	et miseratio
	ex admiratione *P*					
	nascitur *om.P*	nascitur.	nascitur.	nascitur.	nascitur.	nascitur.

§§	Handschriften und ältere Ausgaben	J. O. Orelli 1826	W. Friedrich 1891	A. S. Wilkins (1903) 1964	H. Bornecque (1924) 1960	Tusculum 1994
	est *om.PR*, locus est *W*, autem locus est *z* admissis *p* admittendi *p*, mitendi *P*	Proprius locus est augendi, in his rebus aut amissis, aut amittendi periculo.	[Proprius locus est augendi in iis rebus aut amissis aut amittendi periculo.]	Proprius locus est augendi in his rebus aut amissis aut amittendi periculo.	Proprius locus augendi in iis rebus aut amissis aut amittendi periculo.	*del.*
57	est quod *P*, quidem *R* si qua *Sch.* devellatur *Pp* admittat *Pp* exprimitur *P* breviter *codd.*	totum quidem moveat, si bona ex fortuna divellatur, quae amittat, exprimatur breviter. arescit	totum est quod moveat, si qua ex fortuna divellatur, quae amittat exprimitur breviter. exarescit	totum est quod moveat, si qua ex fortuna divellatur, quae amittat exprimitur breviter. exarescit	totum est quod moueat, si qua ex fortuna diuellatur, *ERW* quae amittat *ERW* exprimitur breui. exarescit	totum est, quod moveat, si, qua ex fortuna divellatur, quae amittat exprimitur breviter. arescit
58	est *RWz* deliberationem *Pp*, laudationem *Cr.La.* et longi *P*; ii *R*, hi *Wz* sunt *om.P* monere *Pp*	iam est iudicii, ad delectationem ii loci tractandi sunt, tamen accusator movere	iam sit iudicii, ad delectationem ei loci tractandi sunt, tamen et accusator movere	iam sit iudici, ad delectationem ei loci tractandi sunt tamen et accusator movere	iam sit iudicii, ad delectationem *ERW* ii loci tractandi tamen accusator mouere *ERW*	iam sit iudicii, ad delectationem ii loci tractandi sunt, tamen et accusator movere
59	nominumque *z* ipsa *In.Cr.Ma.La.* sit *La.*	nonnunquam Huius ipsa tempora vim est habitura	numquam, Huius tempora vim est habitura	numquam, Huius tempora vim est habitura	nonnumquam, Huius tempora uim est habitura	numquam, Huius tempora vim est habitura

60	est *om.P*	utendum est,	utendum [est],	utendum [est],	utendum,	utendum,
	latebit *Iu.Cr.Ma.*	non lucebit,	non lucebit,	non lucebit,	non lucebit,	non lucebit,
	brevia *Pp*, brevi *Ma.*	sed brevi	sed brevi	sed brevi	sed, breui	sed brevi
61	De questione quoniam *P*,				[De questione]	
	scel. ERW,	Quoniam	Quoniam	Quoniam	Quoniam	Quoniam
	de questione oratione *p*	de oratione	de oratione	de oratione	de oratione	de oratione
	in *om. PpW*	initio	in initio	in initio	in initio	in initio
	causam controversiam *W*,	causam appello:	causam appello,	causam appello,	causam appello,	causam appello,
	controversiam causam *Al.*					
	controversiam seu c. *La.*					
	quod pr. voco *Gr.*	propositum voco.	propositum voco.	propositum voco.	propositum uoco.	propositum voco.
	est *om.P*	Sed est	Sed [est]	Sed [est]	Sed	Sed
	propositum latio *P*	propositum	propositum	propositum	propositum	propositum
	consultatio *cett.*	quasi latior pars	quasi pars	quasi pars	quasi pars	quasi pars
		causae	causae	causae	causae	causae;
	quaedam et controversia *Rz*,	quaedam	[controversiae];	[controversiae];	[controversiae];	*del.*
			(Kayser)			
	quaedam controversia *W.*					
	controversiae *P*					
	diversae coniecturae					
	referunt *Pp*	referuntur	referuntur	referuntur	referuntur *ERW*	referuntur
62	efficiendum *RWz*	ad efficiendum	ad faciendum	ad faciendum	ad faciendum	ad faciendum
	quaerenda sit *P*	colenda sit.	colenda sit.	colenda sit.	quaerenda sit.	colenda sit.
	necne ait *La.*, et *om.R*	sit, necne:	sit necne sit et	sit necne sit et	sit necne sit et	sit necne sit et
		quid sit: quale sit.	quid sit et quale sit.	quid sit et quale sit.	quid sit et quale sit.	quid sit et quale sit,
		Sit, necne: ut,	Sit necne sit, ut	Sit necne sit, ut	Sit necne sit, ut	Sit necne sit, ut
	natura ne *Wz*	ius in natura sit, an	ius in natura sit an	ius in natura sit an	ius in natura sit an	ius in natura sit an

§§	Handschriften und ältere Ausgaben	J. O. Orelli 1826	W. Friedrich 1891	A. S. Wilkins (1903) 1964	H. Bornecque (1924) 1960	Tusculum 1994
	sit, ut iuste *Sch.*,	sit, sic: sitne ius id,	sit, sic: sitne ius id,	sit, sic: sitne ius id	sit, sitne ius id	sit, sic: sitne ius id,
	sit; iuste *cett.edd.*	quod	quod	quod	quod	quod
	autem *del.Sch.*	quale autem	quale autem	quale autem	quale autem	quale autem
	sic *ERW*, sit *Pp*;	sit, sic: iuste vivere,	sit, sic: iuste vivere	sit, sic: iuste vivere	sit, sic: iuste uiuere	sit, sic: iuste vivere
	sit neve *P*, sit nece *R*,	sit, necne, utile.	sitne utile.	sitne utile.	sitne utile.	sitne utile.
	sitne *Wz*					
63	sunt *om.pW*	sunt genera:	sunt genera:	sunt genera:	sunt genera,	sunt genera:
	possit *Gu.*	possis	possis	possis	possis	possis
		aliquod commodum	aliquam commoditatem	aliquam commoditatem	aliquod commodum	aliquam commoditatem
	refertur *codd.*	refertur;	referatur,	referatur,	referatur,	referatur,
	quomodo sit	quemadmodum sit	quem ad modum sit	quem ad modum	quem ad modum sit	quemadmodum
64	in *La.*; cogitationibus *P*	ex cognitionis	ex cognitionis	ex cognitionis	ex cognitionis	ex cognitionis
	consultationibus *codd.*	consultatione,	consultatione,	consultatione,	consultatione, *ERW*	consultatione,
		ubi, sit, necne sit,	ubi sit necne sit	ubi sit necne sit	ubi sit necne sit	ubi sit necne sit
	ut *RW*, tum *Pp*	effici? ut, quum	effici, ut quom	effici, ut cum	effici, ut, quom	effici, ut cum
	cum *secl.ER*; cum quem *p*	alterum, quemad	alterum, quem ad	alterum, quem ad	alterum [cum] quem ad	alterum, quemad-
		modum quidque	modum quicque	modum quidque	modum quicque	modum quicque
		Cuius generis	Quoius generis	Cuius generis	Quoius generis	Cuius generis
65		sunt duo genera:	duo sunt [genera]:	duo sunt [genera]:	duo sint [genera],	duo sunt genera:
	si aut *p*; et *om.P*	sit, ut, pertinacia et	sit, ut pertinacia [et]	sit, ut pertinacia [et]	sit, ut pertinacia et	sit, ut pertinacia
	aequius *Pp*	alicuius,	aliquoius	alicuius	aliquoius	alicuius
		exprimenda est	est exprimenda,	est exprimenda,	est exprimenda,	est exprimenda,
	superbus *N.*	quid sit superbia.	qui sit superbus.	qui sit superbus.	quid sit superbus.	qui sit superbus.

66		De aequitate vero sic: ut,	De aequitate autem sic, ut	De aequitate autem si, ut	De aequitate autem, ut	De aequitate autem sic, ut
		in quo, quale sit, quaeritur,	in quo quale sit quaeritur,	in quo quale sit quaeritur,	[in quo quale sit quaeritur,]	in quo, quale sit, quaeritur,
	quoddam aliud *p*	aliud quoddam	aliud quoddam	aliud quoddam	aliud quoddam	aliud quoddam
67		colendi sint	sint colendi	sint colendi	colendi sint	sint colendi
	quod ad *La.*	ad sedandos	ad sedandos	ad sedandos	ad sedandos	ad sedandos
		maeroribus, ut	maeroribus, ut	maeroribus, ut	maeroribus aut	maeroribus, ut
	tollendo *RW*; deleniendo *p*[2]	tollendo,	deleniendo	deleniendo	deleniendo	deleniendo
	in amplificatione orationis	in amplificanda oratione	in amplificanda oratione	in amplificanda oratione	in amplificanda oratione	in amplificanda oratione
	et fere *R*, partitio est *P*	haec fere est partitio	haec fere [est] partitio	haec fere est partitio	haec fere partitio est	haec fere est partitio
68	ratio sit *La.*, ratio est *ERW*	ratio sit	sit ratio	sit ratio	ratio sit	sit ratio
	quidne *Pp*; tu *om. P*	Quid? tu	Quid, tu	Quid, tu	Quid? tu *ERW*	Quid, tu
	annon *Pp*, et non *ERW*, ac non *Stroebel*, eandem esse *Iu.Cr.Ma.La.*	et non eandem,	ac non eandem,	ac non eandem	ac non eandem	ac non eandem,
	propositarum causarum *codd.*	propositorum,	propositorum	propositorum	propositorum,	propositorum
	propositorum c. *La.*	causarum	causarum	causarum	causarum	causarum
69	ommino *Iu.Cr.Ma.La.*	[admodum].	Admodum.	Admodum.	Admodum.	Admodum.
	altera ... aurium *om. P*	altera delectationem sectatur aurium:	altera delectationem sectatur aurium,	altera delectationem sectatur aurium,	altera delectationem sectatur aurium,	altera delectationem sectatur aurium,
	altera ius *Pp*; ius *om. EW*	alterius, ut obtineat,	altera, ius ut optineat	altera, ius ut obtineat	alterius, ius ut obtineat,	altera, ius ut optineat,

§§	Handschriften und ältere Ausgaben	J. O. Orelli 1826	W. Friedrich 1891	A. S. Wilkins (1903) 1964	H. Bornecque (1924) 1960	Tusculum 1994
	probet et *ERW*	probet et efficiat	probet efficiat	probet efficiat	probet et efficiat	probet, efficiat,
	unde *ERW*	omnis est	unde omnis est	unde omnis est	unde omnis est	unde omnis est
	et eaque *Pp*	Itaque	Itaque	Itaque	Itaque	Itaque
	quod quoniam *Sch.*	quod quum	quod cum	quod cum	quod cum	quod cum
	tum unum *La.*	unum	unum	unum	unum	unum
	delegimus *RE*	delegimus,	deligimus,	deligimus	deligimus,	deligimus,
	suscepimus *Iu.La.*	suscipimus,	suscipimus	suscipimus	suscipimus	suscipimus
		iudicii.	iudicii.	iudici.	iudicii	iudicii.
70	meliori *PRWez*	a meliori parte,	a meliore parte	a meliore parte	a meliore parte	a meliore parte
71	enim *om.La.*	Omnia enim	Omnia enim	Omnia enim	Omnia enim	Omnia enim
	quod *om.ERW*	factis, sine	factis, quod sine	factis, quod sine	factis, quod sine	factis, quod sine
	et *Pp*, aut *ERW*	aut confirmandam	aut confirmandam	aut confirmandam	aut confirmandam	aut confirmandam
	accommodate *Reb*	accommodate.	accommodatur.	accommodatur.	accommodatur.	accommodatur.
72	oratio *PpW*; ratio *ER*	ratio	ratio	ratio	ratio	ratio
		in oratione, singulorum	ornata oratione et s.	ornata oratione et s.	ornata oratione et s.	ornata oratione et s.
	habeant *Ern.susp.*	habent	habent	habent	habent	habent
	id fit, si *V.*	id est, ut factis	– id fit, si factis	– id fit, si factis	(id fit si factis	– id fit, si factis
	tralatis *P*	translatis	translatis	translatis	tralatis	translatis
	et in *ERW*	et in ipsa	et ipsa	et ipsa	et ipsa	et ipsa
	aut geminata *Pp*, ut *ERW*	ut geminata,	ut geminata,	ut geminata,	ut geminata,	ut geminata,
	quasi quidam *N.Iu.Ma.La*	quodam quasi	quodam quasi	quodam quasi	quodam quasi	quodam quasi
	nodo *La.*	verborum modo.	verborum modo.	verborum modo.	uerborum modo	verborum modo.

73	rerum sunt *z*	rerum sunt,	rerum,	rerum,	rerum,	rerum,
	sique *eb*; quae *om.P*	sive quae	sive [quae]	sive [quae]	siue	sive
	opina *Pp*, opinata *ERW*	et nec opinata,	sive nec opinata	sive nec opinata	siue nec opinata	sive nec opinata
	et *om.R*	et oraculis:	[et] oraculis	et oraculis	et oraculis,	oraculis
		de quo agimus,	de quo agemus,	de quo agemus	de quo agemus	de quo agemus,
	cecidisse *Gu.Ern.*	accidisse	cecidisse	cecidisse	cecidisse	cecidisse
	que *Pp*, atque *ERW*	atque fatalia.	atque fatalia.	atque fatalia.	atque fatalia.	atque fatalia.
	voluntatem *p*	voluptatem.	voluptatem.	voluptatem.	uoluptatem.	voluptatem.
74		tribus in	tribus in	tribus in	in tribus	tribus in
	malaque *La.*	malave	malave	malave	malaue	malave
	externis et R^1*eb*, -ius *W*,	externis, corporis,	[externi et corporis	[externi et corporis	[externi et corporis	externi et corporis
	externins R^2	et animi;	et animi] *(del.Saup-*	et animi]	et animi],	et animi,
			pe)			
	sunt *RWz*	prima sunt	prima sint	prima sint	prinma sint	prima sint
		quae ducuntur	quae ducantur	quae ducantur	quae ducantur	quae ducantur
	laudas *Ma.La.*, laudat *Iu.*	quem laudes,	quem laudes	quem laudes	quem laudes	quem laudes,
	tacito *Ppeb*, tacite *z*,	*tracto,	tacto,	tacto,	tacto,	tacto,
	tracto *R*, accito *Piderit*					
	patiatur *Iu.M.L.*, -itur *Gr.*	si res patietur,	si res patietur,	si res patietur,	si res patietur,	si res patietur,
	in primis quod quasi *Gu.*	in quibus quidem,	in quibus,	in quibus,	in quibus,	in quibus,
	virtutum *Pp*	quae virtutem	quod quasi virtutem	quod quasi virtutem	quod quasi uirtutem	quod quasi virtutem
75		est ordo,	ordo est	ordo est	ordo est	ordo est
	quodque *Rbz*, quidque *P*	quodque	quidque	quidque	quidque	quidque
	digerenda *La.Sch.*	sunt *digerenda.	sunt dirigenda	sunt digerenda.	sunt digerenda.	sunt dirigenda.
		Sed hic	Sed hic	Sed hic	. . . Sed hic *(lac.stat.)*	Sed hic
76	virtutes *Pp*, virtus *ERW*,	virtus, aut actione.	virtus aut actione.	virtus aut actione.	uirtus aut actione.	virtus aut actione.
	actio *Pp*, actione *ERW*					

§§	Handschriften und ältere Ausgaben	J. O. Orelli 1826	W. Friedrich 1891	A. S. Wilkins (1903) 1964	H. Bornecque (1924) 1960	Tusculum 1994
	laudentur *p*	laudatur,	laudatur,	laudatur,	laudatur,	laudatur,
		est	est	est	sit	est
	quo *Pp*, cui *cett.*	cui	quoi	cui	quoi	cui
	prudentia om.*La.*	prudentia	prudentia	prudentia	prudentia	prudentia
77	autem *om.Gu.Sch.*	Temperantia autem	Temperantia autem	Temperantia autem	Temperantia autem	Temperantia autem
	in rebus commodis *om.P*	in rebus commodis	in rebus commodis	in rebus commodis	in rebus commodis	in rebus commodis
	discernitur *ERW*	discernitur:	cernitur,	cernitur,	discernitur,	cernitur,
	autem *om.P*	In rebus autem	In rebus [autem]	In rebus [autem]	In rebus	In rebus
	quae vero ea, quae	quae, quod	quae quod	quae quod	quae, quod	quae, quod
	iam adsunt *La.*	iam adest,	iam adest	iam adest	iam adsit	iam adest,
	amplectitur *La.*	complectitur,	complectitur,	complectitur,	complectitur,	complectitur,
	accipiendis *La.*	in capiendis	in capiendis	in capiendis	in capiendis	in capiendis
	est *om.eb*	quod est eius generis,	quod est eius generis	quod est eius generis	quod est eius generis	quod est eius generis.
	grave *om.z*; insedatum *R*	grave, sedatum,	[grave sedatum	[grave sedatum	[graue sedatum].	*del.*
	non turbulentum *om.R*,	non turbulentum.	non turbulentum].	non turbulentum].		
	efficitur *add.z*; *div.cont.*					
78	In commune *Iu.*	In communione	In communione	In communione	In communione	In communione
	vulgo ... bontas *del.Sch.*	[vulgo autem bonitas:]	[vulgo autem bonitas],	[vulgo autem bonitas],	[uulgo autem bonitas,]	*del.*
	animadvertendi *ERW*	animadvertendi	animi advertendi	animi advertendi	animadvertendi	animi advertendi
	in amicitia benevol. *Sch.*	amicitia in benevolentia	amicitia in benivolentia	amicitia in benevolentia	amicitia in beniuolentia	amicitia in benevolentia
	disputandi *del.Sch.*	scientiaque disputandi	scientiaque disputandi	scientiaque disputandi	scientiaque disputandi	scientiaque disputandi
	est oratoria *La.*	oratoria.	oratoria.	oratoria.	oratoria.	oratoria.

79	nihil enim est *La.*	Nihil est enim	Nihil est enim	Nihil est enim	Nihil est enim	Nihil est enim
	aliud *ERW*, apud *Pp*	aliud	aliud	aliud	aliud	aliud
		quo illa,	quo illa,	quo illa	quo illa,	quo illa,
		quae in disputando	quae in disputando,	quae in disputando,	quae in disputando,	quae in disputando,
		est,				
	est uberior est *RWeb*	uberior est atque	est uberior atque	est uberior atque	est uberior atque	est uberior atque
	est uberior exstatque lat.*z.*	latior,	latior	latior	latior	latior
	quidem fere *Iu.Ma.*	Atque hi sunt	Atque hi quidem sunt	Atque hi quidem sunt	Atque hi quidem sunt	Atque hi quidem sunt
		fere	fere	fere	fere	fere
80	perfecti *del. La.*, ficti *P*	[perfecti] animi	[ficti] animi	[ficti] animi	[ficti] animi	animi
	et ad *P*	ad virtutem	ad virtutem	ad virtutem	ad uirtutem	ad virtutem
	ut sonorum *La.*	ac sonorum,	ac sonorum,	ac sonorum,	ac sonorum,	ac sonorum,
	praecipue *om.Iu.Cr.Ma.*	[praecipue]	praecipue	praecipue	praecipue	praecipue
81	animis *codd.*	in animis extollendis,	in nimis extollendis	in nimis extollendis	in nimis extollendis	in nimis extollendis
	inanis *PpWeb*; inanius *z*	immanis,	inmanis	immanis	immanis	inmanis
	et *om.P*	et hanc oratoriam	[et] hanc oratoriam	[et] hanc oratoriam	et hanc oratoriam	hanc oratoriam
					ERW	
82	vituperandique *R*,	vituperandique	vituperandi	vituperandi	uituperandi	vituperandi
	atque vituperandi *z*					
	iis *P*	ex his	ex his	ex his	ex his	ex his
	quae *La.*	tum quod quisque	tum quae quisque	tum quae quisque	tum quae quisque	tum quae quisque
	invidendis *Pp*,	ex illisque iisdem	ex illisque	ex illisque	ex illisque	ex illisque
	inveniendi *ERW*	inveniendi	inveniendi	inveniendi	inueniendi	inveniendi
	praeterire *Pp*, -iri *ERW*	praeteriri	praeteriri	praeteriri	praeteriri	praeteriri
83	istuc *p*	Accepi ista,	Accepi ista	Accepi ista	Accepi ista	Accepi ista
	si *Pp*, sit *V.N.*	Est igitur	Est igitur	Est igitur	Est igitur	Est igitur

§§	Handschriften und ältere Ausgaben	J. O. Orelli 1826	W. Friedrich 1891	A. S. Wilkins (1903) 1964	H. Bornecque (1924) 1960	Tusculum 1994
	est *PpR*; utile sit *W*,	quamvis utile sit:	quamvis sit utile;	quamvis sit utile;	quamuis sit utile	quamvis sit utile;
	sit utile et *E*	et,	et,	et,	et,	et,
	in ... ratione *om. P*	in civili ratione,	in civili ratione	in civili ratione	in civili ratione	in civili ratione
84	proinde *La.*	perinde	perinde	perinde	perinde	perinde
	etiamsi *Gu.*	etsi aliquid	etiam si	etiam si	etiam si	etiam si
		non necessarium	non necessarium aliquid	non necessarium aliquid	non necessarium aliquid	non necassarium aliquid
	permagnum est *N.La.*	permagni interest,	permagni interest,	permagni interest	permagni interest	permagni interest,
85	ita *Pp*	Itaque quum	Ita[que] cum	Itaque cum	Itaque cum	Itaque cum
	constat *Pp*, constat *ERW*	constet	constet	constet	constet	constet
	hoc genus *RW*	hoc genus	genus hoc	genus hoc	genus hoc	genus hoc
	et *om.P*	si et utile est,	si [et] utile est	si et utile est	si et utile est	si et utile est
	si fiat *Pp*, fiat *ERW*	et fieri potest, fiat	et fieri potest, fiat;	et fieri potest, fiat;	et fieri potest, [si] fiat;	et fieri potest, fiat;
	utile non est *Sch.*	si non utile est,	sin non utile est,	si non utile est,	si utile non est,	si non utile est,
		si fieri non potest	si fieri non potest	si fieri non potest	si fieri potest	si fieri non potest
	nec *Iu.Cr.Ma.La.*	ne suscipiatur.	ne suscipiatur.	ne suscipiatur.	ne suscipiatur.	ne suscipiatur.
	infirmare *E*, infirma *Pp*, infirmat *R*, -arit *W*	informare sat est.	infirmare sat est.	infirmare sat est.	infirmare satis est.	infirmare sat est.
86	prudentia *Purgold*	pudicitia,	pudicitia	pudicitia	pudicitia,	pudicitia,
	ut liberi *om.La.*	ut liberi,	ut liberi	ut liberi	ut liberi,	ut liberi,
		partim non necessaria;	partim non necessaria	partim non necessaria	partim non necessaria,	partim non necessaria.
		quorum alia sunt per se	[;quorum alia sunt per	[quorum alia sunt per se	[quorum alia sunt per se	*del.*
		expetenda, ut ea, quae	se expetenda ut ea, quae	expetenda, ut ea quae	expetenda, ut ea quae	
		sita sunt in officiis atque	sita sunt in officiis atque	sita sunt in officiis atque	sita sunt in officiis atque	

		virtutibus: alia, quod aliquid commodi ef- ficiunt, ut opes et copiae.	virtutibus, alia, quod aliquid commodi efficiunt, ut opes et copiae]. *(secl. Sch.)*	virtutibus, alia, quod aliquid commodi efficiunt, ut opes et copiae].	uirtutibus, alia, quod aliquid commodi efficiunt, ut opes ut copiae].	
87	commoditate autem etiam aliqua expetuntur. *La.* honestate ipsa *La.* est *om. P* est dictum *R*, dictum est *Wz*	[Eorum autem, quae propter se expetun- tur, partim honesta- te ipsa, partim com- moditate aliqua ex- petuntur.] Honestate, ea, paullo ante est dictum:	Eorum autem[,quae propter se expetun- tur,] partim hones- tate ipsa partim commoditate aliqua expetuntur; honestate ea, paulo ante [est] dictum,	Eorum autem [, quae propter se expetun- tur,] partim hones- tate ipsa partim commoditate aliqua expetuntur; honestate, ea paulo ante est dictum,	Horum [autem] par- tim, [quae] propter se[expetuntur par- tim] honestate ipsa, partim commoditate aliqua expetuntur; honestate, ea paulo ante est dictum,	Horum autem partim propter se honestate ipsa, partim com- moditate aliqua ex- petuntur; honestate ea, paulo ante est dictum,
	etiam aliqua *La.* in *om. Iu. Cr. Ma.* quodammodo cum *N.*, quadam cum *P* ut *om. RW* et clientelae *p*	ipsa per se: autem aliqua, in fortunae bonis quasi quodam modo cum nobilitas, clientelae.	ipsa per sese; autem aliqua, in fortunae bonis quasi quadam cum ut nobilitas, clientelae.	ipsa per sese; autem aliqua in fortunae bonis quasi quadam cum ut nobilitas, clientelae.	ipsa per sese; autem aliqua, in fortunae bonis quasi quadam cum ut nobilitas, clientelae.	ipsa per sese; autem aliqua, in fortunae bonis quasi quadam cum ut nobilitas, clientelae.
88	quasi quaedam *edd.* subiecta suasori hon. *La.* tum *Sch.* sapientiae *p* solet *RWEb* maximeque *Pp* conentur *Pp*	quaedam quasi subiecta honestati: Nam quum sapientia, solet. maxime continentur.	quaedam quasi subiecta honestati, Nam cum sapientia solent. maxime continentur.	quaedam quasi subiecta honestati, Nam cum sapientia solent. maxime continentur.	quaedam quasi subiecta honestati, Nam cum sapientia solent. maxime *ERW* continentur. *ERW*	quaedam quasi subiecta honestati, Nam cum sapientia solent. maxime continentur.

§§	Handschriften und ältere Ausgaben	J. O. Orelli 1826	W. Friedrich 1891	A. S. Wilkins (1903) 1964	H. Bornecque (1924) 1960	Tusculum 1994
89	optima quaeque *La.*	optima	optima	optima	optima	optima
90	humanum *om. Iu.Cr.Ma.*	humanum	humanum	humanum	humanum	humanum
	atque expolitum *La.*	et politum,	et politum,	et politum,	et politum,	et politum,
	illi autem alteri *ERW*	illi autem alteri,	illis autem alteris	illis autem alteris	illis autem alteris	illis autem alteris
		saepe sane	saepe sane	saepe sane	sane* saepe	saepe sane
91	utendum est *N.*	videndum,	videndum est	videndum est	uidendum est,	videndum est,
	[Nam] *del.Sauppe*	Nam neque	Nam neque	Nam neque	Nam neque	Nam neque
	[Nam ... turpia]	honesta tam expetunt	honesta tam expetunt	honesta tam expetunt	honesta tam expetunt	honesta tam expetunt,
	secl.Stroebel	quam devitant turpia.	quam devitant turpia.	quam devitant turpia.	quam deuitant turpia.	quam devitant turpia.
	quis laudem, quis	quis gloriam, quis	quis gloriam, quis	quis gloriam, quis	quis gloriam, quis	quis gloriam, quis
	gloriam *p*	laudem,	laudem,	laudem,	laudem,	laudem,
	expetat *M.*, expetivit *P*	expetat, quam	expetivit, quam	expetivit, quam	expetiuit, quam [ut]	expetivit, quam
	quam ut *PpR*, quam *EW*					
	fugit *ERW*, fugiat *Pp*	fugiat?	fugit?	fugit?	fugit?	fugit?
	Est gravis. est *RW*,	gravis est testis,	est gravis testis	est gravis testis	est grauis testis	est gravis testis
	gravis est testis *eb*,					
	gravis est. est sane *z*					
	omnino genus hominum	genus hominum	genus hominum	genus hominum	genus hominum	genus hominum
	ad honestatem	ad honestatem natum,	ad honestatem natum	ad honestatem natum	ad honestatem natum	ad honestatem natum
	est natum,					
	sed malo cultu	malo cultu	malo cultu	malo cultu	malo cultu	malo cultu
	pravisque opinionibus	pravisque opinionibus	pravisque opinionibus	pravisque opinionibus	prauisque opinionibus	pravisque opinionibus
	corruptum *La.*	esse corruptum.	esse corruptum.	esse corruptum.	esse corruptum.	esse corruptum.

	qua vi *R*, *Iu.Ma.*, qui *W*, quae *E*, qua re *V*.	qui bona	qua re bona	qua re bona	qua re bona	quare bona
92	genera virtutum *P* tamen *om.P*, at c. tamen *La*.	virtutum genera minus honestas, contumelia tamen	virtutum genera honestas minus, contumelia tamen	virtutum genera honestas minus, contumelia tamen	genera uirtutum honestas minus, contumelia tamen	virtutum genera honestas minus, contumelia tamen
93	spectat *Iu.Ma.La.* spectet *Ern.* effici necne possit *ERW*, *div.coniecturae*	quod ad utilitatem spectat, possit effici, necne,	quid ad utilitatem spectet possit effici,	quid ad utilitatem spectet possit effici,	quid ad utilitatem spectet, possit effici,	quid ad utilitatem spectet possit effici,
	vim *ERW*, viam *Pp*; quae viam aliquam ad ad conf. aperiunt *La*.	quae vim aliquam ad conficiendum afferunt. Itaque illae	quae vim ad conficiendum aliquam afferunt. Itaque illae	quae vim ad conficiendum aliquam adferunt. Itaque illae	quae uim ad conficiendum aliquam afferunt. Itaque illae	quae vim ad conficiendum aliquam adferunt. Itaque illae
94	causa *ERW*, causam *Pp* soluta *Pp* absolvens et perficiens ipsa per se *La*.	causa alia est absoluta et perfecta per se;	causa alia est absoluta et perfecta per se,	causa alia est absoluta et perfecta per se,	causa alia est absoluta et perfecta per se,	causa alia est absoluta et perfecta per se,
	generis vis *ERW* ut etiam ... dicatur *om.PRW*	aliquid adiuvans, generis vis ut etiam illa, quae maximam vim habet, sola saepe causa dicatur.	ad aliquid adiuvans vis generis [, ut etiam ea, quae maximam vim habet, sola saepe causa dicatur].	ad aliquid adiuvans vis generis [, ut etiam ea quae maximam vim habet sola saepe causa dicatur].	ad aliquid adiuuans uis generis –	ad aliquid adiuvans vis generis *del.*
95	quo genere toto *W* et quo tempore et quo loco et quibus fac. *La*.	Quo toto genere, quo tempore aut quo loco, aut quibus facultatibus	Quo toto genere quo tempore aut quo loco aut quibus facultatibus	Quo toto genere quo tempore aut quo loco aut quibus facultatibus	Quo toto genere quo tempore qut quo loco aut quibus facultatibus	Quo toto genere quo tempore aut quo loco aut quibus facultatibus

§§	Handschriften und ältere Ausgaben	J. O. Orelli 1826	W. Friedrich 1891	A. S. Wilkins (1903) 1964	H. Bornecque (1924) 1960	Tusculum 1994
	solum *om.P*	Neque solum	Neque solum	Neque solum	Neque solum	Neque solum
	eti *om.P*	erit persuadendum,	erit persuadendum,	erit persuadendum,	erit persuadendum,	erit persuadendum,
	facilia *om.V.*	facilia,	facilia	facilia	facilia,	facilia,
96	quae *Ma.*	quo notiora	quo notiora	quo notiora	quo notiora	quo notiora
	habent *Pp*	habeant,	habeant,	habeant,	habeant,	habeant,
	aut om. *Iu.Cr.Ma.La.*	quae aut ad	quae aut ad	quae aut ad	quae aut ad	quae aut ad
	ad *om.Gr.*	ad odium	ad odium	ad odium	ad odium	ad odium
	si autem *p*	Sin autem	Sin autem	Sin autem	sin autem	Sin autem
	commovendi *Pp*	commonendi.	commonendi.	commonendi	commonendi.	commonendi.
		sunt perorationis loci.	perorationis sunt loci.	perorationis sunt loci.	perorationis sunt loci.	perorationis sunt loci
97	debebunt *Iu.Cr.Ma.La.* debent *p'eb*	debent.	debebunt.	debebunt.	debent.	debebunt.
	actor *Pp*, auctor *ERW*	auctor.	actor.	actor.	auctor.	actor.
	quamvis *Pp*	quam verbis.	quam verbis.	quam verbis.	quam uerbis.	quam verbis.
98	accommodati *P*	accommodata	accommodata	accommodata	accommodata	accommodata
	atque *Pp*	idque	idque	idque	idque	idque
	ante *Pp*, ut cum de *ERW*	ut, quum de	ut cum de	ut cum de	ut cum de	ut cum de
	disputatur *edd.vett., praeter L.Sch.*	disceptatur,	disceptatur	disceptatur	disputatur	disceptatur
	ac sine *Peb*, aut sine *ERW*	aut sine	aut sine	aut sine	aut sine	aut sine
	testimonio *Pp*	testamento,	testamento	testamento	testamento	testamento
	atque *om.ERW*	aequius,	aequius atque	aequius atque	aequius atque	aequius atque
	aequissimumve *ERW*	aequissimumve sit,	aequissimum sit	aequissimum sit	aequissimum sit	aequissimum sit,
	facultates *Pp*	facultas	facultas	facultas	facultas	facultas

99	nimium *Pp*, num iam *ERW*	num iam	num iam	num iam	num iam	num iam
	his ut *P*	hisne	hisne	hisne	hisne	hisne
	non *del.L.Ho.La.,secl. Ern.*	non sunt;	non sunt,	non sunt,	non sunt,	non sunt,
	in *om.Pp*	tamen in ipsis	tamen in ipsis	tamen in ipsis	tamen in ipsis	tamen in ipsis
	prius *Stroebel*	Plus petisti:	Plus petisti;	Plus petisti;	plus petisti;	Plus petisti;
	petistis pro petistis *Pp*	sero petisti:	sero petisti;	sero petisti;	sero petisti;	sero petisti;
	non a me petere debuisti *La.*	non a me,	non a me,	non a me,	non a me,	non a me,
100	ac publicarum *R*, publicarumque z	ac publicarum	et publicarum	et publicarum	ac publicarum	et publicarum
	actione *P*	actionibus,	actionibus,	actionibus,	actionibus,	actionibus,
	accipiendis *codd.*	accipiendis	de capiendis *(Sauppe)*	de capiendis	capiendis *W*	de capiendis
	subeundisque *ERW*	subeundisque	subeundisve	subeundisve	subeundisque	subeundisve
	actione *P*	iniquitate actionis,	iniquitate actionis,	iniquitate actionis	iniquitate actionis,	iniquitate actionis,
	dilabantur *RW*, de- *e*	delabantur,	delabuntur,	delabuntur,	delabantur,	delabuntur,
	videatur *Pp*	videantur,	videantur,	videantur,	uideantur,	videantur,
		paullulum	paulum	paulum	paulum	paulum
	formam causarum *Gu.*	in eam formam,	in eam formam causarum,	in eam formam causarum,	in eam formam	in eam formam causarum,
	in iure *P*	iure	in iure	in iure	iure	in iure
101	aliquis *RW*, aliqui *Pp*	unus aliquis	unus aliqui	unus aliquis	unus aliquis	unus aliquis
	quo de agitur *P*,	ut id, quod obiicitur,	ut id, quo de agitur,	ut id quo de agitur	ut id quo de agitur	ut id, quo de agitur,
	quod obicitur *RW*	factum neges;	factum neges	factum neges	factum neges;	factum neges
	factum neges *om.P*	aut illud,	aut,	aut,	aut,	aut,
	si factum *P*; quod f. *cett.*	quod factum fateare,	si factum fateare,	si factum fateare,	si factum fateare,	si factum fateare,
	si neges *P*	neges eam vim	neges eam vim	neges eam vim	neges eam uim	neges eam vim
	arguitur *Gu.*	arguare,	arguare,	arguare	arguare	arguare,

§§	Handschriften und ältere Ausgaben	J. O. Orelli 1826	W. Friedrich 1891	A. S. Wilkins (1903) 1964	H. Bornecque (1924) 1960	Tusculum 1994
102	aut descriptione *om. ERW*	atque descriptione, aut	[aut descriptione] atque	[aut descriptione] atque	atque	atque
	et recti *om.e*	et recti,	et recti	et recti	et recti	et recti
		aliquo statu,	aliquo certo statu	aliquo certo statu	aliquo certo statu	aliquo certo statu
	suae *om.Gu.Sch.*	suae;	suae,	suae,	suae,	suae,
	ponitur *Iu.Cr.Ma.*	ponatur	ponatur	ponatur	ponatur	ponatur
	id *om.P*	tertius, quod id	tertius, quod [id]	tertius, quod [id]	tertius quod	tertius, quod
	rectum *P*, recte factum *pRW*	recte factum	rectum	rectum	rectum	rectum
	defendat ... factum *om. P*	defendat, quod sine ulla nominis controversia	defendat,quod sine ulla nominis controversia	defendat quod sine ulla nominis controversia	defendat quod sine ulla nominis controversia	defendat, quod sine ulla nominis controversia
	fateatur *P*, fatetur *ERW*	factum fateatur.	factum esse fateatur.	factum esse fateatur.	factum esse fateatur.	factum esse fateatur.
103	ratione *Pp*	rationi	rationi	rationi	rationi	rationi
	ut *Pp*	continentia	continentia	continentia	[ut] continentia	continentia
	quam *Pp*	quamquam	quamquam	quamquam	quamquam	quamquam
	defensiones et *Pp*	defensionis rationes,	defensionis rationes	defensionis rationes	defensionis rationes	defensionis rationes
	ab *eb*, a *Iu.La.*	ab reo	a reo	a reo	a reo	a reo
	quid *Iu.Ma.La.*, quod *z*	quod defenderet,	quid defenderet	quid defenderet	quod defenderet	quid defenderet,
	si *Pp*	sine quo	sine quo	sine quo	sine quo	sine quo
	potest *RW*	non potest.	non posset.	non posset.	non potest.	non posset.
104		conflictione	conflictione	conflictione	conflictatione	conflictione
		quaestio exoritur quaedam,	quaestio quaedam exoritur,	quaestio quaedam exoritur,	quaestio quaedam exoritur,	quaestio quaedam exoritur,
	deveniat *Iu.Cr.Ma.La.*	quid veniat	quid veniat	quid veniat	quid ueniat	quid veniat

	fusa *b*, confusa *Pp*, dif-*La*.	et fusa sunt.	et fusa sunt.	et fusa sunt.	et diffusa sunt.	et fusa sunt.
	rationem aut potest *R*, rationem potest *WE*	rationem aut potest, aut debet, aut solet reddere.	potest aut debet aut solet reddere rationem.	potest aut debet aut solet reddere rationem.	rationem potest aut debet aut solet reddere.	potest aut debet aut solet reddere rationem.
		est extrema.	extrema est.	extrema est.	extrema est.	extrema est.
105		populi enim Romani	populi enim	populi enim	populi enim	populi enim
		dolor	dolor	dolor	dolor	dolor
	iustissime *R*, -mi *W*	iustus	iustus	iustus	iustus	iustus
	vim ... excitavit *om.P*, vim tum *ez*, tamen *R*	vim illam excitavit,	[vim tum illam excitavit],	[vim illam excitavit],	–	vim illam excitavit,
		aucta est potius,	aucta potius est	aucta potius est	aucta potius est	aucta potius est
	imperio *P*, imperi *p*, in *om*. *Iu.Cr.Ma*.	in imperii	in imperii	in imperi	in imperii	in imperii
	in omni *Iu.Cr.Ma*.	in nominis	in nominis	in nominis	in nominis	in nominis
	existit *b*, exstitit *ERz*	exsistit	existet	exsistet	exsistet	exsistet
	voluptate *Pp*	voluntate	voluntate	voluntate	uoluntate	voluntate
106	factum *om.P*, *del.V.Sch*.	esse [factum]	esse [factum]	esse [factum]	esse	esse
		ab Decio,	ab Decio est:	ab Decio est:	ab Decio est	ab Decio est:
	et *ERW*	et temporibus	ac temporibus	ac temporibus	et temporibus	ac temporibus
	detractisque *RE*	detractisque	detractis	detractis	detractis	detractis
	personis temporibus *P*	temporibus et personis,	personis et temporibus	personis et temporibus	personis et temporibus	personis et temporibus
	et rursum *P*, rursum *RE*	rursum	et rursum	et rursum	rursum	et rursum
		consultationis	consultationum	consultationum	consultationis	consultationum
107	catonis *Pp*	cautionis	cautionis	cautionis	cautionis	cautionis
	opponi possunt *La*.	opponuntur	opponuntur	opponuntur	opponuntur	opponuntur
	at *Rb*, ac *Pp*, an *z*	Ac ne	At ne	At ne	At ne	At ne

§§	Handschriften und ältere Ausgaben	J. O. Orelli 1826	W. Friedrich 1891	A. S. Wilkins (1903) 1964	H. Bornecque (1924) 1960	Tusculum 1994
	in eas causa *La.*	in eas causas	in eis causis *scripsit*	in eis causis	in eis causis	in iis causis
	non incurrit *La.*	incurrit,	incurrit,	incurrit	incurrit	incurrit,
			id coargui	id coargui	id argui	id coargui
	non potest scripto *ERW*	non potest scripto.	scripto non potest.	scripto non potest.	scripto non potest.	scripto non potest.
	genus scripti ipsius *La.*	genere scripti ipsius.	genere scripti ipsius.	genere scripti ipsius.	genere scripti ipsius.	genere scripti ipsius.
		de scripto	ex scripto	ex scripto	ex scripto	ex scripto
	pedi *Pp*	ex lege praedii	ex lege praedi	ex lege praedi	ex lege praedi *ERW*	ex lege praedi
	sunt *Iu.Ma.*	quae sint ruta caesa:	quae sint ruta caesa,	quae sint ruta caesa,	quae sint ruta caesa,	quae sint ruta caesa,
	facit *P*, parit *RE*, -iet *W*	parit.	facit.	facit.	parit.	facit.
108	ad *Pp*, aut *ERW*	plura	aut plura	aut plura	aut plura	aut plura
	scripti significantur *Pp*	significantur scripto,	significantur scripto	significantur scripto	significantur scripto,	significantur scripto
	quod *Pp*, quo ei *La.*	quo expediat,	quo expediat	quo expediat	quo expediat *ERW*	quo expediat
		aut velit:	ac velit;	ac velit;	ac uelit,	ac velit;
	etiamsi *Iu.La.*	aut, si	aut, si	aut, si	aut, si	aut, si
	scriptio *Pp*	ex scripti	ex scripti	ex scripti	ex scripti *ERW*	ex scripti
	verum *Pp*	utrum potius	utrum potius	utrum potius	utrum potius *ERW*	utrum potius
		sit comprobandum.	comprobandum sit.	comprobandum sit.	sit comprobandum.	comprobandum sit.
109	proposita *Pp*	propositum esse	propositum esse	propositum esse	propositum esse	propositum esse
	inveniendis *Gr.*	ex inveniendi locis	ex inveniendi locis	ex inveniendi locis	ex inueniendi locis,	ex inveniendi locis
		coniiciantur.	coiciantur.	coiciantur.	coniciantur.	coiciantur.
110		duo prima	prima duo	prima duo	duo prima	prima duo
		id, quod	id, quod	id quod	id quod	id, quod
		est effectum.	est effectum.	est effectum.	ex causis est eff.	est effectum.

111	et coniectura *V.*	coniectura	coniectura	coniectura	coniectura	coniectura
	dicitur *ERW*, -atur *Pp*	dicitur:	dicatur;	dicitur;	dicitur;	dicitur;
	quo *ERW*, quod *Pp*;	quod fit acrius, quo	quod fit acrius, quo	quod fit acrius, quo	quod eo fit acrius,	quod fit acrius, quo
	eo *add. L. Sch. Stangl*				quo	
112	spectantur *codd.*	Spectantur	Spectant	Spectant	Spectant	Spectant
	spectantur *quidam ap. La.*					
	irascens *Pp*	si ira recens,	si ira recens,	si ira recens,	si ira recens, *ERW*	si ira recens,
	si *secl. ERW*	si periculi timor,	si periculi timor,	si periculi timor,	si periculi, [si] timor,	si periculi timor,
	periculi *ERW*, -lum *Pp*	si aes alienum,	si aes alienum,	si aes alienum,	[si aes alienum,	si aes alienum,
		si angustiae	si angustiae	si angustiae	si angustiae	si angustiae
		reifamiliaris,	rei familiaris,	rei familiaris,	rei familiaris], *secl.*	rei familiaris,
	violentus *V. Sch.*	si vinolentus,	si vinolentus,	si vinolentus,	si uinolentus,	si vinolentus,
	perculum *P*	perrumpendi periculi,	perrumpendi periculi,	perrumpendi periculi	perrumpendi periculi	perrumpendi periculi
	deferendi *Pp*	differendi:	differendi;	differendi;	differendi; *ERW*	differendi;
113	voluptatis *Pp*	voluntatis	voluntatis	voluntatis	uoluntatis *ERW*	voluntatis
	facultatis *PWz*, -tas *Reb*,	facultas.	facultates. *(Stroebel)*	facultates.	facultates.	facultates.
		In voluntate autem	In voluntate autem	In voluntate autem	In uoluntate autem	In voluntate autem
	adeptione *ERW*,	utilitas ex adeptione	utilitas ex adeptione	utilitas ex adeptione	utilitas ex adeptione	utilitas ex adeptione
	appetitione *Pp*	alicuius commodi,	aliquoius commodi	alicuius commodi	alicuius commodi	alicuius commodi
	vitatione alicuius *ERW*,	vitationeque	vitationeque	vitationeque	uitationeque	vitationeque
	om. P	alicuius				
		incommodi	incommodi	incommodi	incommodi	incommodi
	quaeritur *ERW*	quaeritur, ut aut	quaeritur, ut aut	quaeritur, ut aut	quaeritur, ut aut	quaeritur, ut aut
		spes,	spes	spes	spes	spes
		aut metus impulisse	aut metus impulisse	aut metus impulisse	aut metus impulisse	aut metus impulisse
	aliquis *P*, -qui *p*, alius *ERW*	videatur, aut aliquis	videatur aut aliquis	videatur aut aliquis	uideatur aut aliquis	videatur aut aliquis
	repentinus *ERW*	repentinus animi	repentinus animi	repentinus animi	repentinus animi	repentinus animi
	reperitur *PpebRW*	motus,	motus,	motus,	motus,	motus,
		sint haec dicta	haec sint dicta	haec sint dicta	sint haec dicta	haec sint dicta
	causis *ERW*	de causis.	de causa.	de causa.	de causis.	de causa.

§§	Handschriften und ältere Ausgaben	J. O. Orelli 1826	W. Friedrich 1891	A. S. Wilkins (1903) 1964	H. Bornecque (1924) 1960	Tusculum 1994
114	si *Pp*, que z	qui sint	qui sint	qui sint	qui sint *ERW*	qui sint
		et quasi tacita sunt	et sunt quasi tacita	et sunt quasi tacita	et quasi tacita sunt	et sunt quasi tacita
	atque *p*, atqui *P*	atque hoc quidem	atque hoc quidem	atque hoc quidem	atque hoc quidem	atque hoc quidem
	non *Iu.Ma.*	modo	modo	modo	modo	modo
	interfuit *Pp*	interfuerit	interfuerit	interfuerit	interfuerit *ERW*	interfuerit
	facinus factum fuerit *La.*	facinus,	facinus,	facinus,	facinus,	facinus,
		ut scriptum,	ut scriptum	ut scriptum	aut scriptum	ut scriptum
	et *Or.*	Haec enim et talia sunt,	Haec enim talia sunt,	Haec enim talia sunt,	Haec enim talia sunt,	Haec enim talia sunt,
	in *om.Gr.*	aut in re ipsa,	aut in re ipsa	aut in re ipsa	aut in re ipsa	aut in re ipsa
115		et efficiendi	et efficiendi	et efficiendi	et efficiendi	et efficiendi
	possit *Pp*, posse R	non posset;	non posset,	non posset,	non posset,	non posset,
	aut ita ineptum, ut locum *Or.susp.*	ut ita apertus esset,	ut ita apertus esset,	ut ita apertus esset,	ut ita apertus esset	ut ita apertus esset,
116	autem illa *ERW*	autem ille	ille autem	ille autem	ille autem	ille autem
	ponuntur *Gr.*	ponentur.	ponentur.	ponentur.	ponentur.	ponentur.
117	ipsum erit *pE*, ipsum *om.W*	erit ipsum	erit ipsum	erit ipsum	ipsum erit	erit ipsum
	fecisse *Iu.Ma.La.Gr.*	effecisse,	effecisse,	effecisse,	effecisse,	effecisse,
	potuisse *ERW*	non potuisse:	non posse;	non posse;	non posse;	non posse;
	laudabuntur *La.*	laudentur:	laudentur –	laudentur –	laudentur	laudentur –
	deinde dicendum etiam *La.*	deinde etiam argumento firmo,	deine argumento etiam firmo,	deinde argumento etiam firmo,	deine argumento etiam firmo,	deinde argumento etiam firmo,
		posse non credi:	posse recte non credi.	posse recte non credi;	posse recte non credi.	posse recte non credi;
	obscuritates *Pp*	obscuri testes	obscuri testes	obscuri testes	obscuri testes	obscuri testes

	huius rei *Pp*	cuiusque	cuiusque rei	cuiusque rei	cuiusque rei	cuiusque rei
		locupletissimos	locupletissimos	locupletissimos	locupletissimos	locupletissimos
		testes,	testis,	testis,	testes,	testis,
	quod *P*, de quo *cett.*	de quo agatur,	quod agatur,	quod agatur,	quod agatur	quod agatur,
	facile *P*	facillime	facillime	facillime	facillime	facillime
	primum genus *La.*	genus primum	primum genus	primum genus	primum genus	primum genus
	quaestionum erit *Rz*	quaestionum erit:	erit quaestionum;	erit quaestionum;	erit quaestionum;	erit quaestionum;
		qui eam rem	qui rem	qui rem	qui rem	qui rem
118	Rhodiorumque *La.*	Rhodiorum,	Rhodiorum,	Rhodiorum,	Rhodiorum,	Rhodiorum,
	in dominos de servis *Gu.*	de servis in dominos	in dominos de servis	in dominos de servis	in dominos de servis	in dominos de servis
	de incestu tamen *R*	de incestu tamen	tamen de incestu	tamen de incestu	tamen de incestu	tamen de incestu
	et de *P*, et *cett.*	et coniuratione,	et de coniuratione,	et de coniuratione,	et de coniuratione,	et de coniuratione,
	est *om.PE*	disputatio est,	disputatio [est],	disputatio [est],	disputatio	disputatio,
	ut *Pp*, niti *V.N.*	uti	uti	uti	uti *ERW*	uti
	ad *om.Pp*, in firmas *P*	ad infirmandas	ad infirmandas	ad infirmandas	ad infirmandas	ad infirmandas
	minuta *Ern.sups.*	meditata	meditata	meditata	meditata	meditata
	quaestum *Pp*	quaesitum:	quaesitum	quaesitum	quaesitum, *ERW*	quaesitum
	in quaestione *Sch.susp.*	dictaque quaestionis	dictaque quaestionis	dictaque quaestionis	dictaque quaestionis	dictaque quaestionis
119	tanta *Pp*	aut non tantas,	aut non tantas	aut non tantas	aut non tantas *ERW*	aut non tantas
	aut se commodius *La.*	aut commodius	aut commodius	aut commodius	aut commodius	aut commodius
	eam *Pp*	tam impotentes	tam inpotentis	tam impotentis	tam impotentes *ERW*	tam inpotentis
	facultatem *Pp*	Facultatum	Facultatum	Facultatum	Facultatum *ERW*	Facultatum
	autem infirmatione *ERW*	autem infirmatione	infirmatione autem	infirmatione autem	infirmatione autem	infirmatione autem
	affuisse *Pp*	abfuisse	afuisse	afuisse	afuisse	afuisse
	crede *P*, credere *p*	crederet	crederet	crederet	crederet *ERW*	crederet
	sed *Pp*;	se tam	se tam	se tam	se tam	se tam
	aut certum *Pp*, apertum *V.*	ineptum,	apertum,	apertum,	apertum	apertum,
120	posse *Pp*	possent:	possent,	possent,	possent *ERW*	possent,
	consistet quin *Pp*	consistetque	consistetque	consistetque	consistetque *ERW*	consistetque

§§	Handschriften und ältere Ausgaben	J. O. Orelli 1826	W. Friedrich 1891	A. S. Wilkins (1903) 1964	H. Bornecque (1924) 1960	Tusculum 1994
	ea *om. P*	et ea,	et ea	et ea	et ea *ERW*	et ea
	si *om. W*	aut si sibi	aut sibi	aut sibi	aut sibi	aut sibi
	esse *P*, essent *cett.*	communia essent,	communia esse	communia esse	communia esse	communia esse
	et *Sauppe*	pro periculo	et pro periculo	et pro periculo	et pro periculo	et pro periculo
	propulsando periculo *Sch. susp.*					
	val | | | *Pp*	valere	valere	valere	ualere *ERW*	valere
	ex *ERW*, *om. P*	ex reprehensionis	ex reprehensionis	ex reprehensionis	ex reprehensionis	ex reprehensionis
121		insidiarum	commune	commune	commune	commune
		commune periculum,	insidiarum periculum	insidiarum periculum	insidiarum periculum	insidiarum periculum
	attendantur *Pp*	attendant.	attendant.	attendant.	attendant. *ERW*	adtendant.
	ab *W*	Ab reo	A reo	A reo	A reo	A reo
	benevolentiae *Pp*	benevolentia	benivolentia	benevolentia	beneuolentia *ERW*	benevolentia
	defensoris *codd.*	defensionibus.	defensionibus.	defensionibus.	defensionibus.	defensionibus.
	defensionis *Q*	Defensori,	Defensori	Defensori	Defensori	Defensori
	autem *Ppeb*	aut	aut	aut	aut *ERW*	aut
122	firmandis *Pp*	In confirmandis	In confirmandis	In confirmandis	In confirmandis *ERW*	In confirmandis
	incitando *Pp*	incitandi,	incitandi,	incitandi,	incitandi, *ERW*	incitandi,
	hoc *peb*, haec *cett.*	Atque haec	Atque hoc	Atque hoc	Atque hoc	Atque hoc
	idem *Pp*; utri *Pp*	quidem utrique	quidem utrique	quidem utrique	quidem utrique *ERW*	quidem utrique
		maxime in peroratione	maxime in peroratione	maxime in peroratione	maxime in peroratione	maxime in peroratione
	facienda *RWz*	facienda:	faciendum;	faciendum;	faciendum,	faciendum;
	quid valuerit *Pp*	ut quidque diluerit,	ut quidque diluerit,	ut quidque diluerit,	ut quidque diluerit, *ERW*	ut quidque diluerit,

123	est *P*	tractanda sit.	tractanda sit.	tractanda sit.	tractanda sit. *ERW*	tractanda sit.
	uterque *Pp*	Uter enim	Uter enim	Vter enim	Vter enim	Uter enim
	verbi vim,	verbi vim,	verbi vim	verbi vim	uerbi uim	verbi vim
	et ad eam *R*, et ad eam verbi *W*, et ad eam verbi eius *eb*, et ad eam eius verbi *z*	et ad eam praeceptionem,	et eandem, quam eius verbi praecep- tionem	et eandem, quam eius verbi praecep- tionem	et ad eam praeceptionem,	et eandam, quam eius verbi praecep- tionem
	quam inc. *RW*, quam inch. *E*	quam inchoatam	inchoatam	incohatam	quam inchoatam	inchoatam
124		hoc genus tractatur,	tractatur hoc genus,	tractatur hoc genus,	tractatur hoc genus,	tractatur hoc genus,
	praevaricatorem *Pp*	praevaricationem	praevaricationem	praevaricationem	praeuaricationem *ERW*	praevaricationem
	corruptelam perfectam ab reo *P*, profectam ab eo *pRW*, profectam ab reo *ez*, ... a reo *b*	corruptelam ab reo;	corruptelam ab reo,	corruptelam ab reo,	corruptelam ab reo,	corruptelam ab reo,
	primum *P*, prima *ERW*	contentio prima	contentio primum	contentio primum	contentio primum	contentio primum
	qua *E*	in qua,	in quo,	in quo,	in quo,	in quo,
	accedit *Ppeb*	accedat	accedat	accedat	accedat	accedat
	nitetur *Pp*, utetur *RW*	nititur. *E*	nitetur;	nitetur:	nititur;	nitetur;
125	probare oportere *N*.	probari oportere, eos,	probari oportere eos,	probari oportere eos	probari oportere eos	probari oportere eos,
	scripserunt *edd. praeter Ern.*	qui leges scripse- rint,	qui leges scripse- rint,	qui leges scripse- rint,	qui leges scripse- rint	qui leges scripse- rint,
	ne *om. WE*	ratum habere	ne ratum haberetur	ne ratum haberetur	ratum habere *ERW*	r. haberi ⟨voluisse⟩
	auditum iudicium *N*.	iudicium, si totum	iudicium, si totum	iudicium, si totum	iudicium, si totum	iudicium, si totum
	sit *del. Sauppe*	corruptum sit;	corruptum [sit],	corruptum [sit],	corruptum sit,	corruptum,
		si unus accusator	si unus accusator	si unus accusator	si unus accusator	si unus accusator
		corruptus sit,	corruptus sit,	corruptus sit,	corruptus sit,	corruptus sit,
	non *om. ER*, voluisse *Reid*	rescindere:	non rescindere;	non rescindere:	[non] uoluisse resc.	rescindi iussisse.

§§	Handschriften und ältere Ausgaben	J. O. Orelli 1826	W. Friedrich 1891	A. S. Wilkins (1903) 1964	H. Bornecque (1924) 1960	Tusculum 1994
	nititur igitur *Piderit*, nititur *z*, utitur *Pp*	† nititur	nititur	nititur	nititur	Nititur
		aequitate:	aequitate	aequitate	aequitate, *ERW*	aequitate (et)
	aequasi *P*, et quasi *p*	ut illa quasi	utilitate quasi	utilitate quasi	utilitate, [et] quasi	utilitate, quasi
	sit & essent *R*, sit esset *W*, sic esset *z*, esset *eb*	scribenda lex sic esset,	scribenda lex sit,	scribenda lex sit,	scribenda lex sic sit,	scribenda lex sibi sit;
	quaque *Pp*, quoque *R*	quaeque	quaeque	quaeque	quaeque	quaeque
	tum *P*, tamen *pWeb*, vim *z*	tamen	tum	tum	tum	tum
	complecterentur *RW*	complecteretur	complecteretur	complecteretur	complecteretur	complecteretur lex
	in *om. Sauppe*	in iudiciis corruptis,	iudiciis corruptis,	in iudiciis corruptis,	in iudiciis corruptis,	iudiciis corruptis,
		ea verbo uno	ea verbo uno	ea verbo uno	ea uerbo uno	ea verbo uno
		praevaricationis	praevaricationis	praevaricationis	praeuaricationis	praevaricationis
		comprehendisse	comprehendisse	comprehendisse	comprendisse	comprehendisse
	dicitur *ERW*	dicitur:	dicit;	dicit;	dicitur.	dicit;

diversae coniecturae:

Norimbergensis (N.)	ratum habere auditum iudicium si totum corruptum sit, si unus accusator corruptus sit, rescindere nititur aequitate
Orelli (in textu)	ratum habere iudicium, si totum corruptum sit; si unus accusator corruptus sit, rescindere: † nititur aequitate
Orelli (in adnot.)	rescindere: nititur aequitate,
Lambinus (in textu)	rescindere: nititur aequitate.
Reid	iudicium, si unus accusator corruptus sit, non voluisse rescindere
Sumer	si totum corruptum sit, non rescindere, rescindere si unus accusator corruptus sit

Norimbergensis (N.)	Utilitate quasi scribenda lex esset:
Orelli (in textu)	ut illa quasi scribenda lex sic esset,
Orelli (in adnot.)	utilitate: quasi scribenda lex sic esset: QVI IVDICIA CORRUPERIT;

Lambinus (in textu)	et utilitate: quasi scribenda lex sic esset: QVI IVDICIA CORRVPERIT;
Norimbergensis (N.)	qq. vim, complecterentur in iudiciis corruptis ea verbo uno praevaricationis comprehendisse dicitur.
Orelli (in textu)	quaeque tamen complecterentur in iudiciis corruptis, ea verbo uno praevaricationis comprehendisse dicitur:
Orelli (in adnot.)	quamque vim (dýnamin) complecterentur (sc.Latini) in IVDICIIS CORRVPTIS, eam uno verbo PRAEVARICATIONIS comprehendisse (sc. legem) dicit.
Lambinus (in textu)	quaecunque tamen complecteretur iudiciis corruptis, ea verbo uno praevaricationis comprehendisse dicit.
Lambinus (in adnot.)	complecteretur iudicii corrupti nomine.

126	testabitur *Ern.*	testatur	testatur	testatur	testatur	testatur
	reperiet *Iu.La.Ern.*	repetit,	repetit	repetit	repetit	repetit
	converso *Pp*, ex vero *ERW*	quasi ex vero	quasi converso	quasi converso	quasi ex vero	quasi ex vero
	et ex *eb*	ex consequentibus,	et ex consequentibus	et ex consequentibus,	et ex consequentibus,	et ex consequentibus,
		ea littera	ea littera	ea littera	ea littera	P littera
	solet *Ern.*	soleat	soleat	soleat	soleat	soleat
	iudicii *Pp*	dari iudici;	dari iudici,	dari iudici,	dari iudici	dari iudici,
	et ex *PRW*, ex *eb*, et z	ex nomine	et ex nomine	et ex nomine	et ex nomine	et ex nomine
	vare *Gesner*	varie	varie	vare	uare	varie
		esse positus	positus esse	positus esse	positus esse	positus esse
	ad *ERW*, de *Pp*	ad rerum iudicatarum	ad rerum iudicatarum	ad rerum iudicatarum	ad rerum iudicatarum	ad rerum iudicatarum
	auctoritatem *ERW*, -ate *Pp*	auctoritatem,	auctoritatem,	auctoritatem,	auctoritatem,	auctoritatem,
	affinem aliquam *Sch.*	ad finem aliquem	ad finem aliquem	ad finem aliquem	ad finem aliquem	ad finem aliquem
	accomodate ad *Sch.*	ad communem sensum	ad communem sensum	ad communem sensum	ad communem sensum	ad communem sensum
	item *Iu.M.*	ita	ita	ita	ita	ita
	defensionem *Pp*	definitionem	definitionem	definitionem	definitionem *ERW*	definitionem
127	accusator *Pp*	accusatori	accusatori	accusatori	accusatori *ERW*	accusatori
	sit in hoc genere *La.*	in hoc genere	sit in hoc genere	sit in hoc genere	in hoc genere	sit in hoc genere
	de ea *ERW*, et ea *cett.*	defensor autem et ea,	defensor autem ad ea,	defensor autem et ea	defensor autem ad ea	defensor autem ad ea,
	quam *RWz*; proposuit z	quam proposui,	quae proposuit,	quam proposui	quae proposui	quam proposui,
	frequentioribus *Pp*	frequentius.	frequentius.	frequentius.	frequentius. *ERW*	frequentius.

§§	Handschriften und ältere Ausgaben	J. O. Orelli 1826	W. Friedrich 1891	A. S. Wilkins (1903) 1964	H. Bornecque (1924) 1960	Tusculum 1994
128	dici solent *ERW*	dici solent,	dicere volent	dicere volent	dicere uolent,	dicere volent
	ea *Peb*, esse *RW*, eum *z*	haec vel	ea vel	ea vel	ea uel	ea vel
		vel omnino ad	vel ad omni modo	vel ad omni modo	uel ad omni modo	vel ad omni modo
		ex iis	ex his	ex eis	ex his	ex his
129	reprehendantur *Ern.*	reprehenduntur:	reprenduntur;	reprehenduntur;	reprehendantur;	reprehenduntur;
		in duas partes primas,	in duas primas partis,	in duas primas partis,	in duas primas partis,	in duas primas partis,
	om.p. ||||| *P*	legem:	legem,	legem,	legem, *ERW*	legem,
130	derecta *P*, directi *WE*, directi et *R*, directe *Ern.susp.*, directa *Gu.Sch.*	directo (*scripsit*) et veri,	derecta veri	derecta veri	derecta ueri	derecta veri
	punitio *ERW*, eo initio *Pp* piratio *N.*, ultio *In.La.*	punitio	poenitio	poenitio	poenitio	poenitio
	naturae *Pp*², naturai *p*¹ scriptum *Pp*	naturali iure praescriptum est.	naturali iure praescriptum est.	naturali iure praescriptum est.	naturali iure praescriptum est. *ERW*	naturali iure praescriptum est.
131		aperti sunt fontes quasi	sunt aperti quasi fontes	sunt aperti quasi fontes	sunt aperti quasi fontes	sunt aperti quasi fontes
	pulsanda *Pp*	propulsanda	propulsanda	propulsanda	propulsanda *ERW*	propulsanda
	imprudentes *Pp*	imprudenter,	imprudenter	imprudenter	imprudenter	imprudenter
	voluptate *Pp*	voluntate	voluntate	voluntate	uoluntate *ERW*	voluntate
132	quidem *PW*	equidem,	equidem	equidem	equidem	equidem,
	versetur *PpWE*	versatur	versatur	versatur	uersatur	versatur
	eam *La.*	hanc significationem,	eam significationem,	eam significationem	eam significationem	eam significationem,
	nitetur *R*, utetur *Web*, uteretur *Pp*, uter *z*	nitetur	nitetur	nitetur	nitetur	nitetur

	defendit *PpWez*	defendet:	defendet;	defendet;	defendit;	defendet;
	quam a *Pp*, cum *cett.*; a *L.*	cum ceteris	a ceteris	cum ceteris	cum ceteris *ERW*	a ceteris
	poterit *ERW*	poterit,	potuerit,	potuerit,	poterit	potuerit,
	quoque *p*	quamque defendet	quamque defendet	quamque defendet	quamque defendet	quamque defendet
	si daretur *vel*	si integrum daretur,	si integrum daretur,	si integrum daretur,	si integrum daretur,	si integrum daretur,
	si integrum esset *La.susp.*					
	scriptorem *Pp*	scripturum	scripturum	scripturum	scripturum *ERW*	scripturum
133	significare *P*	significari	significari	significari	significari *ERW*	significari
	decet *Pp*, dicit *EW*	dicet,	dicet,	dicet	dicet,	dicet,
	probarit *R*, probabit *EW*	si probarit,	si probarint,	si probarint,	si probarint,	si probarint,
		fore, ut	fore uti	fore uti	fore uti	fore, uti
		multa vitia,	multa vitiosa	multa vitiosa	multa uitiosa,	multa vitiosa,
	consequentur *Pp*	consequantur.	consequantur.	consequantur.	consequantur. *ERW*	consequantur.
		scriptor sensisse	sensisse scriptor	sensisse scriptor	sensisse scriptor	sensisse scriptor
		[et] aliud scripsisse:	et aliud scripsisse,	et aliud scripsisse,	et aliud scripsisse,	et aliud scripsisse,
	novare *Pp*	renovare,	renovare	renovare	renouare *ERW*	renovare,
134	computet *Pp*	confutet	confutet	confutet	confutet *ERW*	confutet
	aliud voluisse	aliud voluisse,	aliud voluisse	aliud voluisse	aliud uoluisse	aliud voluisse,
	et sensisse *La.Piderit*	aliud sensisse	aliud sensisse	aliud sensisse	ac sensisse	aliud sensisse
	aliud sensisse *del.Sch.*					
	cum *PR*, tñ *W*, enim *z*	Cur, quum	Cur cum	Cur, cum	Cur cum	Cur, cum
	quae *om.P*	ea, quae	ea quae	ea quae	ea quae *ERW*	ea, quae
	neglexit *Gr.*	neglexerit,	neglexerit,	neglexerit,	neglexerit,	neglexerit,
	nunquam *Iu.La.Gr.*	nusquam	nusquam	nusquam	nusquam	nusquam
	dicat *Ern.susp.*	ita dicit se	ita se dicit	ita se dicet	ita se dicit	ita se dicit
	dicit se *ERW*	secutum?	secutum?	secutum?	secutum?	secutum?
135	excipiundum *p*	excipiendum	excipiundum	excipiendum	excipiendum	excipiundum
	temperandi *La.*	obtemperandi,	optemperandi	obtemperandi	obtemperandi,	obtemperandi,
	rerum publicarum *R*	rerum publicarum	publicarum rerum	publicarum rerum	rerum publicarum	publicarum rerum

§§	Handschriften und ältere Ausgaben	J. O. Orelli 1826	W. Friedrich 1891	A. S. Wilkins (1903) 1964	H. Bornecque (1924) 1960	Tusculum 1994
136	defendit *PpR*	defendet, in	defendet, in	defendet in	defendet in	defendet, in
	defendit *Pp*	esse defendet:	esse defendet	esse defendet	esse defendet, *ERW*	esse defendet,
	quoque *Pp*	quodque	quodque	quodque	quodque *ERW*	quodque
	intelligi *Pp*	in lege,	in lege	in lege	in lege *ERW*	in lege,
	laudabis *Pp*	laudabit,	laudabit,	laudabit,	laudabit, *ERW*	laudabit,
	legis iudex *Pp*, legis *om.b*	iudex legis	iudex legis	iudex legis	iudex* legis *ERW*	iudex legis
	propendetur *P*, per- *p*, perturbaretur *Gr.*	perturbetur,	perturbetur,	perturbetur,	perturbetur, *ERW*	perturbetur,
137	retrahatur *ERW*, *In.Ma.*	retrahetur	trahatur	trahatur	trahatur	trahatur
	si inter *p*	sic inter se sunt	sic inter se sunt	sic inter se sunt	sic inter se sunt	sic inter se sunt
	quae *Pp*; proximi *Pp*	quaeque proxime	quaeque proxime	quaeque proxime	quaeque proxime *ERW*	quaeque proxime
138	quibus in locis *p*	quibus locis	quibus locis	quibus locis	quibus locis	quibus locis
	iam *p*	eam significationem,	eam significationem	eam significationem	eam significationem	eam significationem,
	mo ||||||| scripta *P*, moderate scripta *p*	modo de scripto	modo de scripto	modo de scripto	modo de scripto *ERW*	modo de scripto
	praecepta *ERW*	praecepta sunt,	praecepimus,	praecepimus	praecepimus,	praecepimus,
139		sunt tibi omnes	tibi omnes sunt	tibi omnes sunt	tibi omnis sunt	tibi omnes sunt
	floruerunt *N.In.Ma.*, fluxerunt *La.*	*effloruerunt:	effloruerunt,	effloruerunt,	effloruerunt,	effloruerunt,
	definiri *Pp*	definire,	definire	definire	definire	definire
	ambigui *E*, argui *Pp*, arguere *R*	ambigui	ambigui	ambigui	ambigui	ambigui
	partes *Sch.*	partitiones	partitiones	partitiones	partitiones	partitiones

includere *Pp*	concludere,	concludere	concludere	concludere *ERW*	concludere
sit *Pp*	sint,	sint	sint	sint *ERW*	sint
quoque *P*	quidque ex iis, quae	quidque ex his, quae	quidque ex eis quae	quidque ex his quae	quidque ex his, quae
sciant *Pp*	sumpta sunt,	sumpta sunt,	sumpta sunt	sumpta sunt *ERW*	sumpta sunt,
et *om.Gr.Ern.*	et aut male sumpta,	et aut male sumpta	et aut male sumpta	et aut male sumpta	et aut male sumpta
et dialectici *Pp*	ut dialectici	ut dialectici	ut dialectici	ut dialectici *ERW*	ut dialectici
ex te *Pp*	late	late	late	late *ERW*	late
expromere *Gu.Sch.*	exprimere:	expromere,	expromere,	expromere,	expromere,
exercitatione *Pp*	exercitationis	exercitationis	exercitationis	exercitationis *ERW*	exercitationis
artis *secl.Ern.*	[artis] est.	artis est.	artis est.	artis est.	artis est.
his *P*, nobis *cett.*	si nobis eisdem	si his isdem	si nobis eisdem	si his eisdem	si his iisdem

NAMENREGISTER

WORTREGISTER

Aufgenommen sind nur Wörter, die sich auf die Rede als sprachliches Kunstwerk oder auf juristische Sachverhalte beziehen.

Einen vollständigen Index bietet F. Guagnano, Index omnium verborum, quae sunt in M. Tulli Ciceronis partitionibus oratoriis. Messina 1920.

absolvere: reus pecunia absolutus 124; absoluta causa 94

accommodare: accommodo ad finem quaestionis 9; ad finem accommodem 11. – accommodatur ad animi motus 71; ad fidem faciendam 71; accommodabuntur ad ea 82. – accommodanda oratio ad opinionem 90. – accommodatus: quae iudiciis accommodata sint 98; accommodatior ad augendum 54; ad motus animorum vulgique sensus.

accusatio stare non potest 103. – accusationis fere membra 118. – sine accusatione 110

accusator unus corruptus 125. – debet movere 58; definiet 124; nitetur sententia legis 124; persequitur rerum ordinem 110. – accusatoris conlocatio 14; corruptela 124; insidiae 121; narratio 121. – accusatori dantur communia praecepta 123; incitandi sunt motus animorum 122; sit locus communis 127; tractandi sunt loci 58; enumeratio saepius necessaria 59. – accusatorem appello pro omni actore et petitore 110. – accusatore quasi vero 126. – cum accusatore communia reo 120; de accusatore soleat dari iudici 126; de accusatore verissimo disceptatur 98

actio omnis eloquendi 3; tribuni 105. – apta est ad animos permovendos 54; congruens est verbis 54; genus est alterum cognitionis 62. – commutanda est 25. – facit dilucidam orationem 25; sitne illi 99; sequitur 25. – actionis genera restant 67; genera sunt duo 63; iniquitatem excipere 100. – actione cernitur virtus 76. – ab ipsa actione

non abhorrentia verba 20; in actione causa erit ponderanda 54. – de actionibus constituendis 100
actor venit non supplex 97. – pro omni actore 110
adversarius: adversarii disceptatores 28. – adversarius criminatur 101; dicit 134; sumpsit in argumentatione 44. – adversarii vox 135. – adversario instare 133. – ab adversario dictum 30; opponendum est 103; quod ponatur. – cum adversario conflictio 102. – adversarii duo 132. – adversariorum prima contentio 104. – in adversarios conferre 28
aequitas est finis eius generis 98; perturbatur 136. – aequitatis est unum 129; ad locos confugere 126; ex locis facultas petitur 98; ex locis plerisque sumetur 131; quasi fontes sunt aperti 131; sententiis deprecandum 137; vis 130. – aequitate nitatur 125; nititur 127; opponenda 102. – de aequitate comparanda 100; dicendum est 66; sic dicendum est 88. – in aequitate 104; consistit 100
aequus: aequa res et grata 105. – aequum: et bonum 100. – aequi et boni ratione 130; aequi et veri et recti et humani tertius status 102; sitne aequum 66. – quid aequum 66; quid aequius 66.98; quid aequissimum 66.98. – de rebus aequis iniquis 140
agere: illi qui agit 99; quod agit ut efficiat 69. – apud quos agas 59. – de quo agemus 73. – quod egit turbulentius 105. – qui per vim egerit 105. – id de quo agitur 65.101; rerum de quibus agitur causae 7. – id quod agatur 117; quid agatur intellegit 29. – id quod agetur 38; apud quos res agetur 30. – iure necne actum sit 43. – pro re agendum 54; tempore agendi 100; in agendo cernuntur virtutes 78; eius est munus in agendo 76
ambigere: quale sit ambigitur 100. – neque de facti appellatione ambigi potest 101; neque de facto ambigi potest 101
ambigue dicta sunt 51. – si ambigue scriptum non sit 108. – ex ambigue scripto 132
ambiguitas: propter ambiguitatem verbi aut verborum 108. – ambiguitate verborum 19
ambiguus: ambigui partitiones dividere 138; praecepta com-

prudentiam 29; auditoris aures quod respuunt 15. – auditorum genere distingui 10

augere: augent relata verba 54. – augentur ea quae certa sunt 71; augentur quae pro certis posita sunt 71. – aucta est maiestas 105. – augendi causa 22; genere utamur 58; praecepta repetentur 71; proprius locus in perorando 52. – ad augendam gloriam eius quem laudes 74; ad augendum accommodatior oratio 54; habeat copiam exemplorum 96; sequitur locus ille 116; multa suppetunt 56; in augenda communi hominum utilitate 92

auscultator 10

benevolentia iudicum colligetur 121. – initia benevolentiae conciliandae comparantur 28. – ad benevolentiam conciliandam 15

brevis: breve (unum ex quinque luminibus) 19. – in brevem disputationem concludetur 75. – principia brevia esse debebunt 9. – brevi attingens 60

brevissime 131

brevitas conficitur 19; ea quae in narratione laudatur 32. – in brevitate dissolutio non lucebit 60

breviter exponam 70; ponemus 47. – breviter dicentem 97. – breviter exprimitur 57. – breviter aperti sunt fontes 131. – quo breviter laudato 74; breviter expositis firmamentis 59

casus (gramm.t.t.): ne casibus perturbetur oratio 18. – casus (Zufall u. ä.): quae ad casum pertineat 137. – casu 38.42; casu si fecerit 131. – in casu est 38. – casus erunt narrandi 121

causa adiuvans 94; et eventus 110; socia 94. – causa nisi plane erit absurda 127; erit ponderanda 54; esse non potest 103; conficiens causa est absoluta et perfecta per se 94; alia causa optemperandi dicetur 135; verba graviora quam causa fert 54; vim est habitura causa maiorem 59; si incidet imprudentiae causa 137; si causa patitur 55; aliqua cupiditatis causa permovit 38; si cuiusque facti causa ponetur 32; quid causa postulet 22. – causae genus naturamque si complectare 29; eadem ad hoc genus causae

tertium transferantur 137; propositum (est) quasi pars causae 61. – causam adiuvabunt 117; causam appello 61; appello rationem efficiendi 110; si plane causam explicarit redarguendo 122; quam causam nomino 4. – aliqua coniunctionis causa significanda 28. – a causa cum degredientur 128; de causa dicere 8; quid habes de causa dicere 9; cum de causa dixero 9; quaque in causa 58; est in causa fides et motus 9. – causae earum rerum de quibus agitur 7; quae vim adferunt 93; quae ipsae conficiunt 93; causae rerum explicantur 64; causae rerum reperientur ex 82; cum in reo causae voluntatis reperiuntur 113; causae rerum requirentur ex 82; sunt etiam aliae causae 94; quorum causae obscurae sunt 56; maxime valent causae 55; aliae causae quae conficientes vocantur 94. – causarum continentia vocantur 103; causarum eventus 7; forma duplex 69; causarum genera exponis 11; tria genera exstiterunt 70; mihi restant 68; sunt plura 93; genus reliquum causarum 69; hoc genus causarum constat ex 85; est positum in 100; ad hoc causarum genus 131; in hoc genere causarum locus ille communis 127; infirmatio causarum 119; partitio causarum 110; causarum nobis genera et praecepta restant 68; harum causarum principia 121; quae sunt certarum causarum propria 109. – causas continent 103. – causis ipsis niti oportebit 115. – de causis quae sunt orta 55. – ex causis iis quae 93; ex causis effici 114. – in causis possunt haec eadem versari 110; in causis contrariis 126; in his causis 104; in his causis ratio refertur ad 72; in iis causis 106.107; in illis causis quae 58; in quibus causis quaeritur quid 98; in omnibus causis tres sunt gradus 101

circuitus diriguntur 23

circumscribere: quae circumscripta sit 21; ut circumscripta numerose 72

circumscriptio: circumscriptione conclusa 19

cognitio: cognitionis alterum (genus propositi) 62; ex cognitionis consultatione 64; (cognitionis) finis scientia 62; ea cognitionis sunt omnia 66. – in cognitione virtutum vitiorumque 69

comparatio: ex comparatione 66.98

concludere argumentationem ipsam 139. – concludit acriter 14. – in angustam quandam (disputationem) concludet 75. – conclusit 46. – male conclusa reprehendere 139; circumscriptione conclusa 19

confirmare nostra volumus 33. – quae vult ea confirmat 46; confirmat tabulis decretis testimoniis 14. – non omnia disputationibus confirmabimus 47. – suam definitionem sententiamque confirmet 126. – cum aliquid confirmatum est aut reprehensum 27. – confirmata re aliqua 52; his confirmatis 46. – confirmandum erit genus quaestionum 117. – ad fidem confirmandam 71; in confirmandis nostris argumentationibus 122

confirmatio orationis pars 4; fidem facit orationi 27. – quae in confirmationem et in reprehensionem dividuntur 33; quoniam in confirmationem et reprehensionem diviseras orationis fidem 44. – hac confirmatione usus 134

confiteri: qui in isto genere confiteantur 129; qui de re confiteatur 127

coniectura utilitatis movetur 111; valet 33; quemadmodum coniectura tractanda sit 123. – coniecturae locos quaero 33. – in coniecturam venit 33. – quae coniectura continentur 107; coniectura quadam tractandus est 102; coniectura ponderanda 118. – in coniectura 110; ea in coniectura nulla est 104; ut in coniectura 104. – ex singulis coniectura capienda 38; ad coniecturam faciendam loci 51

conlocare ad inveniendum refertur 3; cum inveneris conlocare 9. – conlocat imagines ut litteras 26; in manu quasi hastas argumenta 14. – coniunctio conlocanda est 16; res et verba sunt conlocanda 3. – conlocandi ordines varii sunt 12; conlocandi ordinem semper tenere 15; conlocandi quae est ratio 68; ut conlocandi rationem ad finem accommodem 11

conlocatio in iudiciis quae est 14; quorum conlocatio triplex est 75. – omnem conlocationem ad finem accommodo 9

consequens: consequentia signa quaedam 114. – consequentia requirentur 82. – consequentium enumeratio 41; fre-

quentatio 55. – consequentia diluet 120. – consequentibus utetur 127. – ex consequentibus repetit 126. – quod non est consequens 18

constituere: quae rem paene ad oculos constituat 20. – cum est constituta disceptatio 109; animi habitus sic constituti 79. – fundamentum constituendae fidei 31. – de ipso iudicio constituendo 99; de constituendis actionibus 100

consultatio: (infinita quaestio) quam consultationem appello 4. – ad consultationum formam revocantur 106. – ex cognitionis consultatione 64. – consultationum partitio haec fere 67

contentio prima adversariorum 104; rationum et firmamentorum adducit in 104; unde omnis est suscepta 69; haec contentio primum verborum 124. – quae contentionem primam habent 104. – in contentione scripti sententiaeque 108. – ex contentione scripti exsistit 108. – si ex contentione procliviora erunt nostra 95. – contentio de constituendo iudicio ipso 99; earum rerum contentio deliberationes efficit 89. – contentiones rerum 7

continentia causarum vocentur 103

contrarie: se eadem de re contrarie scripto defendere 108

contrarius: ut contrarium 7; cui generi contrarium est 67; cui contrarium est nomen praevaricatoris 126. – contrario eius consentanea 7. – contrariam sententiam si probarint 133. – ex contrario repetit 126. – uti contraria consequantur 133; contraria opponuntur defensioni 107; contraria (referantur) 72; quae contraria sint 88; contraria genera sunt 81; quae sunt contraria his 35. – contraria ponenda sunt 60. – contrariarum rerum conflictio 55. – contraria redarguere 33. – contrariisque rebus in adversarios conferendis 28; contrariis utetur 127. – ex contrariis definiendum 41; ex contrariis verbis sumpta 21. – in contrariis contraria sumenda 51; in contrariis causis 126; in contrariis legibus 138; in informandis contrariis argumentationibus 122; in c. scriptis 108

controversia: verbi interpretatio controversiam facit 107. –

ex controversia quaeri solet 43; omne quod in controversiam venit 33; sine ulla nominis controversia 102. – de omni controversiarum genere 131; haec eadem controversiarum genera 110. – quae in his controversiis oriuntur 106

convincere: argumentis peccata convinci 116

corrumpere: si unus accusator corruptus sit 125; si totum (iudicium) corruptum (sit) 125; genus hominum esse corruptum 91. – iudiciis corruptis 124

corruptela: accusatoris corruptelam 124; omnem iudicii corruptelam 124

crimen: criminis esse 120; conflati criminis querela 121; iniqui criminis ipsam negationem 102. – depellendi criminis causa 103; cum opinione depellendi criminis 112. – ut locum crimini reliqueret 115. – quae crimen efficiant 114. – defensiones contra crimen non habent 43. – tacita criminum testimonia 114

criminari: quod adversarius criminetur 101

criminosus: ingeniis criminosorum hominum exposita vita 44

cursus: de cursu dicendi paulum digrediens 14; in cursu orationis 27; in ipso cursu orationis 52

damnare: cur prudentissimos viros putet esse damnandos 134

damnatio: damnationis dolor 112

defendere se 108. – is qui defendit 102; defendimus eam significationem 138. – factum defendat 134; ut sententiam scripti defendamus 138; ut verba scripti defendat 138; se defendat verbi interpretatione 127. – quid defenderet non haberet 103. – quamque defendet ipse 132; qui se sententia legis defendet 136. – quod feceris concedendum defendas 101; quod rectum esse defendat 102; dignam esse defendet 132; propria esse defendet 120; turpe esse defendet 132; defenditur rectum esse 106. – nostra lex defendenda est 138

defensio: defensionis primum 119; ipsae defensionis rationes 103; quae contra rationes defensionis adferuntur 103. – defensioni opponuntur 107. – defensionem infirmet 134. –

ea defensiones contra crimen habent 43. – defensionibus obrutis 121

defensor iracundiam movere debet 58; non omnem ... definiat 124; aequitate nitatur 127; testatur 126. – defensoris definitio 124. – defensori rerum eventus erunt narrandi 121; accusatori defensorique communia praecepta 123

definire copiose dicendi artis est 139. – si definias 29; ut accusator definiat praevaricationem 124. – cum uterque definierit 126. – definiendo verbo uter magis ad ... penetrarit 123. – resistat definiendo 102. – definiendum saepe est ex contrariis, saepe etiam ex dissimilibus, saepe ex paribus 41; si verbum aliquod ex scripto definiendum est 107

definitio defensoris 124; definitio (infixa rebus ipsis) 7; cum definitio ad unum verbum revocatur 23; in altero definitio valet 33. – definitionis quae ratio est 41. – suam definitionem sententiamque confirmet 126. – ne in definitionem quidem venit 107. – secundus (status) definitione tractandus est 102. – nunc de definitione audiamus 123; in definitione 104. – definitiones conglobatae maxime valent 55

definitus: definitam (quaestionem) quam causam nomino 4. – in definita (quaestione) adhibenda sunt illa 9; inest etiam infinitum in definito 61

dialecticus: dialectici qui appellantur 139

dicere: quid habes de causa dicere 9; quae dicere volent 128. – quae sunt quae dicis insita 7; ita se dicit secutum 134. – ut dilucide dicas 19; ut dicamus aliquid ad tempus apte 30; qui contra dicat 108; qua mente dicat 97; quale ille dicat 101; de ratione efficiendi dicamus 95; de utilitate ante dicamus 86. – cum aliquid novum dices 22; de honestate dicemus 92; sin apud indoctos dicemus 92; quod adversarius dicet 132; quae ipse facta esse dicet 120; sententiam quam significari posse dicet 133. – ad se breviter dicentem audiendum 97. – quoniam de utilitate iam diximus 95. – cum de causa dixero 9; de utroque dixero 9; quae quisque dixerit 82. – alia dici ab oratore 22; si testata dici videbuntur 32. – ubi ita dicitur 105; cum ita dicitur

99; magnitudo animi dicitur 77; nec ea dicuntur sine arte 48; quasi sursum versum retroque dicatur 24; intercise dicatur 24; permixte dicatur 24. – de quibus mox dicetur 98; lex inutilis futura dicetur 135; quaeque mox de narratione dilucida dicentur 29. – de quibus ante dictum est 120; quae essent laudabilia dictum est 117. – cum semel dictum sit directe 24; haec sint dicta de causa 113. – ex his quae dicta sunt 92; quae dicta sunt de oratione dilucida 20; ea quae dicta sunt 51; si aut ambigue aut inconstanter aut incredibiliter dicta sunt 51. – dictum ab adversario 30; aliter ab alio dicta 51; dicta quaestionis coniectura ponderanda sunt 118. – dicenda semel unaquaque re 19; in sententia dicenda 83; in sententiis dicendis 97. – illius copiose dicendi artis est 139; paulum digrediens de cursu dicendi 14; omnis doctrina dicendi 3; de ratione dicendi 1; in reliquis fere dicendi partibus 31. – nobis ad dicendum necessaria videtur scientia iuris civilis 100; quae ad bene dicendum valent 70. – disputatio meditata dicenda est 118. – maxime graviter vehementerque erit dicendum 135; dicendum (erit) de vi doloris 117; dicendum (erit reum) ipsum effecisse 117; ea quae dicenda erunt 131; de qua (forma causarum) dicturi sumus 100; quibus de rebus dicturus sit 97

digredi paulum de cursu dicendi 14

digressio: firmamenta digressionibus obscuranda 15

disceptare: cum iis qui disceptant 28. – quae de iure civili disceptantur 100; ut in ambiguis disceptetur 108; cum quale sit quippiam disceptatur 129; cum de verissimo accusatore disceptatur 98; de quo disceptetur quaeri solet 104

disceptatio: et disceptatio extrema est 104; cum est constituta disceptatio 109; disceptatio exsistit 105; exsistit ex 108; oritur illa 106; cum disceptatio versatur in scriptis 132. – disceptationem adducet in angustum 104; disceptationem voco 104. – genus causarum versatur in praeteriti disceptatione 69. – in liberis disceptationibus 43

disceptator: est qui audit 10. – in personis nostris disceptatorum adversariorum 28

dissimilis: dissimilia 7; dissimilium 55; ex dissimilibus 41. – in dissimili genere 26
dissimilitudo: separo dissimilitudine generis 100
dissuadere: dissuadentibus utilitas labefactanda est 95
dissuasio: cum constet genus hoc ex ... et dissuasione 85
dissuasor: dissuasori alterum infirmare sat est 85; dissuasori duplex 83; ut illa prima sint ... dissuasori videnda 83
dubius: quod dubium per se videtur 46. – non enim dubia firmantur 71. – dubia sumpta esse pro certis 44. – cum sumpseris non dubia 66; aut non dubia aut probabilia 46. – in dubiis eventis rerum futurarum 96
efficere: contentio deliberationes efficit 117. – ius ut efficiat quod agit 69; ut iratum efficiat iudicem 14; quae suspiciosum crimen efficiant 114. – reum ipsum sua cautione effecisse 117. – eventus ex causis effici dixisti 114; quid possit effici 93; ab eo effici potuisse 111; possitne aliquid effici 64; non effici quod velit 44; si quid effici non potest 83; ac si effici non possint 84; non solum effici posse 64. – quidque ex his efficiatur 139. – eventum id quod est effectum 110; quae sunt effecta de causis 7. – est efficiendum ut 138. – quae ad quamque rem efficiendam pertinent 95. – habitura efficiendi facultatem 111; de efficiendi facultate dicamus 95; efficiendi facultatibus niti 115; causam appello rationem efficiendi 100; efficiendi socia quaedam 94; spes efficiendi 94; cum spe efficiendi 112
elegantia verborum 21
eloquentia copiose loquens sapientia 79
eloqui: in verbis eloqui dicitur 3. – actio est eloquendi comes 3; eloquendi exercitatio 24; genus est eloquendi sua sponte fusum 16; (eloquendi genus) versum atque mutatum 16
enumeratio consequentium 41; enumeratio reliqua est 59. – enumerationem (partem perorationis) 52. – enumeratione 122; in enumeratione erit vitandum 60. – enumerationes bonorum et malorum 58
esse: quale sit; quid sit; sit necne sit
eventum/eventus: eventi causa ponetur 32. – in eventis 34;

de dubiis eventis rerum futurarum 96. – eventum appello id quod est effectum 110. – ut causarum eventus 7; eventus requirentur 82; sunt ei prima causa et eventus 110; eventus sunt consilii 38; qui sunt illi eventus 114; rerum eventus erunt narrandi 121

excipere: quominus exciperet 134. – quod nihil exceperit 136; quibus alii exceperint 135. – quare non sit exceptum 135; tamquam si exceptum esset 134. – quod excipiundum putarint 135. – de excipienda iniquitate actionis 100

exemplum maximam fidem facit 40. – commemoranda sunt exempla 44; hic exempla ponentur 116; exempla maxime valent 55; valent plurimum 58; in utramque partem sunt exempla 51. – exemplorum habeat copiam recentium veterum 96. – exemplis confirmet 126; haec exemplis firmanda sunt; utetur exemplis iis 135; erit utendum exemplis 136; utendumque exemplis 49

exornare: quae ad delectationem exornantur 58

exornatio dicitur 69; finis est 12. – exornationis (genus) 10. – delectationem in exornatione 11. – quae in exornationem cadunt 12

explicare istas partis perge 28. – si plane causam explicarit 122. – latoris sensum explicari 134. – causae rerum explicantur 64; plenius quod vis explicabitur 8. – explicando verbo 124. – ad hanc difficultatem explicandam 89; iuris est omnis ratio explicanda 89

explicatio vocabuli 41; est explicatio argumenti argumentatio 46; facilior est explicatio perorationis 52; narratio est rerum explicatio 31; explicatio erit quasi membratim suspiciosa explicatio 121

exponere: rationes exponam breviter 70; expone deinceps 16. – quae exposui 140; ordo idem quem exposui locorum 9. – quae est exposita 68; expositae tibi omnes sunt oratoriae partitiones 139; expositum est 131. – re exposita 133; firmamentis breviter expositis 59. – consequentia diluet exponendo 120: exponendis factis 71

exprimere: exprimitur breviter 57. – ex oratione aut libera aut expressa 6. – quasi imago est exprimenda 65

factum constat 42. – neque de facti appellatione ambigi potest 101; si facti causa ponetur 32; ad causam facti 112; ad facti deprecationem 131; certa indicia facti 120; indicia facti effugere 115; occultare 115; infitiationemque facti 102; facti praemium 112; est facti subiecta ratio 106; facti suspicio confirmatur 113; impressa facti vestigia 114; ex facti vestigiis sumitur 39. – factum defendat 134; infitietur 133. – neque de facto ambigi potest 101; qui de facto argumentabitur 111; quae de facto quaeruntur 42. – ut ex facto interpretaretur 136. – facta consilii sunt 38. – (factorum) collocatio triplex 75. – est ad facta veniendum 75. – exponendis factis 71; narrandis factis 71. – in factis reperiuntur 34

facultas sin erit testium 117; facultas petitur argumentationum ex 98. – facultatem efficiendi habitura videntur 111; quam potest habere facultatem 140. – facultates reperiuntur in reo 113; facultates comparantur 8. – facultatum infirmatione 119. – quibus facultatibus 95. – de facultatibus erit dicendum 74; efficiendi facultatibus niti 115

fateri: si factum fateare 101; qui fateatur 134; quod factum esse fateatur 102; non esse exspectandum dum fateatur 116. – falsum fatendo 50

fides in creditis rebus 78; vitae fides 32; quoniam fides est firma opinio 9; est in proposito finis fides 9; tum facienda fides 118; quibus rebus fides fit ; huic generi fides proponitur 90. – aliquo genere fidei 28; fundamentum constituendae fidei 31. – fidem conciliet in dicendo 53; orationis fidem diviseras in 44; confirmatio fidem facit orationi 27; maximam fidem facit 40; quemadmodum fidem faciat iis 5. – praecepta fidem faciendi 9; non esse ex fortuna fidem ponderandam 117. – ad fidem faciendam accommodatur 71; ad fidem est adhibenda omnis oratio 13; quae dicta sunt ad fidem 55; ad fidem ducantur omnia 6; ad faciendam fidem pertinent 33; quae ad fidem pertinent 45; firmamenta ad fidem posita diluenda 15; probabile argumentum ad faciendam fidem 5. – quoniam de fide respondisti 8

finis: in deliberando finis utilitas 83; cognitionis scientia finis 62; eius generis (iudicii) finis aequitas 98; est in proposito finis fides 9; quam ob rem finis alterius (generis) est honestas, alterius turpitudo 71; quibus in orationibus delectatio finis est 12. – ut rationem collocandi ad finem cuiusque accommodem 12; ad finem aliquem periculi 126; omnem conlocationem ad finem accommodo quaestionis 9

finitus: quaestionum genera quorum alterum finitum ... causam appello 61; s. auch definitus

firmamentum appellemus quod refertur ad 103. – ex firmamenti conflictione quaestio quaedam exoritur 104. – firmamenta ad fidem posita 15. – firmamentorum contentio adducit in angustum disceptationem 104. – frequentatis firmamentis 59; breviter expositis firmamentis 59. – in gravissimis firmamentis ponenda sunt 107

firmare: non enim dubia firmantur 71. – haec exemplis firmanda sunt 51

foedus 130

forma: in quibus facillime forma laudatur 74; earum (causarum) forma duplex 69. – cadunt in eam formam causarum 100; ad consultationum formam rationemque revocantur 106

frequentare: frequentatis firmamentis 59

frequentatio: consequentium frequentatio 55. – argumentorum frequentatione 122

frequenter: utetur reus frequentius 127

frequentia: quin definitio declaretur communium frequentia 41

futurus: quae in consilio capiendo futuri temporis praecipiebantur 111. – in temporibus ... futura cernuntur 37; aliquando futura 37. – suasio autem futurarum 13; de dubiis eventis rerum futurarum 96. – statuit de futuris ut senator 10. – futurumne sit quaeritur 64

genus (gramm.t.t.): generibus 18. – (Art u.ä.): est etiam genus argumentorum aliud 39; quod cum latum genus esse potest saneque varium 69; quarum causarum genus

est positum in 100; est id genus totum in commutatione verborum 23; alterum est praecipiendi genus 67; unum genus est eloquendi fusum alterum versum atque mutatum 16; si genus erit humile 74; si genus erit infame 74; genus nullum est orationis quod aut uberius aut utilius 69; probabile est genus orationis si 19; primum genus erit ipsum laudandum (testium) 117; suave erit genus dicendi 21; reliquum (est) genus causarum 69; (genus) si erit infame 74. – cum constat genus hoc causarum ex 85; conficitur genus hoc dictionis 71; ne hoc quidem genus in iis causis incurrit quae 107; in fortuna genus (spectatur) 35; non argumentando tractatur hoc genus 124; genus eiusmodi calliditatis et calumniae trahatur in 137. – (genus) non nimis comptum atque expolitum 19. – descriptio generis alicuius 65; utriusque generis vis 129. – eius generis finis est aequitas 98; quod eius est generis; illius generis duo sunt genera 65; quod ea fere generis eius sunt 100; separo dissimilitudine generis 100. – cuius vis generis varia est 94. – genus hominum corruptum (esse) 91; ad honestatem natum (esse) 91; si complectare genus causae 29; quod genus paulo ante attigimus 137; idque nobis genus restare puto 98; testiumque et quaestionum genus universum refellet 120. – genere scripti ipsius 107; quae haec uno genere complectitur 77; aliquo genere virtutis comparantur (initia) 28; ea verborum genere conficitur et rerum 53; inter se proprio virtutis genere distincti 79; auditorum eam genere distingui 10; quin definitio genere declaretur 41; quo toto genere possumus uti 95; quo quaque in causa genere genere utamur augendi 58. – quae ducantur a genere 74; si cum orationis genere consentient 25; de omni controversiarum genere 131; de toto genere testium 49; ex eodem hausta genere (eloquentia) 79; studia in aliquo genere virtutis 80; in dissimili genere persimilis 26; quae sunt in eo genere partes 42; quae sunt in eodem genere nimia 81; hae reliquae (causae) ponantur in eo genere ut 93; descriptiones sunt in hoc genere aptae 41; in hoc toto convertendi genere 24; accusatori sit in hoc

genere causarum locus ille communis 127; sit in hoc genere meditatus ut 96; in ipso genere mortis 82; confitentur in isto genere qui arguuntur 129; quo illa in utroque genere maiora ponuntur 111; in isto genere (definitionis) 123; quo in genere (definitionis) percensere poteris locos 127; tertio in genere 66. – illius generis duo sunt genera 65; argumentandi duo genera sunt 46; cuius (propositi) genera sunt duo 62; cuius genera sunt duo (propositi) 62; duo sunt quaestionum genera 61; haec eadem controversiarum genera 110; causarum genera sunt plura 93; ut genera partium generumve partes 7; rerum bonarum et malarum tria genera sunt 38; quorum sunt genera ad amplificandum tria 56; tria haec genera (iudici deliberationis exornationis) 10; tot sunt (motus) genera 9. – servantur generum distributiones 12; partes plures generum singulorum 9; ut genera partium generumve partes 7. – cur exponis genera causarum 11; hominum esse duo genera 90; quomodo duo genera ista dividis (locorum) 6; ea virtutum genera tractabimus 92. – ad ea virtutum genera accommodabuntur 82; in propria virtutum genera sunt dirigenda 75. – ne generibus perturbetur oratio 18. – in istis tribus generibus 11; tribus in generibus bona malave versantur 74

gradus tres in omnibus causis sunt ex quibus unus aliquis capiendus est 101

hereditas cum sine lege petitur 98

honestas alterius finis est 71. – quod anteferat semper utilitatem honestati 90; est quaedam quasi materies subiecta honestati 88. – genus hominum ad honestatem natum 91. – partim honestate ipsa expetuntur 87; honestate ea expetuntur 87; aut honestate moventur 56. – alia sunt quadam cum honestate coniuncta 87; ut utilitas cum honestate certet 89; de honestate dicendum est 66; de honestate sic (dicendum) 66; plurimum de honestate dicemus 92; de honestate dicemus 92

honeste vivere 70

honestus: sit honesta (res) necesse est 79. – quid sit ho-

iniquus: iniqua lex dicetur 135. – status rationem habet iniqui criminis 102. – multa iniqua consequantur 133. – de aequis iniquis 140

iniuria: si iniuriae dolor 112. – de propulsanda iniuria, de ulciscenda 131; quod in iniuria poenitio nominatur 130. – ad ulciscendas iniurias 96. – altitudo animi in capiendis iniuriis 77

invenire: proprie in rebus invenire dicitur 3; quoniam invenire primum est oratoris 5. – cum inveneris, collocare 9. – ratio si qua poterit inveniri 135; neque sine ea (Academia) inveniri possunt 139. – unde inveniuntur quae ad fidem pertinent 45. – conlocare ad inveniendum refertur 3. – res et verba invenienda sunt et conlocanda 3; simplicia invenienda sunt 16. – percensere poterit plerosque inveniendi locos 127; ex illis inveniendi locis requirentur 82; omnes argumentationes ex inveniendi locis coiciantur 104; quae sit ratio inveniendi 68

inventum probabile ad fidem faciendam 5

iudex: ut ex facto cuiusque iudex legis mentem interpretaretur 136; utrum potius iudex sequatur 108; statuit de praeteritis ut iudex 10. – iudicis saevitiam aut clementiam 11; trahatur in odium iudicis 137; uter magis ad sensum iudicis opinionemque penetrarit 123; sine vitio iudicis 117. – P littera de accusatore soleat dari iudici 126. – ut iratum efficiat iudicem 15; iudicem ad vim scripti vocet 134. – ad omni modo animos iudicum movendos 128; modice benevolentia iudicum colligetur 121

iudicare: quid sequatur distinguit et iudicat 78. – confugiendum est ad rerum iudicatarum auctoritatem 126. – quid causa postulet iudicandum 22; diligenter quid quamque deceat iudicandum est 54

iudicium ne ratum haberetur 125; si totum (iudicium) corruptum sit 125. – illud sit iudicii, quo quaque in causa genere utamur augendi 58. – quorum alterum deliberationis alterum iudicii 69; si definiat omnem iudicii corruptelam 124; si iudicii poena levior quam 112; ex scripto verborum ipsius iudicii 107. – adhibebimus iudicium 8; non

rescindi iudicium 125. – ante iudicium de constituendo ipso iudicio solet esse contentio 99; tamen ante iudicium tractanda videantur 100. – quamquam in ipsum iudicium saepe dilabuntur 100; antequam res in iudicium venit 99; quid veniat in iudicium quaeri solet 104. – non hoc iudicio 99; signando iudicio ipsius 22. – de constituendo ipso iudicio 99; in iudicio aut saevitiam aut clementiam iudicis sibi proponit 11. – tertium iudiciorum 70. – quae iudiciis accommodata sint exspecto 98. – ut poenas ac iudicia contemneret 119. – iudiciis corruptis 125. – paulum ea separo a iudiciis 100; de capiendis subeundisve iudiciis 100; in iudiciis accusatori fere quae pertinent ad 58; in iudiciis quae est conlocatio 14; in ipsis iudiciis permagnum saepe habent pondus 99; in legitimis iudiciis 43

iurare: in quo insunt scripta pacta promissa iurata promissa 6

ius: ut ius in natura sit an in more 62; sitne ius id quod maiori parti sit utile 62. – de omni parte iuris meditata nobis esse debebunt 131; iuris est omnis ratio nobis explicanda 129; (iuris civilis) scientia ad dicendum necessaria videtur 100. – ius ut obtineat quod agit 69. – in divinum et humanum ius distributa 129. – iure necne actum sit 43; iure feci 106; iure se fecisse dicunt 129; iure factum 42; iurene occiderit Opimius Gracchum 104; naturali iure praescriptum est 130; gentium iure retinentur 130. – sine iudicio iure ullo 106; omnia quae de iure civili disceptantur 100; quae in iure maxime consistit 100; quarum causarum genus est positum in iure civili 100; in potestate ac iure retinendo 105

iuste vivere sitne utile 62

iustitia dicitur eaque erga deos religio, erga parentes pietas 78; huic generi (hominum) laus honos gloria fides iustitia omnisque virtus proponitur 90. – genere virtutis officii 28. – iustitiam acerbitas (imitatur) 81

iustus populi dolor 105. – altera derecta veri est iusti et ut dicitur aequi et boni ratione defenditur 130. – iustum hominem scripturum fuisse 132

laudabilis: sit summe laudabilis 79. – non sunt laudabilia ipsa per sese 87; quae laudabilia erunt dicta sunt 117

laudare: quod nihil exceperit in lege laudabit 136. – eius quem laudes 74. – ut possem iure ipse laudari 83. – facillime forma laudatur 74; in narratione laudatur 32. – deinde singuli testes (laudentur) 117. – quorum vita laudabitur 82. – quo breviter modiceque laudato 74. – lege laudanda 134. – voluptas saepe laudanda est 90; genus (testium) erit ipsum laudandum 117; omnia sunt laudanda quae 71; ad laudandos claros viros 69. – finis (laudandi) honestas 71; a principiis exordiar laudandi 70; laudandi rationes exponam 70; omnis vis laudandi 82

laudatio: a meliore parte laudationis est appellatum 70. – quae quia in laudationes conferatur 10

laudator: enumeratio laudatori numquam necessaria 59

laus: huic generi (hominum) laus proponitur 90. – quis laudem umquam expetivit 91; laudemque consequens 79. – de laude tractabimus 92

legitimus: in legitimis iudiciis 43

lex 130; nostra lex defendenda est 138; iniqua lex dicitur 135; quasi scribenda lex sibi sit 125. – communia naturae et legis 130; legis mentem interpretaretur 136; propria legis et ea 130; sententia legis 124.136; ex scripto legis 107; vim legis positam esse in 136; voluntate legis 136. – naturam et legem 121. – non hac lege 99; illane lege sit actio 99. – a lege explicari 134; cum lege coniuncta 32; ex lege praedi quaeritur 107; in lege laudabit 136; sine lege hereditatis possessio petitur 98. – si verbis legum pareatur 136; si sententiis legum pareatur 136. – qui leges scripserint 125; ut leges tueamur 130. – dicenda de legibus 131; de conservandis legibus 135; in contrariis legibus 138

littera P solet dari iudici 126. – ex notis litterarum 26; studia litterarum 80. – ut litteras collocat 26. – quae sine litteris retinentur 130

locus: hic locus virtutum atque vitiorum latissime patens 75; si locus dederit occasionem 30; quorum primus locus est in 28; augendi et hic est proprius locus 52; [proprius locus

est augendi] 57. – expone quaestionis locum 61; locum non idoneum (fuisse) 119; amplificatio habet proprium locum 27; ut locum crimini reliqueret 115. – tu loco quidem quaeris 8; quo loco possimus uti 95. – eo ipso in loco 114; quid in quoque loco lateat 109. – ad coniecturam faciendam loci 51; hi perorationis sunt loci 96; ii loci tractandi sunt qui 58. – disputatio ex locorum descriptione sumenda est 43; quomodo duo genera ista (locorum) dividis 6. – si locis ea consentient 32. – cognovi laudationis et suasionis locos 98; illos locos tamquam thesauros argumentorum notatos habet 109; argumentorum locos nosse 139; percensere poterit plerosque inveniendi locos 127; nunc coniecturae locos quaero 33. – confugiendum est ad aequitatis locos 126. – cum aliis locis tum 135; quibus locis in ambiguo defendimus 138; tamquam cera locis utitur 26. – ex iis aequitatis locis 98; quae sumentur ex plerisque locis aequitatis 131; ex (locis) in re ipsa insitis 5; ex inveniendi locis 109; ex illis inveniendi locis 82; ex iisdem locis 68; ex reprehensionis locis 120; argumentis quae ducuntur ex locis 5; ex istis locis argumenta sumemus 8. – in (locis) imagines ut litteras conlocat 26; ea sunt in locis 34; in locis autem et illa 36; in suasionis locis 110

loqui: muta denique loquantur 55. – qui ita locuti sint 126. – copiose loquens sapientia 29. – inanis quaedam profluentia loquendi 81

meditari: sit in hoc genere meditatus 96; meditata nobis esse debebunt ea 131. – meditata (disputatio) dicenda est 118

memoria rerum omnium custos (est) 3; si memoria narrantis significabitur 32. – confectio memoriae 26; ostentatio memoriae puerilis 60. – si memoriae diffidas eorum 59. – nec memoriam impedias multitudine 29. – nihil sane praeter memoriam (restat) 26

miseratio: miseratione ad extremum 122

misericordia: accusator misericordiam movere debet 58. – animi ad misericordiam allicientur 121; perorationes ad misericordiam conferendae 15; quae ad misericordiam pertinent 58; ad misericordiam (movendam) sumentur 128

mos: maiorum more retinentur 130. – si cum more coniuncta 32; de more maiorum 131; (ius civile) quod est in more positum 100. – aptae hominum moribus (sententiae) 20. – oratoris amabilis mores significat 22; ut nostros mores tueamur 130. – non iis se esse moribus 119

motus: vox motus voltus eloquendi comes est 3; est motus animi incitatio 9; finis in causa fides et motus 9; aliquis repentinus animi motus impulisse videatur 113. – finis motus animi incitatio 9; tot sunt (motus) genera 9. – quemadmodum motum eorum animis adferat 5; quae motum aliquem animis ciet 22. – ad motum animi est adhibenda omnis oratio 13; alterum (genus argumentandi) se inflectit ad motum 46; prima et postrema ad motum animi valet (pars) 27. – motu animorum conciliet fidem 53; facit orationem suavem motu corporis 25; quae motu animi facta sunt 43. – volo audire de motu 8. – motus animorum spectant ad causam facti 112; reo motus animorum mitigandi, accusatori incitandi 122. – quae interpositos animorum motus habet 32; nullos animi motus aut non tam impotentes fuisse 119. – ad motus animorum accommodatior 79; ad eosdem illos animi motus vel gignendos vel concitandos 67; quae ad motus animorum pertinent 9; ad animi motus leniter tractandos 71; ad illos animi motus contrarium 67

movere possunt exspectationem admirationem voluptatem 58; accusator misericordiam movere debet, defensor iracundiam 58; loci qui movere possunt 58. – quae suspicionem movent 114; singula movent e suo pondere 40. – quod moveat 57; quem non magnopere moveat 92. – mens ipsa moveri potest. – utilitatis coniectura movetur 111; caritate moventur homines 56. – ad animos iudicum movendos 128

narrare: ut dilucide narremus 31. – quae narrabuntur 32. – probitas narrantis 32. – ex iis narrandi praecepta repetentur 71; rerum eventus erunt narrandi 121; nec multum narrandum 32; conficitur narrandis factis 71

narratio accusatoris est negotii gesti explicatio 121; est narratio praeteritarum rerum aut praesentium 13; probabilis erit (narratio) si 32; suavis erit (narratio) quae 32. – ex partibus et quasi membris narrationis reperientur 34. – quaedam de narratione mox dicentur 29; saepissime in narratione laudatur (brevitas) 32; in narratione quae observanda erunt 31. – narrationes amputandae quae 15; relinquendae si 15

negare: negat probari oportere 125; quod negat factum 104. – id quod arguare neges 101; ut factum neges 101; num scriptum neget 133. – quod factum negatur 107. – aut totum est negandum 44

negatio: criminis iniqui negationem 102

nota: in quo imprimuntur ipsae notae 26; rerum certae et propriae notae insunt 40. – constat ex notis litterarum 26; in propriis rerum notis 34

notare: quae temporis quasi naturam notant 37. – nullis neque personis neque temporibus notatum propositum voco 61; appellemus proprie notatum argumentum 34; quae sunt certis personis ac temporibus notatae 106; qui illos locos tamquam thesauros aliquos argumentorum notatos habent 109

numerose circumscripta 72

numerus (gramm.t.t.): ne numeris perturbetur oratio 18. – (Rhythmus): numeri quidam sunt in coniunctione servandi 18; numeros aures ipsae metiuntur 18. – (Zahl): studia numerorum ac sonorum 80

opponere: opponuntur defensioni contraria 107. – unicuique rationi opponendum est ab accusatore 103; opponenda aequitate resistat 103

oratio: ad fidem et motum adhibenda est omnis oratio 13; ut aut ex verbo dilatetur aut in verbum contrahetur oratio 23; quae motum aliquem animis ciet oratio 22; Haec (oratio) apta ad animos permovendos est 52; tota oratio simplex et gravis et sententiis debet ornatior esse quam verbis 97; oratio gravibus referta verbis ad agendum accommodata est 54; ad opiniones eorum qui audiunt accommo-

danda est oratio 90; fit suavis oratio cum 22; ne perturbetur oratio 18; illustris oratio si 20; oratio inconstans 39; quasi naturalis et non explanata oratio 54. – reliquo in cursu orationis 27; in cursu ipso orationis 52; in toto quasi contextu orationis 82; in confirmationem et reprehensionem diviseras orationis fidem 44; frequentatis firmamentis orationis 59; probabile est genus orationis si 19; genus nullum est orationis quod 69; si cum orationis genere consentient 25; obscurum aut longitudine aut contractione orationis 19; longitudine orationis 59; extrema restat pars orationis 52; est haec pars orationis quae 20; orationis quot sunt partes 4; quattuor eius (orationis) partes esse 27; quid habes de orationis praeceptis dicere 27; iis orationis praeceptis (confirmat) 14; expone quae ipsius orationis verborumque praecepta sint 16; cum ad orationis ipsius quaestionumque rationes venero 8; orationis veritas 32; si eius (orationis) vim et veritatem subsequentur (motus) 25. – confirmatio fidem facit orationi 27. – facit dilucidam orationem et inlustrem et probabilem et suavem 25; quae orationem aut magis obscuram aut minus probabilem faciunt 22. – in orationem (tribuenda est doctrina dicendi) 3. – utendum erit ornata oratione 72. – de oratione dilucida 20; de oratione dixisti 61; ut dicas de conversa oratione et mutata 23; ex oratione aut libera aut expressa 6; quod in amplificanda oratione saepe faciendum est 67. – in orationibus de natura 131; quibus in orationibus delectatio finis est 12

orator: quam potest habere orator facultatem aut copiam 140; quas sibi proponit in istis tribus generibus orator 11; non supplex ut ad iudicem venit orator sed hortator atque actor 97; genus nullum est orationis in quo magis orator versetur 69. – ea non parit oratoris ars 48; signando iudicio ipsius (oratoris) 22; oratio quae significat oratoris ipsius amabilis mores 22; invenire primum est oratoris 5; quoniam vis oratoris omnis exposita est quid habes 27; primum in ipsam vim oratoris (tribuenda est omnis doctrina dicendi) 3. – quae (actio) oratori et cum rerum et

cum verborum momentis commutanda maxime est 25; auditoris aures moderantur oratori prudenti et provido 15; propositum esse debet oratori 109. – ut oratorem decet 139. – vocabula ab oratore modificata et inflexa quodam modo 17; quoniam de ipso oratore et de oratione dixisti, expone 61; quidnam tibi de oratore restat aliud 26. – cuius (iuris civilis) scientia neglecta ab oratoribus necessaria videtur 100

oratorius: hanc oratoriam vim (imitatur profluentia eloquendi) 81. – quae virtus omnis sita est in ratione oratoria 78. – expositae tibi omnes sunt oratoriae partitiones 139

ornamentum: adhibenda frequentius illa ornamenta rerum 73; quae sunt sententiarum ornamenta 47

ornare: quae admirabilius ornamus 17. – utendum erit in iis ornata oratione 72. – quae partim sunt adsumpta ad ornandum 31

partitio: haec fere partitio consultationum 67; ipsa partitio causarum in suasionis loco distributa est 110. – ex qua partitione tria genera causarum exstiterunt 70. – expositae sunt omnes partitiones oratoriae 139. – ambigui partitiones dividere 139

peccatum: argumentis peccata convinci 116. – ne deverticula peccatis darentur 136

permotio: permotione cum ... permovit 38. – in quadam animi permotione 38

permovere: permotis animis 46. – apta ad animos permovendos 54

perorare: cum perorabunt 128. – proprius locus in perorando 52; in perorando dederit occasionem nobis 30; in perorando pariter erit dicendum 135; extrema pars orationis quae posita in perorando est 52; utitur vehementius in perorando 14

peroratio 04. – facilior est explicatio perorationis 52; hi perorationis sunt loci 96. – hoc utrique in peroratione faciendum 122. – perorationes ad misericordiam conferendae 15. – in perorationibus concitandus (motus animi) 27

persona (gramm.t.t.): ne personis perturbetur oratio 18. – (Individuum): personae fictae 55. – quae habet colloquia personarum 32. – detractis personis et temporibus 106; quae sunt certis personis ac temporibus notatae 106; finitum temporibus et personis causam appello 61; infinitum nullis neque personis neque temporibus notatum propositum appello 61. – principia ducuntur ex personis aut ex rebus ipsis 28; ea sunt in personis in locis in temporibus 34; in personis naturae primum spectantur 35; primus locus est in personis nostris 28

persuadere: quibus velit persuadere 5. – erit persuadendum 95

praeceptum: commune sit hoc praeceptum ut 126. – communia dantur in isto genere accusatori defensorique praecepta 123; et narrandi et augendi praecepta repetentur 71; causarum nobis genera et praecepta restant 68; expone quae ipsius orationis verborumque praecepta sint 16; sunt ambigui duobus adversariis praecepta communia 132; sunt multa suavitatis praecepta 22. – quae paulo ante praecepta dedimus ambigui quaeque proxime sententiae et scripti 137; habeo communia praecepta fidem faciendi et commovendi 9; eadem illa superiora praecepta explanandi et inlustrandi repetemus 32; in sententia dicenda quae praecepta teneamus 83. – multa ex iis poterunt ad principiorum praecepta transferri 30. – iis orationis praeceptis utitur 14. – quid habes de orationis praeceptis dicere 27; neque aliis ex praeceptis 95; sit hoc etiam in praeceptis 30

praecipere: quae modo de scripto sententiaque praecepimus 138. – quae in consilio capiendo futuri temporis praecipiebantur 111. – cuius alterum est praecipiendi genus quod ad rationem officii pertinet 67

praevaricatio: ea uno verbo praevaricationis comprehendisse 125. – si praevaricationem esse accusator definiat 124

praevaricator: cui contrarium est nomen praevaricatoris 126

principium et peroratio 4. – causae quae aut propter principium aut propter exitum conficientes vocantur 94. – si

complectare in principio genus causae 29. – principia in sententiis dicendis brevia esse debebunt 97; (principia) ducuntur aut ex personis aut ex rebus ipsis 28; harum causarum principia suspiciosa ponentur 121; principia sumenda ad benevolentiam conciliandam 15. – multa poterunt ad principiorum praecepta transferri 30. – principia vel non longa vel saepe nulla (specto) 13. – a principiis exordiar et laudandi et vituperandi 70; a principiis primum ordiar 28

probabilis erit (narratio) si 32; probabile est genus orationis si 19; probabile inventum ad faciendam fidem (est argumentum) 5. – quae orationem aut magis obscuram aut minus probabilem faciant 22; facit orationem probabilem 25; cum sumpseris aut non dubia aut probabilia, ex quibus id efficias quod aut dubium aut minus probabile per se videtur 46. – incredibilia probabilibus inteximus 12; cum sumpseris aut non dubia aut probabilia 46

probabiliterque narremus necessarium est 31

probare: in confirmando nostra probare volumus 33. – (sententiam) si probarint fore uti 133. – ius ut obtineat probet efficiat quod agit 69. – cum proposuisset quod probaret 46. – (maiores) nisi rem probassent, certe repudiassent 117. – negat probari oportere 125

propositum quasi pars causae (est) 61; in quo inest propositum 9. – cuius (propositi) genera sunt duo 62. – alterum infinitum propositum voco 61. – his confirmatis ad propositum sese rettulit 46. – cognita distributione propositorum 69. – non semper a proposito ordientes 47; quamobrem prius de proposito dicamus 62; est in proposito finis fides 9

proprie haec attingunt eos qui 114; proprie notatum argumentum quod numquam aliter sit 34

proprietas: definitio genere declaretur et proprietate quadam 41

proprius: cum proprium verbum in plura verba diducitur 23; hic est proprius locus in perorando 52; [proprius locus est augendi in iis rebus] 57; ex quibus proprium quid sit elu-

ceat 41. – amplificatio proprium habet locum 27; proprium iam habet ex eo nomen (laudationis) 10. – ut sint singuli inter se proprio virtutis genere distincti 79. – insunt nonnumquam certae rerum et propriae notae 108; cum aut propria sumuntur rerum vocabula 17; propria legis et ea quae scripta sunt 130. – argumenta rerum esse propria 49; ea eorum esse propria defendet 120. – quae sunt certarum causarum propria tangemus 109. – in propria virtutum genera sunt dirigenda 75. – dilucidum fiet usitatis verbis propriis dispositis 19. – de propriis oritur plerumque magna dissensio 41; in propriis rerum notis posita tota est (coniectura) 34

quaerere argumentationem videris 45. – quaero qui sint illi eventus 114; tuo loco quaeris 8. – quid quaeret (orator) 5; quaeremus ex omnibus (argumenta) 8. – quaeri solet 93; cum de servis quaeri noluissent 118. – cum autem quaeritur quid fieri possit 84; cum autem quaeritur quid sit 94; quid sit quaeritur 98; utilitas quaeritur ex 113; in quo quale sit quaeritur 43.66.66; quae de facto quaeruntur 42. – sine cupiditate quaesitum esse 118. – in quo insunt quaesita 6. – quaerendum (esse) putaverunt 48; quaerenda etiam ratio est quare 135

quaestio prima et disceptatio extrema est 104; ex conflictione quaestio quaedam exoritur 104; quaestio quasnam habet partis 4. – omnem conlocationem ad fidem accommodo quaestionis 9; unum genus est quaestionis possitne aliquid effici 64; expone quaestionis locum 61. – prima contentio diffusam habet quaestionem 104. – in quaestionem (tribuenda est omnis doctrina dicendi) 3. – in infinita quaestione ordo idem fere 9. – sin quaestiones habitae 117. – quaestionum genus 120; duo sunt quaestionum genera 61; confirmandum primum erit genus quaestionum 117; cum ad quaestionum rationem venero 8. – ad infirmandas quaestiones 118. – quaestionibus resistendum est 50. – in quaestionibus ratio 51; in obscuris naturalibusque quaestionibus 64

qualis: quale sit 62.132; quale sit quaeritur 33.43.66; quale

quid sit ambigitur 100; quale sit quippiam disceptatur 129. – negat tale esse quale ille dicat 101. – qualia sint vocatur in dubium 42
quid sit 33.62; quid autem sit sic 62; quid sit id de quo agitur 65; quid sit optimum factu 94; quid sit penus 107; quid proprium sit 41
ratio: definitionis quae ratio est 41; conlocandi est exposita in aliis ratio 68; iuris est omnis ratio nobis explicanda 129; alia incurrit in quaestionibus ratio 51; ratio utilitatis impellit (in fraudem) 113; suasori proponitur simplex ratio 85; dissuasori (proponitur ratio) duplex 85; quaerenda ratio est quare 135; omnis ratio ad voluptatem auditoris refertur 72; cum est facti subiecta ratio 106; quae sit ratio in his inveniendi et disponendi 68; in tertio (statu) ratio valet 33. – ex rationis et ex firmamenti conflictione et quasi concursu quaestio quaedam exoritur 104. – unicuique rationi oppendum est 102. – ut rationem conlocandi ad finem accommodem 11; causam appello rationem efficiendi 110; rationem appellemus eam 103; primus ille status rationem habet 102; nemo solet reddere rationem 104; rationem subiciat recusationis 102. – quae ad rationem officii pertinet 67; ad labefactandam rationem refertur 103; ad consultationum formam rationemque revocantur 106; cum ad orationis ipsius quaestionumque rationem venero 8. – aequi et boni ratione defenditur (aequitatis vis) 130; naturane an ratione an usu (virtus pariatur) 64. – de efficiendi ratione dicamus 95; quae de ratione dicendi tu mihi tradidisti 1; in civili ratione 83; quae virtus omnis in ratione scientiaque disputandi sita est 78; quae facta sine ratione sunt 43. – ipsae defensionis rationes continent causas 103; causae rationesque rerum explicantur 64. – rationum et firmamentorum contentio adducit in 104. – laudandi vituperandique rationes exponam 70. – quae contra rationes defensionis adferuntur 103
ratum (habere): ne ratum haberetur iudicium 125
recusare: quae ratio adfertur a reo ad recusandum 103
recusatio: recusationis rationem subiciat 102

redarguere: redarguendum ea quae 44; in redarguendo reprehendere contraria 33
reprehendere: male conclusa reprehendere 139. – dicta subtiliter reprehenduntur 51. – cum aliquid aut confirmatum aut reprehensum est 27. – confirmata re aut reprehensa 52. – in reprehendendo redarguere contraria (volumus) 33; expone nunc de reprehendendo 44
reprehensio: ex reprehensionis locis refellet (tertium genus) 120. – quae in confirmationem et in reprehensionem dividuntur 33; in confirmationem et reprehensionem diviseras orationis fidem 44
rescindere: non rescindi iudicium 125
resistere: ex arguendo et resistendo 104; saepe etiam resistendum est 50; ad resistendum 101
reus: cum est in infitiando reus 110; ne argumentis teneretur reus 117; tamen reus frequentius (utetur similibus) 127. – conlocatio non eadem accusatoris et rei 14. – reo mitigandi (motus animorum erunt) 122; reo rarius utendum est (enumeratione) 60; enumeratio accusatori saepius quam reo necessaria 59; (plurimum valent) reo plerumque quae ad misericordiam pertinent 58; quid faciendum est contra reo. – quae adfertur a reo ad recusandum (ratio) 103; a reo autem querela conflati criminis proferetur 121; omnem iudicii corruptelam ab reo 124; in reo pecunia absoluto et revocato 124; cum voluntatis in reo causae reperiuntur 113

scribere: aliud sensisse scriptor videtur aliud scripsisse 133; cum aliud sensisse scriptorem aliud scripsisse dicet 134; scripturum fuisse 132. – cur ita scripserit si ita non senserit 134; qui leges scripserint 125. – scriptum neget 133. – quae scripta sunt 130; quae scripta non sunt 130. – si ambigue scriptum non sit 108; quae plane scripta sint neglexerit 134. – cur nusquam scripta proferat 134. – cur prudentissimos in scribendo viros stultitiae putet damnandos 134
scriptor: cum aliud sensisse scriptor videtur et aliud scripsisse 133. – dignam prudentia scriptoris esse defendet 132;

a verbis scriptoris sententiam abducere 108; scriptoris voluntatem 108; in scriptoris consilio 136; in scriptoris mente 136. – aliud voluisse aliud sensisse aliud scripsisse scriptorem 134; quid impedierit scriptorem quominus 134

scriptum 114. – ex scripti contentione 108; genere scripti ipsius 107; non scripti genus sed verbi interpretatio controversiam facit 107; praecepta sententiae et scripti 137; ut alterius scripti sententiam alterius verba defendamus 138; ad vim scripti vocet 134; eo trahere significationem scripti 137. – id coargui scripto non potest 107; alio se contrarie scripto defendere 108; qui scripto niteretur 133; cum plura significantur scripto 108. – quod adversarius ex ambigue scripto intellegendum esse dicet 132; quod ex scripto definiendum est 107; ex scripto legis 107; ex scripto testamenti 107; ex scripto verborum 107. – sin scripta inter se dissentient 137; in quo insunt scripta 6. – scriptorum privatum aliud est aliud publicum 130. – a scriptis aliorum 132; a ceteris scriptis 132; in scriptis versatur 132

scrutari: scrutabimur et quaeremus ex omnibus 8

sententia: in scripti sententiaeque contentione 108; rei sententiaeque moderator 10; praecepta sententiae et scripti 137. – sententiam scriptoris abducere 108; alterius scripti sententiam defendamus 138; suam definitionem sententiamque confirmet 126; (sententiam) contrariam si probarint 133; eamque sententiam quam significari posse dicet 13. – qui se sententia legis defendet 166; sententia nitetur 124. – in sententia dicenda 83. – si sententiae vel graves vel aptae opinionibus hominum 19; proficient eiusmodi sententiae 96. – sententiarum ornamenta 47. – si verbis legum ac non sententiis pareatur 136. – tota oratio sententiis debet ornatior esse quam verbis 97; erit iisdem aequitatis sententiis deprecandum 137. – in sententiis dicendis 97

sentire: quae quisque senserit 82; cur ita scripserit si non ita senserit 134. – cum aliud sensisse scriptor videtur 133; cum aliud sensisse scriptorem aliud scripsisse dicet 134

sermo: propius accedat ad consuetudinem mentemque sermonis 124; admirabilius quam sermonis consuetudo patitur 17; testatur consuetudinem sermonis 126
similis: appellemus veri simile quod plerumque ita fiat 34. – quibus in simili disputatione creditum non est 44. – veri similia partim singula movent e suo pondere partim multum proficiunt 40; veri similia reperiuntur ex partibus narrationis 34; studiis bonis similia videntur ea 81; ut similia similibus saepe referantur 72. – veri similia ab incredibilibus diiudicare 139. – tum similibus exemplisque confirmet 126; et similibus utatur et contrariis 127. – ex quibus similibusque ad augendum permulta suppetunt 56; in his veri similibus insunt certae rerum notae 40; in veri similibus posita est tota (coniectura) 34; quae pro veri similibus sumpta sunt 44
similitudo introducta rei 40. – habeatque similitudinem verborum 21; similitudinem vitare poterimus 47. – quae ex iis facta sunt similitudine 16. – maximam fidem facit ad similitudinem veri primum exemplum 40; non ad similitudinem versuum 72. – maxime valent similitudines et exempla 55
sit necne sit 33.62; ubi sit necne sit aut fuerit futurumve sit quaeritur 64; sitne actio illi 99; sitne aequum 66; sitne ius id quod maiori parti sit utile 62; sitne utile iuste vivere 62; iure necne sit actum 43
status primus 102.102; secundus 102.102; tertius 102.102. – is qui defendit non solum resistat oportet aliquo certo statu 102. – de incerto statu fortunae 96
suadere: non solum effici posse quae suademus 95. – in suadendo saepe sane laudanda est voluptas 90
suasio est enim (narratio) futurarum (rerum) 13. – cognovi iam laudationis et suasionis locos 98; iisdem ex suasionis locis 95; ipsa partitio causarum in suasionis locis distributa est 110. – cum constet genus hoc causarum ex suasione et dissuasione 85; (orator sibi proponit) in suasione aut spem aut reformidationem deliberantis 11
suasor: sic suasori utrumque docendum est 85; enumeratio

suasori non saepe (necessaria) 59; suasori proponitur simplex ratio 85; illa prima sint suasori videnda 83

sumere: sumpsitque ea quibus niteretur 46. – ex iis quae sumpseris 44; cum sumpseris 46; quod adversarius sumpserit 44. – rerum amplificatio sumitur iisdem ex locis 55; genus argumentorum aliud quod sumitur ex facti vestigiis 39. – venia quae sumetur ex plerisque locis aequitatis 131; omnis vis laudandi et vituperandi ex his sumetur virtutum vitiorumque partibus 82; ex his quae sunt antea posita sumentur 128. – ex his quae sumpta sunt 139; pro veri similibus sumpta sunt 44. – dubia sumpta esse 44; male sumpta reprehendere 139. – principia sumenda 15; quae sumenda sint 51.139; sumenda est disputatio ex locorum descriptione 43

suspicio: ex quo suspicio oriatur 114; his rebus facti suspicio confirmatur 114. – quae vel maxime suspicionem movent 114. – praeteritis aut obscuratis suspicionum argumentis 121; querela collectarum suspicionum 121

suspiciosus: est suspiciosa explicatio (narratio) 121. – quae suspiciosum crimen efficiant 114. – principia suspiciosa ad acerbitatem ab accusatore ponentur 121

tempus (gramm.t.t.): ne temporibus perturbetur oratio 78. – (Zeit u. ä.): si quando tempus dederit occasionem 30. – in consilio capiendo futuri temporis 111; vel intervallo temporis 59; temporis quasi naturam notant 37; in provisione posteri temporis aut in praeteriti disceptatione 69. – alienum tempus (fuisse) 119. – dicamus aliquid ad tempus apte 30; cum opinione criminis in longinquum tempus differendi 112. – quo tempore possimus uti 95; separo a iudiciis tempore magis agendi quam dissimilitudine generis 100. – anni tempora 37. – aut temporum servantur gradus 12; aut temporum servandus ordo est 75. – detractis personis ac temporibus 106; alterum infinitum nullis neque personis neque temporibus notatum propositum voco 61; quae sunt certis personis ac temporibus notatae 106; alterum finitum temporibus et personis causam

appello 61. – probabilis erit si temporibus ea consentient 32. – in temporibus praesentia praeterita futura cernuntur 37; insunt in temporibus illa quae 37; ea sunt in temporibus 34

testimonium: tacita criminum sunt quasi testimonia 114; testimonia voluntatum sunt 49. – testimoniorum genera quae sunt 6. – confirmat tabulis decretis testimoniis 14

testis: quarum rerum dolor testis est gravis 91. – si obscuri testes erunt aut tenues 117; deinde singuli (testes) laudentur 117; si natura vani, si leves (testes) 49. – comparandi cum superiore auctoritate testium 49; sin erit testium facultas 117; testiumque et quaestionum genus universum refellet 120; genus (testium) erit ipsum laudandum 117; de toto genere testium dicendum erit 49. – si quis testibus creditum non est 49. – testis effugere non posse (reum) 117; eos esse cuiusque rei locupletissimos testes 117. – de singulis testibus 49; et maxime in testibus 48; incurrit etiam alia in testibus et in quaestionibus ratio 51

tormenta: quod alii tormentorum vim pertulerint 50. – quod multi in tormentis ementiti sint 50

torquere: liberi civesque torquentur 118

turpitudo finis vituperandi 71

utilis: quamvis sit utile 83; sitne utile 66; iuste vivere sitne utile 62; quaeritur quid sit utile 66, quid utilius 66; quid utilissimum 66; genus nullum quod utilius civitatibus esse possit 69; si utile est et fieri potest 85; sin non utile est 85; sitne ius id quod maiori parti sit utile 62. – de utilibus inutilibus 140

utilitas: persaepe evenit ut utilitas cum honestate certet 89; est in deliberando finis utilitas 83; aut utilitas aut spes efficiendi ad adsentiendum impellit animos 94; dissuadentibus utilitas labefactanda est 95; in voluntate utilitas ex adeptione alicuius commodi quaeritur 113. – repentinus animi motus etiam citius in fraudem quam ratio utilitatis impellit 113; utilitatis coniectura movetur si 111. – quod anteferat semper utilitatem honestati 90; quamobrem aut utilitatem viderentur habitura aut 111. – ne

honesta propter utilitatem relinquantur 89. – de utilitate dicendum 66; si dicendum 66; ante dicamus 86; quoniam de utilitate diximus 95; quae in communi hominum utilitate tuenda versantur 92

verbum: si verbum aliquod ex scripto definiendum est 107; quam vim habeat verbum 107; coniunctione fit unum verbum ex duobus 23; cum aut proprium verbum aut idem significans aut factum verbum in plura verba diducitur 23. – propter verbi ambiguitatem plura significantur 108; depravatione verbi sese urgeri queratur 127; (primus status) definitione atque informatione verbi tractandus est 102; ut is verbi se interpretatione defendat 127; verbi interpretatio controversiam facit 107; ad communem sensum vimque verbi 127; uter penetrarit ad communem verbi vim 123. – cum relata ad idem verbum ponantur 21; cum aut definitio ad unum verbum revocatur aut 23. – ea verbo uno praevaricationis comprehendisse dicit 125; definiendo describendoque verbo 123; tamquam explicando excutiendoque verbo 124. – ut aut ex verbo dilatetur 23; ex verbo (dilatatur) 23; quod ab adversario ponatur in verbo 102. – res et verba invenienda sunt et conlocanda 3; (simplicia) verba invenienda sunt 16; simplicia verba partim nativa sunt partim reperta 16; nativa (verba) ea quae significata sunt sensu, reperta quae ex iis facta sunt et novata aut similitudine aut imitatione aut inflexione aut adiunctione verborum 16; si verba gravitate delecta et translata et supralata et ad nomen adiuncta et duplicata et idem significantia atque ab ipsa actione atque imitatione rerum non abhorrentia (inlustris est oratio) 20; verbis verba paribus paria respondeant 21; cum relata ad idem verbum et geminata ac duplicata vel etiam saepius iterata ponantur 21; natura ut sint alia sonantiora grandiora leviora et quodammodo nitidiora, alia contra 17; assumpta verba removentur 23; verba ponenda sunt quae vim habent inlustrandi nec ab usu sint abhorrentia gravia plena sonantia iuncta facta cognominata non vulgaria supralata imprimisque translata 53; sed in continentibus

soluta (verba ponenda sunt) 53; augent etiam relata verba iterata 54; (verba) videntur perabsurda cum graviora sunt quam causa fert 54; (verba) quae ascendunt gradatim ab humilioribus verbis ad superiora 54. – expone quae orationis ipsius verborumque praecepta sint 16; facta et novata aut similitudine aut imitatione aut adiunctione verborum 16; consecutio verborum 18; dilucidum fiet circumscriptione conclusa aut intermissione aut concisione verborum 19; obscurum (fit) ambiguitate aut inflexione aut immutatione verborum 19; suave genus erit dicendi primum elegantia et iucunditate verborum sonantium et levium, deinde coniunctione 21; cum ex contrariis sumpta verbis verba paribus paria respondeant habentque similitudinem aequabilitatemque verborum 21; cum constructio verborum copuletur 21; id genus totum in commutatione verborum 23; commutatio non verborum, sed tantummodo ordinis 24; actio cum verborum momentis commutanda maxime est 25; verborum genere et rerum conficitur amplificatio 53; utendum erit singulorum v. insignibus 72; ipsa constructione verborum 72; ad explendum aurium sensum apto quodam verborum modo 72; illam disputandi prudentiam concertatio captatioque verborum (imitatur) 81; si quae ex scripto legis aut testamenti aut verborum ipsius iudicii opponuntur 107; propter verborum ambiguitatem 108; sit haec contentio primum verborum 124; contra acerbitatem verborum deprecandum 137. – cum ex contrariis sumpta verbis verba paria paribus respondeant 21. – ut alterius scripti sententiam alterius verba defendamus 138. – relata ad idem verbum (verba) 21; ab humilioribus verbis ad superiora (ascendunt) 54; in plura verba diducere 23. – ne aut non compleas verbis quod proposueris aut redundes 18; dilucidum fiet usitatis verbis propriis dispositis 19; brevitas conficitur simplicibus verbis 19; oratio gravibus referta verbis 54; tota oratio sententiis debet ornatior esse quam verbis 97; hisne verbis sit actio quaeritur 99; non his verbis 99. – in rebus et in verbis 3; in verbis eloqui dicitur 3; prima vis est in simpli-

cibus verbis, in coniunctis secunda 16; est haec distinctio in verbis 17; ut in singulis verbis sic in coniunctis 18; habeo de simplicibus verbis 18; si est auctoritas ac pondus in verbis 19; quae simplicibus in verbis ita tractatur ut 23; in coniunctis verbis triplex adhiberi commutatio potest 24; haec in singulis verbis 53; sed in continentibus (verbis) soluta 53; haec igitur in verbis quibus actio congruens et apta est 54; in verbis erit causa ponderanda 54; ab humilioribus verbis ad superiora (ascendunt verba) 54; non in verbis ac litteris vim legis positam esse defendet 136

veri similis: appellemus veri simile quod plerumque ita fiat 34. –veri similia reperiuntur ex partibus et quasi membris narrationis 34; veri similia partim singula movent e suo pondere 40. – in veri similibus posita tota est (narratio) 34; in his veri similibus insunt nonnumquam propriae notae 40; quae pro veri similibus sumpta sunt 44; veri similia ab incredibilibus diiudicare 139

veri similitudo: maximam fidem facit ad similitudinem veri primum exemplum deinde introducta rei similitudo 40

veritas: si significabitur orationis veritas et vitae fides 32. – non ad veritatem solum sed etiam ad opiniones eorum qui audiunt accommodanda est oratio 90

verum: cuius altera derecta veri et iusti et, ut dicitur, aequi et boni ratione defenditur 130; tertius (status) aequi et veri et recti et humani ad ignoscendum disputatione tractandus est 102. – verum infitiando maluerunt dolere 50. – vera atque falsa 78. – vera a falsis diiudicare 139

verus: vero accusatore 126. – cum de verissimo accusatore disputatur 98. – verine sint sensus 62. – quae sunt in disputando vera atque falsa 78

vocabulum: imprimisque commovet explicatio vocabuli ac nominis 41. – tractatione autem cum aut propria sumuntur rerum vocabula aut addita ad nomen aut nova aut prisca aut ab oratore modificata et inflexa quodam modo; qualia sunt ea quae transferuntur aut immutantur aut ea quibus tamquam abutimur ... 17

voluntas: cum voluntatis in reo causae reperiuntur et facultates 113. – a verbis voluntatem et sententiam scriptoris abducere 108. – qui voluntate populi Romani rem gratam et aequam per vim egerit 105; qui se sententia legis et voluntate defendet 136; qui sua sponte et voluntate fecissent 131. – humanum quod spectatur ex voluntate 6; in voluntate utilitas ex adeptione commodi quaeritur 113. – testimonia voluntatum (sunt) 49

vox motus vultus atque omnis actio eloquendi comes est 3. – non longo anfractu sed ad spiritum vocis apto 21; varietate vocis motu corporis vultu 25. – dissentire adversarii vocem atque legis 135

LITERATURHINWEISE

1. Zu den Partitiones oratoriae

Ausgaben älteren Datums

Editio Veneta 1485.

Editio Norimbergensis 1497.

Editio Cratandrina: Michael Bentinus, verlegt bei A. Cratander, Basel, 3 Bände. 1528.

Editio Iuntina. Petrus Victorius (Vettori), verlegt bei L. A. Junta, Venedig, 4 Bände. 1534–37 (bis 1587).

Editio Aldina: Paulus Manutius (1512–1574), Venedig, 10 Bände. 1540–46 (bis 1582).

J. M. Brutus, verlegt bei S. Gryphius (Greiff), Lyon; Fortführung der Iuntina. 1540 (bis 1587).

Editio Lambiniana: Dionysius Lambinus (Denys Lambin), verlegt bei J. de Puteo, Paris, 4 Bände. 1565–66 (bis 1588)

D. Gothofredus (Denis Godefroy); Fortführung der Lambiniana. 1588 (bis 1660)

J. Gruterus (Gruter) und J. Wilhelm, verlegt bei Frobenius, Hamburg, 4 Bände. 1618 (bis 1747); Orelli: 1584.

J. A. Ernesti, gedruckt in Leipzig, später auch in Halle, 6 Bände. 1737–39 (bis 1827).

Chr. G. Schütz, gedruckt bei R. G. Rath, Halle (1804–20), dann bei G. Fleischer, Leipzig, 20 Bände. 1814–23.

K. W. Piderit, Leipzig (Teubner). 1867.

W. Friedrich, M. Tulli Ciceronis opera rhetorica, Band II: De oratore libri, Brutus, Orator, De optimo genere oratorum, Partitiones oratoriae, Topica, Leipzig (Teubner). 1891. 1912.

Ausgaben neueren Datums

A. S. Wilkins, M. Tulli Ciceronis Rhetorica, Bd.II: Brutus, Orator, De optimo genere oratorum, Partitiones oratoriae, Topica, Oxford (Clarendon). 1903...1960. 1964.

J. Stroux, Cicero, De optimo genere oratorum etc. Partitiones oratoriae, Leipzig (Teubner). 1914.
H. Bornecque, Cicéron, Divisions de l'art oratoire, Topiques, Paris (Les belles lettres); mit Übersetzung ins Französische. 1924...1960.

Literatur

M. Schanz – C. Hosius, Geschichte der römischen Literatur, Teil I, 4. Auflage 1927, S. 464 (Literatur bis 1924).
B. Riposati, Quomodo ,Partitiones oratoriae' cum ,Topicis' cohaereant. (Atti del 1. congresso internazionale di studi Ciceroniani). 1961.

2. *Zu Cicero*

Allgemein

K. Büchner (Hrsg.), Das neue Cicerobild, Darmstadt 1971 (WBG, Wege der Forschung XXVII).
B. Kytzler (Hrsg.), Ciceros literarische Leistung, Darmstadt 1973 (WBG, Wege der Forschung CCXL).
M. Fuhrmann, Cicero und die römische Republik. Eine Biographie, München – Zürich (Artemis), 3. Auflage 1991.
W. Kroll, [Ciceros] Rhetorische Schriften, in RE VII A, Stuttgart 1940, Sp. 1091–1103.
M. Fuhrmann, Das systematische Lehrbuch. Ein Beitrag zur Geschichte der Wissenschaften in der Antike. Göttingen (Vandenhoeck & Ruprecht) 1960. (Zu De inventione S. 58–68).
K. Barwick, Das rednerische Bildungsideal Ciceros, in: Forschungen und Fortschritte 36 (1962) 245–248.
F. Burck, Ciceros rhetorische Schriften, in: Der altsprachliche Unterricht 9, 1, 1966, 98–128.
W. Stroh, Taxis und Taktik. Die advokatische Dispositionskunst Ciceros in Gerichtsreden, Stuttgart 1975.
C. J. Classen, Recht – Rhetorik – Politik. Untersuchungen zu Ciceros rhetorischer Strategie, Darmstadt 1985.

Rhetorische Werke (außerhalb der Partitiones oratoriae)

Cicero, De inventione, De optimo genere oratorum, Topica, hrsg. von H. M. Hubbell, London – Cambridge (Mass.) (Loeb) 1949; mit Übersetzung ins Englische.

Cicero, De oratore, hrsg. von H. Merklin, Stuttgart (Reclam) 1978; mit Übersetzung ins Deutsche.

Cicero, De oratore libri III (Kommentar):
1. Band, Buch I (1–165): A. D. Leeman – H. Pinkster, Heidelberg (Winter) 1981; 2. Band, Buch I 166/Buch II 98: A. D. Leeman – H. Pinkster – H. L. W. Nelson, Heidelberg (Winter) 1985; 3. Band, Buch II 99–290: A. D. Leeman – H. Pinkster – E. Rabbie, Heidelberg (Winter) 1989.

Cicero, Brutus, hrsg. von B. Kytzler, München (Tusculum), 4. Auflage 1990; mit Übersetzung ins Deutsche.

Cicero, Orator, hrsg. von B. Kytzler, München (Tusculum), 3. Auflage 1988; mit Übersetzung ins Deutsche.

Cicero, Topica, hrsg. von K. Bayer, München – Zürich (Tusculum) 1993; mit Übersetzung ins Deutsche.

3. *Zur antiken Rhetorik*

Allgemein

J. Chr. Th. Ernesti, Lexikon technologiae Latinorum Rhetoricae, Hildesheim (Olms) 1962 (1. Auflage 1797).

A. D. Leeman, Orationis ratio. The stylistic theories and practice of Roman orators, historians and philosophers, 2 Bände, Amsterdam 1963.

H. Hommel, Rhetorik, in: Lexikon der Alten Welt, Zürich – Stuttgart 1965, 2611–26.

H. Lausberg, Elemente der literarischen Rhetorik, München, 5. Auflage 1976 (1. Auflage 1949).

G. Ueding, B. Steinbrink, Grundriß der Rhetorik, Stuttgart 1986.

M. Fuhrmann, Die antike Rhetorik, München-Zürich, 3. Auflage 1990.

Quellen

Anaximenes, Ars rhetorica quae vulgo fertur Aristotelis ad Alexandrum, hrsg. von M. Fuhrmann, Leipzig (Teubner) 1966 (maßgebende Ausgabe).
Anaximenes, Rhetorica ad Alexandrum, hrsg. von H. Rackham, London – Cambridge (Mass.) (Loeb) 1957; mit Übersetzung ins Englische.
P. A. Stapleton, Anaximenes Lampsacenus, Rhetorica ad Alexandrum, Michigan (Ann Arbor) 1977.
Aristoteles, Rhetorik, übersetzt von F. G. Sievecke, München (UTB 159) 1980.
Hermagoras Temnita, hrsg. von D. Matthes, Leipzig (Teubner) 1962.
Auctor ad Herennium, hrsg. von Th. Nüßlein, München – Zürich (Artemis) 1994.
Quintilianus, Ausbildung des Redners, 12 Bücher, hrsg. von H. Rahn, 2 Bände, Darmstadt (WBG) 1972–75; mit Übersetzung ins Deutsche.

Marksteine

Hermagoras (*Statuslehre*):

D. Matthes, Hermagoras von Temnos, in Lustrum 1958, 3, 58–214, Göttingen 1959; (Literatur 1904–1955).
K. Barwick, Zur Rekonstruktion der Rhetorik des Hermagoras von Temnos, in Philologus 109, 1965, 186–218.

Theophrast (*Stilistik*):

L. Voit, Deinótes, ein antiker Stilbegriff, Leipzig 1934
G. A. Kennedy, Theophrastus and stylistic distinctions, in Harvard Studies in Classical Philology 6, 1957, 93–104.

Aristoteles (*Beweistopik*):

Jentsch, Aristotelis ex arte rhetorica quaeritur quid habeat Cicero, Berlin (Diss.) 1886.
Rhetorika, Schriften zur aristotelischen und hellenistischen Rhetorik, hrsg. von R. Stark, Hildesheim 1968.
J. Sprute, Topos und Enthymem in der aristotelischen Rhetorik, in Hermes 103, 1975, 68–89.

4. *Zum Problem Fachsprache*

H.-R. **Fluck**, Fachsprachen. Einführung und Bibliographie, Tübingen (Francke; UTB 483), 2. Auflage 1980.

W. v. **Hahn**, Fachsprachen, Darmstadt (WBG) 1981.

NACHWORT

Für die außerordentliche Förderung der vorliegenden Ausgabe möchte ich Herrn Prof. Dr. Manfred Fuhrmann herzlichst danken. Großen Dank schulde ich auch dem Geschäftsführenden Direktor des Thesaurus linguae Latinae, Herrn Dr. H. Krömer, für die freundlich angebotene Möglichkeit, die Bibliothek zu benutzen.

K. B.

www.ingramcontent.com/pod-product-compliance
Lightning Source LLC
Chambersburg PA
CBHW070329100426
42812CB00005B/1296

* 9 7 8 3 0 5 0 0 5 4 2 2 3 *